U0693276

为"领路人"导航

新媒体时代高校辅导员素质建设研究

谢志芳　魏鹏　著

江苏大学出版社
JIANGSU UNIVERSITY PRESS

镇　江

图书在版编目(CIP)数据

为"领路人"导航:新媒体时代高校辅导员素质建设研究 / 谢志芳,魏鹏著. —镇江:江苏大学出版社,2021.5

ISBN 978-7-5684-1562-0

Ⅰ. ①为… Ⅱ. ①谢… ②魏… Ⅲ. ①高等学校—辅导员—工作—研究 Ⅳ. ①G645.1

中国版本图书馆 CIP 数据核字(2021)第 007742 号

为"领路人"导航：新媒体时代高校辅导员素质建设研究
Wei "Lingluren" Daohang: Xinmeiti Shidai Gaoxiao Fudaoyuan Suzhi Jianshe Yanjiu

著　者/谢志芳　魏　鹏
责任编辑/张　平
出版发行/江苏大学出版社
地　址/江苏省镇江市梦溪园巷 30 号(邮编：212003)
电　话/0511-84446464(传真)
网　址/http：press.ujs.edu.cn
排　版/镇江文苑制版印刷有限责任公司
印　刷/江苏凤凰数码印务有限公司
开　本/718 mm×1 000 mm　1/16
印　张/13.25
字　数/260 千字
版　次/2021 年 5 月第 1 版
印　次/2021 年 5 月第 1 次印刷
书　号/ISBN 978-7-5684-1562-0
定　价/48.00 元

如有印装质量问题请与本社营销部联系(电话:0511-84440882)

序

古人云:"两耳不闻窗外事,一心只读圣贤书。"① 而如今,天文地理世间事,足不出户而知天下事。在互联网高速发展的今天,随着物联网和互联网等现代技术的广泛应用,新媒体像空气一样就在我们身边,与我们的工作、学习和生活息息相关,人类意识形态中的社会结构正以数字化形式展示出来。当前,作为一种新的社会存在与传播方式,虚拟社会深刻地改变了我们的思维方式和生存方式,如此强烈的对比表明:我们已经迎来了新媒体时代。

面对新媒体时代,作为党和国家思想政治工作的前沿阵地和重要一端,高校思想政治工作关系"高校培养什么样的人、如何培养人以及为谁培养人这个根本问题",承载着学习、宣传和研究马克思主义,培养中国特色社会主义事业合格建设者和可靠接班人的重大任务。高校辅导员工作事关立德树人根本任务的落实。作为高校思政工作的重要一翼,高校辅导员队伍整体素质的提升,其队伍的专业化、职业化、专家化建设就显得尤为重要。自古以来,国之兴,在于政,政之得,在于人。治国安邦,人乃是关键,正如毛泽东同志曾精辟指出"政治路线确定之后,干部是决定性因素""为政之要,莫先于用人"。

高校辅导员是大学生思想政治教育工作和管理工作第一线的组织者和参与者,是维护高校稳定、全面推进素质教育的一支重要力量,是高校教师队伍的重要组成部分,是高校从事学生工作和开展大学生思想政治教育的骨干力量,是大学生健康成长的指导者和引路人。目前,全国高校有专职辅导员 13 万多人、兼职辅导员 5 万多人,他们已经成为高校思想政治工作的骨干力量。

至今高校辅导员制度已经走过 60 余年的历程。1949 年后,为巩固社会主义制度,党中央提出"教育要为政治服务"。1952 年要求全国各高校设立政治辅导员,担当学生的"政治领路人"。1953 年,清华大学、北京大学向当时的教育部提出试点请求,率先建立政治辅导员制度,主要负责

---

① 白维国主编:《现代汉语句典》(中),北京:中国大百科全书出版社,2001 年,第 790 页。

政治工作。时任清华大学校长蒋南翔选拔了一批思想政治觉悟高、业务素质好的高年级学生，"半脱产"做同学的思想政治工作。他们被形象地称为"双肩挑"，即一肩挑业务学习，一肩挑思想政治工作。此后，全国各类高校开始建立政治辅导员制度，高校辅导员制度得到巩固和发展。

1961年，党中央出台专门文件，提出各高校"要逐步培养和配备一批专职的政治辅导员"，这是中央第一次正式提出要在高校设置专职政治辅导员。1966年，受"文化大革命"影响，高校思想政治工作遭遇严重冲击，确立不久的政治辅导员制度严重受挫，辅导员队伍建设基本停滞。

1978年，国家教委出台文件，从政治、业务都好的毕业生中选留或从教师中选任政治辅导员，在高校恢复辅导员制度，基本恢复了"文革"前"双肩挑"的做法。辅导员工作不再仅仅停留在政治工作上，而是逐步向思想政治教育转变。为适应形势发展需要，1983年部分高校陆续设置了思想政治教育专业，这为辅导员走上专业化、正规化道路奠定了基础。1986年、1987年，国家均出台过改进和加强大学生思想政治教育工作的文件，政治辅导员工作定位依旧没有变。

20世纪90年代，随着改革开放的深入，高校出现了很多新情况，帮困、心理辅导、职业辅导等工作也成为辅导员工作的一部分。进入21世纪，党和国家越发重视思想政治教育工作，2000年、2004年分别出台文件促进大学生思想政治教育工作。尤其是2004年16号文件指出高校政治辅导员是大学生思想政治教育工作队伍的主体，提出专职辅导员在教师和党员干部中选聘等选聘配备原则和培养培训、发展等政策保障，并把"帮助学生解决实际问题（包括帮困、心理、就业、生涯规划、人际关系等）"作为一项职能写进了文件。为了落实16号文件，教育部相继颁发《关于加强高等学校辅导员班主任队伍建设的意见》（教社政〔2005〕2号）、《普通高等学校辅导员队伍建设规定》（教育部第24号令）等文件，明确了辅导员的数量配备，对政治辅导员的定义、辅导员工作的要求与职责，以及辅导员的配备与选聘、培养与发展、管理与考核等都做了规定与说明，"鼓励和支持一批骨干攻读相关学位和业务进修，长期从事辅导员工作，向职业化、专家化方向发展"。

随着新时代的来临，高校辅导员制度逐渐向内涵建设过渡，迈入了向纵深发展的新阶段。习近平总书记在2016年12月召开的全国高校思想政治工作会议上发表重要讲话，对在青年学生成长成才过程中发挥重要作用的辅导员队伍提出了新的要求。同时，中共中央、国务院印发《关于加强和改进新形势下高校思想政治工作的意见》指出，"高校思想政治工作队伍和党务工作队伍具有教师和管理人员双重身份，要纳入高校人才队伍建设总体规划，形成一支专职为主、专兼结合、数量充足、素质优良的工作力量"。这对加强包括辅导员队伍在内的高校思想政治工作队伍建设做出了新的科学部署。2017年《普通高等学校辅导员队伍建设规定》（教育部令第43号）修订出台，对深入贯彻落实习近平总书记重要讲话精神和中央系列决策做出部署，对进一步加强高校辅导员队伍建设，提升高校辅导员队伍专业水平和职业能力的重要制度做了安排，在辅导员的精神状态、职业化专业化发展、人才培养质量、文化深度发展等方面都提出了更高要求。由此可见建设一支政治坚定、数量充足、结构合理、素质较高的辅导员队伍的重要性。

因此，高校立德树人成效如何，在很大程度上取决于思想政治工作者，特别是高校辅导员的工作能力和专业水平。而不断提高高校辅导员的工作能力和专业水平，恰恰是高校辅导员素质建设的关键所在、要义所在。面对新时代，开展新媒体时代辅导员素质建设研究，契合经济社会发展和高校学生的特点变化对辅导员队伍建设的需求。

大连海事大学

2020 年 11 月 8 日

前　言

本书是 2016 年度江苏高校哲学社会科学研究项目重点项目"新媒体时代高校思想政治工作的挑战与对策研究"（2016ZDIXM038）、2019 年度江苏高校哲学社会科学思政专项课题"习近平新时代中国特色社会主义思想指导下的高校辅导员队伍建设研究"（2019SJB128）、2020 年度江苏大学党建研究专项课题重点项目"新时代辅导员队伍建设科学化问题研究"的成果。

我国高校辅导员制度是有中国特色的社会主义高等教育的重要组成部分。从 1953 年清华大学诞生了我国第一批政治辅导员至今，高校辅导员队伍已经成为加强大学生思想政治教育工作的组织保证，为我国培养社会主义合格建设者和可靠接班人发挥了重要作用。

历来党和国家高度重视高校辅导员队伍建设，把队伍建设作为推进和加强高校思想政治工作的基础性工程和关键环节，尤其是党的十六大以来，国家出台了一系列政策文件。2004 年 8 月中共中央、国务院下发的《关于进一步加强和改进大学生思想政治教育的意见》（中发〔2004〕16 号）指出："辅导员是高等学校教师队伍的重要组成部分，是高等学校从事德育工作，开展大学生思想政治教育工作的骨干力量，是大学生健康成长的指导者和引路人。"① 明确要求"按照政治强、业务精、纪律严、作风正的要求，坚持专兼结合的原则"完善高校辅导员队伍的选拔、培养和管理机制，着力建设一支高水平的辅导员队伍。同时也开启了高校辅导员队伍专业化培养和职业化发展之路。

为贯彻落实中发〔2004〕16 号文件精神，2005 年 1 月，教育部印发了《关于加强高等学校辅导员、班主任队伍建设的意见》（教社政〔2005〕2 号），对加强高校辅导员队伍建设提出了具体实施意见，"要像重视业务学术骨干一样重视辅导员、班主任的选拔、培养和使用，使他们干事有平台、发展有空间""要鼓励和支持一批骨干攻读相关学位和业务

---

① 思想政治工作司：中共中央、国务院发出《关于进一步加强和改进大学生思想政治教育的意见》，2004 年 8 月 26 日，http://www.moe.gov.cn/s78/A12/szs_lef/moe_1407/moe_1408/tnull_20566.html.

进修，长期从事辅导员工作，向职业化、专家化方向发展"①。高校辅导员队伍建设进入了以综合素质提升为核心的专业化培养和职业化发展的新阶段。

2006年2月教育部印发了《2006—2010年普通高等学校辅导员培训计划》，提出了具体培训目标，即"到2010年，完成辅导员的轮训工作，使辅导员队伍整体素质有明显提高，培养和造就1000名在思想政治教育方面有一定国内影响的专家"②。

2006年7月，教育部发布了《普通高等学校辅导员建设规定》（部长令第24号），指出"高等学校应当把辅导员队伍建设作为教师队伍和管理队伍建设的重要内容。加强辅导员队伍建设，应当坚持育人为本、德育为先""辅导员应当努力成为学生的人生导师和健康成长的知心朋友"③，并在"要求与职责""配备与选聘""培养与发展""管理与考核"等方面对辅导员队伍建设做出顶层设计，标志着我国高校辅导员队伍建设在政策规定和完善体制机制等方面达到了一个新的水平，为高校辅导员队伍素质建设提供了发展机遇和前进动力。值得点赞的是，通过实施《2006—2010年普通高等学校辅导员培训计划》，高校辅导员思想政治素质、职业素养、业务水平有了大幅提升，为高校大学生思想政治教育的科学发展提供了有力支撑。

党的十八大以来，高校辅导员队伍建设进入了一个崭新的发展阶段。2013年5月中共教育部党组印发的《普通高等学校辅导员培训规划（2013—2017年）》（教党〔2013〕9号）明确了高校辅导员队伍建设的主要目标，即"高校辅导员整体素质全面提升。辅导员理想信念更加坚定，育人能力显著提高，作风修养持续提升，共同职业目标和价值追求进一步深化，培养社会主义建设者和接班人的自觉性坚定性不断增强"④。这一规划强化了思想政治理论教育、专业素养提升和职业能力培养等方面

---

① 教育部：教育部《关于加强高等学校辅导员、班主任队伍建设的意见》（教社政〔2005〕2号），2005年1月13日，http://uzone.univs.cn/blog/blog_5605553_2a3h2hbl90862pl5bl91.html.

② 教育部办公厅：教育部办公厅关于印发《2006—2010年普通高等学校辅导员培训计划》（教社政〔2006〕2号），2006年7月30日，http://www.docin.com/p-1663656472.html.

③ 教育部办公厅：教育部办公厅关于印发《2006—2010年普通高等学校辅导员培训计划》（教社政〔2006〕2号），2006年7月23日，http://www.gov.cn/gongbao/content/2007/content_705523.htm.

④ 中共教育部党组：教育部党组印发《普通高等学校辅导员培训规划（2013—2017年）》（教党〔2013〕9号），2013年5月3日，https://gaokao.chsi.com.cn/gkxx/zc/moe/201305/20130516/423895947.html.

的培训。2014 年 3 月教育部印发《高等学校辅导员职业能力标准（暂行）》，旨在构建高校辅导员队伍能力标准体系，首次提出要推动高校辅导员队伍职业化、专业化发展，并对高校辅导员职业概况、基本要求和各级能力标准进行了具体的规范与明确的要求，强化了辅导员队伍建设的政策导向，同时要求辅导员把这份文件作为提高自身专业发展水平的行为准则。

2016 年 12 月，习近平总书记在全国高校思想政治工作会议上强调"高校思想政治工作关系高校培养什么样的人、如何培养人以及为谁培养人这个根本问题。要坚持把立德树人作为中心环节，把思想政治工作贯穿教育教学全过程，实现全程育人、全方位育人，努力开创我国高等教育事业发展新局面"①。同时也指出做好高校思想政治工作，要因事而化、因时而进、因势而新，并指出辅导员队伍建设要保证后继有人、源源不断。这就要求在辅导员队伍建设上，围绕辅导员素质提升切实推进高校辅导员队伍的专业化、职业化、专家化递进发展。

2017 年 2 月，中共中央、国务院印发了《关于加强和改进新形势下高校思想政治工作的意见》，对加强包括辅导员在内的高校思想政治工作队伍建设做出了新的部署，提出高校思想政治工作队伍和党务工作队伍具有教师和管理人员双重身份，要纳入高校人才队伍建设总体规划，形成一支专职为主、专兼结合、数量充足、素质优良的工作力量，再一次明确了辅导员队伍建设是发展的需要。同年 9 月，为切实加强队伍专业化职业化建设，教育部修订颁发了《普通高等学校辅导员队伍建设规定》（教育部令第 43 号），明确了辅导员发展目标，具体回答了辅导员身份是什么、职责做什么，以及辅导员队伍怎么配备、如何培养、如何发展等广大辅导员极其关切的问题。辅导员职业发展通道更宽广，对制定辅导员队伍激励保障机制、实现专职辅导员职务职称"双线"晋升提出了明确要求；强调高校专职辅导员职务（职称）晋升要单列计划、单设标准、单独评审，要注重考查工作业绩和育人实效的方向，要将优秀网络文化成果纳入专职辅导员的科研成果统计、职务（职称）评聘②。

2018 年，教育部从单向推动到融入高校思想政治工作队伍整体推进，

---

① 习近平在全国高校思想政治工作会议上强调：把思想政治工作贯穿教育教学全过程　开创我国高等教育事业发展新局面，2016 年 12 月 9 日，http://dangjian.people.com.cn/n1/2016/1209/c117092-28936962.html.

② 教育部：《普通高等学校辅导员队伍建设规定》（教育部令第 43 号），2017 年 9 月 21 日，https://xgc.nju.edu.cn/5b/cf/c1519a220111/page.htm.

高校辅导员队伍专业化职业化建设从此进入深化发展阶段。同年9月召开的全国教育大会上，习近平总书记发表重要讲话，提到"党的十八大以来，我们围绕培养什么人、怎样培养人、为谁培养人这一根本问题""要精心培养和组织一支会做思想政治工作的政工队伍，把思想政治工作做在日常、做到个人"①。高校辅导员作为高校思想政治工作的一支重要力量，要聚焦素质这一根本，契合高校辅导员队伍专业化、职业化、专家化的方向，立足基本国情，坚持社会主义办学方向，办好人民满意的教育。

2019年9月，教育部原部长陈宝生在全国高校辅导员优秀骨干培训班开班仪式上的讲话阐述了"辅""导""员"三个字的内涵，给予高校辅导员专业化、职业化、专家化渐进过程的指导。这就能从根本上稳定这支队伍，让每一位辅导员都有自己侧重的专业领域，进而发展成为专家化辅导员，更加高效实现立德树人这一根本任务②。

从加强和改进大学生思想政治教育的战略高度和高等教育的发展规律来看，在这样一个新阶段，高校辅导员队伍素质建设自然是一个特别值得我们关注的理论和实践课题。从目前理论研究的现状看，专家、学者和一线思想政治教育工作者对辅导员工作和辅导员队伍素质建设进行的研究，大多侧重于总结辅导员工作经验、介绍工作方法与实务交流。有关辅导员队伍素质建设的论文，其内容多集中于问题分析及对策思考，围绕素质建设对辅导员队伍职业化、专家化建设的定位、目标、职业准入制度、评价激励机制、培养保障等相关制度的研究涉及不多。通过分析国外相关研究文献，可以清楚看出国外学生事务管理的研究已经比较成熟，已形成了比较系统和独具特色的研究领域。特别是美国，高校学生事务管理呈现高度专业化的特点和学生事务管理队伍建设专家化的态势，值得我们去学习和借鉴。

"方法也就是工具，是主观方面的某个手段，主观方面通过这个手段和客体发生关系。"③ 高校辅导员素质建设是一个涉及政治学、管理学、人力资源管理学、思想政治教育学、心理学等多学科的研究领域。本书采取了文献研究法、系统研究法、访谈法等开展研究。美国著名管理学者莫

---

① 重磅！全国教育大会召开，习近平发表重要讲话，2017年9月21日，https://www.sohu.com/a/253090054_99902078.

② 教育部：坚定使命与责任 提升辅导员队伍建设水平 全国高校辅导员优秀骨干培训班开班，2019年9月23日，http://www.moe.gov.cn/jyb_xwfb/gzdt_gzdt/moe_1485/201909/t20190924_400619.html.

③ 列宁：《哲学笔记》，北京：人民出版社，1974年，第98页。

纳汉说："面对现代社会的每一个主要问题，分析到最后，总是一个管理问题……每一个问题，都可以通过管理职能的某种方式求得解决。"① 这固然有夸大管理学的作用之嫌，却也不无道理。在新时代，高校辅导员队伍素质建设的种种问题的确需要且可以"通过管理职能的某种方式求得解决"。要实现这个目标，需要理顺管理体制，坚持"选拔、使用、管理、培养、提高"相结合的原则，提高地位和待遇等。再者，网络信息技术的发展也为高校辅导员专业化发展提供了新的契机。

从研究的价值来看，"随着社会经济的进步和发展，我国高等学校也在发生着历史性的变化，高校教职员工专业化、职业化已经成为 21 世纪中国教育需要求解的 10 道难题之一"②。教育部思想政治工作司原司长杨振斌早在 2008 年上海举行的全国高校辅导员工作创新论坛新闻通气会上就表示：未来我国高校将有 10 万名专职辅导员。事实也充分证明，自 2006 年 7 月《普通高等学校辅导员建设规定》（部长令第 24 号）颁布以来，经过 10 年建设，全国高校专职辅导员队伍人数从 2006 年的 6.9 万人增加到 2016 年的 13.3 万人。专职为主、专兼结合的辅导员队伍架构已基本形成，培训和研修力度不断加强，队伍的专业水平和职业素养不断提高，职业认同感进一步提升。整体来看，我国高校辅导员队伍建设已步入专业化、职业化的发展轨道③。

2018 年 1 月 12 日，《中国教育报》头版头条刊发文章，以"提升辅导员职业的'含金量'——北京师范大学探索高校辅导员队伍建设路径"为题，报道了北京师范大学辅导员队伍建设经验。文章指出，2017 年 10 月教育部新修订的《普通高等学校辅导员队伍建设规定》再次规定"专职辅导员拥有教师和管理人员双重身份"，即专职辅导员可以"两条腿走路"，既可以走专业技术系列，也能同时走行政职级系列。作为全国高校辅导员队伍科学化建设标杆学校的北京师范大学，积极响应国家人才培养发展战略，坚持立德树人，强化提升辅导员队伍的职业化、专业化和专家化能力。具体为：强调辅导员"四个角色"，即大学生的政治思想领航员、成才发展指导员、心理疏导员和安全防护员；搭建"四个平台"，即培训

---

① 恩旺克沃：《教育管理的理论与实践》，史景文，张耀源译，北京：教育科学出版社，1987 年，第 2 页。

② 刘尧：《21 世纪中国教育需要求解的 10 道难题》，《江苏大学学报（高教研究版）》，2002（2）：10-17。

③ 冯刚：《高校辅导员队伍专业化、职业化建设的发展路径——〈普通高等学校辅导员队伍建设规定〉颁布十年的回顾与展望》，《思想理论教育》，2016（11）：4-9。

研修平台、课程建设平台、科研团队平台及职业大赛平台；提升辅导员的业务能力、教学能力、科研能力、职业能力等"四种能力"；促进辅导员队伍专业化建设。通过为辅导员提供顶层设计保障、管理制度保障、待遇条件保障及双线晋升保障等"四个保障"，使辅导员队伍的建设更加科学化，积极鼓励辅导员争做"四有"好老师，为培养又红又专的一流人才贡献力量①。

"时代楷模"辅导员典范曲建武老师的微信订阅号"仍然在路上"一直广受关注。从辅导员到副厅长，再到辅导员，曲建武老师兜兜转转了大半辈子，中心只有一个，就是学生。那份对学生的关爱、对教学一线的执着、对教育事业的情怀，让年近六旬的他工作起来像个年轻人，充满激情，不知疲倦，真可谓"为信念辞官返校，怀仁爱情怀育人"。有关他的先进事迹报道不胜枚举。2020 年 5 月 24 日"仍然在路上"发出《为什么要有辅导员教师》一文，写出了一位老辅导员的心声。曲建武老师在文章开头写道：青年学生正处在人生的"拔节孕穗期"，需要引导。一些人认为大学生是成年人，应当让他们独立思考。"思考"什么？脑袋里什么"材料"没用，若是再装进了错误的"材料"，能思考出什么？我从 1982年留校当辅导员到今天，38 年的学生思想政治教育历程，和无数的学生在一起，谈到大学的时光，他们最感谢的还是辅导员对他们的人生引领。不然一些学生就会走弯路，甚至走错路。也有人说，现在的学生和我们有"代沟"，不愿意听从我们的引领。我看也不是这么回事，关键看你怎么引领，你引领了他们什么。是辅导员没有用吗？是学生不听我们的吗？恐怕我们有的教育者的微信头像就"怪里怪气"的。辅导员教师一定要"好雨知时节""润物细无声"。

2018 年网络上出现了《辅导员：高校里最尴尬的"老师"》一文。文章一开头就写道，在高校里，他们是"保姆"，牵挂学生的身心与生活；他们是"万金油"，帮助学生求解日常遭遇的方方面面难题；他们被叫作"老师"，但许多人无法登上讲台，身份"尴尬"。他们就是高校里的辅导员，常常被误解的一个群体。手机 24 小时开机是辅导员的基本要求，很多辅导员自称"24 小时在线大管家"："学生夜不归寝，我们担惊受怕；知道有学生生病，比自己生病还紧张""我们既要当好理论教育家，又要做学生工作的思想家。突发事件我们是冲到第一线的实干家，学生遇到心

---

① 教育部高校辅导员培训和研修基地：中国教育报头版头条报道北师大辅导员队伍建设经验，2018 年 1 月 12 日，https://www.bnu.edu.cn/ttgz/86311.htm.

理问题则要当好心理学家"。部分高校辅导员既无法像任课教师那样评职称，也不能享受行政干部的职务待遇，在高校里身份"尴尬"。外界认可度不高，同事也经常对他们有误解。多重压力下，辅导员队伍流动性很大，不少人干不了几年就离职或转岗。高校辅导员普遍面临职业定位与个人发展的困惑，亟待高校调整优化考核与评价、培养与发展体制机制，在薪酬、晋升等方面更好地回应辅导员的实际需求。这是因为高校辅导员队伍归根到底是由人构成的，他们在复杂多样的社会关系中具有多层面的需求和期待，更有职业发展的需求和对美好生活的向往。因此，高校要坚守以人为本的价值理念，高度重视辅导员多层次的发展需求与生活期待，着力提升高校辅导员自身的素质与能力，提升高校思想政治工作科学化水平，真正做到事业留人、感情留人和发展留人。

细读《普通高等学校辅导员队伍建设规定》，会发现其中一系列让人憧憬的明确规定：保证辅导员工作有条件、干事有平台、待遇有保障、发展有空间，推动辅导队伍专业化职业化建设；专职辅导员职称评聘单列计划、单设标准、单独评审……这些规定如何绘就辅导员获得感的"春天"呢[①]？

鉴于此，我们认为对辅导员素质建设和职业发展的研究，围绕和关注高校辅导员队伍成员本身，明确高校辅导员的核心素养及新时代高校辅导员应具备的职业能力，全面提升高校辅导员素质能力，既是加强和改进大学生思想政治教育工作的重要内容，又是高校思想政治教育理论与实践相结合的重要课题。为增强大学生思想政治工作的实效性，研究新时期高校思想政治工作的途径、方法和作用机制，从理论上讲，有助于深入探讨新形势下高校辅导员工作的规律性，进而从一个新的视角丰富高校学生工作的理论内涵；从学科发展角度讲，这一研究有助于拓宽思想政治教育学科的研究领域，特别是可以深入地进行高校辅导员理论的研究；从现实上讲，这一研究可以为加强和改进高校辅导员工作添砖加瓦，为具体落实中央 16 号文件和教育部第 43 号令献计献策。

---

① 白靖利：辅导员：高校里最尴尬的"老师"，2018 年 10 月 7 日，https://www.sohu.com/a/257983862_100191005.

目　录

绪　论

第一节　研究背景和研究意义

一、研究背景

21 世纪是新媒体迅猛发展的时代。当前，新媒体已经渗透到我国的大学校园，扎根于当代大学生的学习、生活中，对他们的生活起居、学习方式、思维模式、身心发展、价值观形成等方方面面产生了深远的影响。中国互联网络信息中心（CNNIC）2019 年 2 月发布的第 43 次《中国互联网络发展状况统计报告》显示，截至 2018 年 12 月，中国网民规模达到了 8.29 亿，互联网普及率为 59.6%。而在庞大的网民群体中，学生群体规模最大。学生群体中的网民人数达到 2.10 亿，占网民总数的 25.4%。最近的 Quest Mobile 数据显示，"截至 2018 年 6 月，国内移动互联网月度活跃用户数达到 9.3 亿，其中 Z 世代（'95 后'）用户达到了 2.3 亿"。由此可见，当代大学生已成为我国网络用户的主要群体，同时也是我国新媒体应用的主体。

互联网是意识形态工作的主战场、最前沿。意识形态工作是做"人"的工作，意识形态工作的重点就应该在互联网那里。我国网民规模已达到 8 亿多，居全球第一。互联网日益成为人们，特别是年轻一代获取信息的主要途径。人们在互联网上看新闻、听音乐、读小说、看视频、交朋友、玩游戏，网络舆论直接影响着人们的思想观念和价值取向。如何运用新媒体新技术加强和创新新媒体时代的高校思想政治工作，如何牢牢占领新媒体这片新的思想政治教育阵地，使得思想政治工作更有时代感、更有吸引力，已成为加强和改进高校思想政治工作的一项重要课题。这样严峻的形势对高校辅导员的素质提出了更高的要求，主要表现在以下四个方面：

第一，新媒体使高校辅导员的主导地位受到了挑战。在传统大众媒体时代，高校辅导员在对学生进行思想政治教育时是居于主导地位的。那时，高校辅导员决定着教育的内容和形式、信息的数量和质量，以及信息的流向和渠道，掌握着话语主动权。进入新媒体时代，信息的传递过程由以往的定向单一转变为现在的互动共享。信息的发送者也可以成为接受者，这大大改变了学生在传统大众媒体传播信息过程中的被动地位。当代大学生有着浓厚的好奇心，善于接受新事物，他们在新媒体时代如鱼得水，运用新媒体新技术获得知识的能力比高校辅导员更强。新媒体时代，高校辅导员在大众传媒时代所拥有的信息优势、经验优势消失殆尽。更为严重的是，因为受到自身学科背景、新媒体教育能力、大量内容琐碎而繁杂的事务性工作及工作时间的限制，高校辅导员不能很好地利用新媒体开展思想政治教育。面对新媒体上的海量信息，高校辅导员和大学生之间的信息接收内容和过程是平等的，因此往往出现大学生和高校思想政治工作者同时获得信息，甚至大学生比高校思想政治工作者更早获得信息的情况，从而出现高校辅导员所掌握的内容不及大学生的现象。这使高校辅导员深感在教育中的主导地位受到当代大学生的"质疑"和"反叛"。面对这种情况，高校辅导员只有不断提高自身素质，使思想政治教育更加具有说服力和感染力，才能真正做到被当代大学生关注、接受和认可。

第二，新媒体使部分高校辅导员出现理想信念淡化的情况。新媒体因为具有内容丰富、方式灵活、时效性强、互动性高等特点而深受当代高校师生的喜爱。在新媒体时代，人们的思想更加活跃，独立性、选择性、多变性、差异性显著增强，各种思想多样杂陈、各种力量竞相发声成为常态。在新媒体中，各种思潮此起彼伏，其中一些思潮具有很强的意识形态侵略性。它们通过新媒体对高校进行意识形态渗透，使得思想文化领域争夺阵地、争夺青年、争夺人心的斗争变得越来越激烈。当前，一些高校辅导员由于受到新媒体上西方宪政民主、历史虚无主义、新自由主义、普世价值等形形色色错误社会思潮的影响，出现了政治信仰迷茫、理想信念淡化、价值取向扭曲的情况。他们在网上或者课堂上对西方发达国家所宣传的思想观念盲目吹捧，对我国当前由于转型加速期经济社会深刻变革，利益格局深刻调整所伴生的一系列现象和问题，发表了一些理性分析不足甚至有些偏激的言论。近年来多地爆发的思想政治教育者"言论不当""行为失范"等现象屡见，他们的这些错误言论对社会敏感度高但涉世未深、鉴别力还不强、自控能力较差的当代大学生产生了负面的影响，容易造成他们出现政治方向迷失、道德滑坡和理性缺失等情况。

第三，新媒体使一些高校辅导员开展思想政治教育的能力下降。高校辅导员对新媒体技术的掌握、熟悉、运用及其创新能力的发挥，决定了他们在思想政治教育过程中对于新媒体的认识、使用和发展程度。从目前的情况来看，新媒体对大学生思想政治教育的"强影响"与高校辅导员新媒体的"弱素养"之间存在着比较突出的矛盾。高校辅导员虽然对于新媒体的参与度比较高，会使用包括 QQ、微信、微博在内的新媒体与学生进行信息交流，但并不擅长使用新媒体新技术开展思想政治教育工作，使得无法与学生的需求有效对接的现象普遍存在，这就降低了思想政治教育工作的实效性。由于自身对于新媒体新技术学习不充分，因而高校辅导员不能很好地通过新媒体讲好当代大学生的爱国故事、创新故事、创业故事、奋斗故事和成长故事，不能很好地做到"把大道理讲实、小道理讲正、深道理讲透、歪道理讲倒"。他们无法以贴近性拉近与当代大学生的距离，以共鸣感影响当代大学生，从而无法形成与当代大学生的有效连接，不能精准地对当代大学生进行引导，帮助他们树立正确的世界观、人生观、价值观。同时，由于受到传统观念的影响，部分高校辅导员，尤其是一些年纪比较大的高校辅导员，对于新媒体这种新生事物的反应还是不够灵敏，不能做到与时俱进。他们对新媒体还处于观望状态，在工作中仍然坚持原有的思维定式，习惯于用传统大众媒体时代的思想政治教育方法对当代大学生进行引导和教育。他们不想创新、不敢创新、不会创新，对新媒体这种新生事物"敬而远之"，甚至"不屑一顾"。

第四，新媒体使高校辅导员的整体素质弱化。在新媒体时代，高校辅导员队伍中普遍存在着综合素质弱化的现象。其主要表现在以下四个方面：一是高校辅导员的网络语言表达能力不强。当前，高校辅导员在新媒体上开展思想政治教育时的话语表达方式与当代大学生的话语接受特点之间存在着不同程度的断裂和隔阂，这使得高校辅导员的话语在当代大学生中使用不多、传播不广、认同度不高，传播力和影响力有待提升。这成为影响当前高校思想政治教育实效性的一个十分重要的因素。二是高校辅导员的观察能力不强。目前，相当部分高校辅导员由于思想政治敏感性不足、信息收集识别能力不强、理论上认识不透等原因，不善于通过新媒体及时把握学生的思想变化，不能根据学生成长成才的需求和期待，针对性地开展思想政治教育工作，使得高校辅导员在学生工作中的影响力、说服力、凝聚力被削弱。三是高校辅导员的组织协调能力不强。面对新媒体时代思想层次各异的大学生，不少高校辅导员还是习惯沿用过去单枪匹马、单打独斗的办法，不善于运用网络"合力育人"的方法，不能有效利用学校、社会和家庭三方的"合力"共同促进学生的健康成长。四是高校辅导员的调控能力不强。高校辅导员对于新媒体上的舆情事件不能及时做出反应，不善于根据不同时期新媒体上的热点、难点、痛点、关注点及时调整自己的知识结构，规划工作方向。

面对如此多的挑战，高校辅导员现有的素质和新媒体时代对其提出的要求之间还存在着较大的差距，使得新媒体时代思想政治教育的效果并不十分理想。因此，在新媒体时代加强高校辅导员的素质建设，已经成为一项极为迫切的重要任务。

二、研究意义

随着人类社会进入新媒体时代，西方的意识形态和社会思潮通过各种途径传入我国，对社会主义主流意识形态造成了巨大的冲击。当代大学生作为"数字化生存"的弄潮儿，其思想观念、价值取向、人际交往方面都被深深地烙上了新媒体时代的痕迹。习近平总书记在全国高校思想政治工作会议上指出："要运用新媒体新技术使工作活起来，推动思想政治工作传统优势同信息技术高度融合，增强时代感和吸引力。"如何运用互联网等新媒体新技术加强和创新高校思想政治工作，使之富有时代感、更有吸引力，这是高校思想政治工作需要解决的一个重大课题。加强新媒体时代高校辅导员素质建设的研究，对加强和改进新媒体时代大学生思想政治教育工作大有帮助。充分利用新媒体这一载体，不断拓展思想政治教育的空间和渠道，以便更好地完成新时代赋予高校辅导员的培养社会主义建设者和接班人的神圣使命具有重大而深远的意义。

首先，有利于促进当代大学生的成长成才与全面发展。大学阶段是学生人生发展中的重要过渡时期，当代大学生存在既要求独立但依赖性仍很强、既有着强烈的求知欲望但识别能力又不足的矛盾，因此用正确的思想引领他们今后的人生路尤为重要。习近平总书记曾指出："青年的价值取向决定了未来整个社会的价值取向，而青年又处在价值观形成和确立的时期，抓好这一时期的价值观养成十分重要。这就像穿衣服扣扣子一样，如果第一粒扣子扣错了，剩余的扣子都会扣错。人生的扣子从一开始就要扣好。"在新媒体时代，各种信息和思想交互混杂，其中一些低级、媚俗、反动的信息、图片、视频在毫无过滤机制的情况下肆意传播。这些网上的错误信息容易导致正在形成世界观、人生观、价值观的大学生出现思想混乱、价值观异变及迷失人生前进方向等问题。在这样的形势下，作为开展大学生思想政治教育骨干力量的高校辅导员必须加强对于学生的引导。新媒体时代加强高校辅导员的素质建设，有利于高校辅导员更好地为大学生的学习和生活服务。高校辅导员通过日常对当代大学生的引导，可以帮助他们在一些大是大非的问题上树立正确的认识，扣好人生的第一粒扣子，使他们在思想观念、价值取向上站稳立场，增强对中国特色社会主义的思想认同、理论认同、情感认同，从而促进当代大学生的健康成长与全面发展，努力把他们培养成德智体美劳全面发展的社会主义建设者和接班人。

其次，有利于适应我国教育改革和办学发展的挑战。我国高等教育进入大众化发展阶段和高校改革不断深入的新时期，高校辅导员的职责和功能发生了巨大的变化。他们的工作范围已经从原来的思想政治教育和对学生进行日常的管理发展到思想政治教育、党团和班级建设、学业指导、心理健康教育与咨询、网络思想政治教育、危机事件应对、职业规划与就业指导等多个方面。新媒体新技术的出现和广泛应用，给高校思想政治教育带来了全新的变化。当前，大学生学习、生活与发展的环境发生了新的改变，大学生思想的独立性、选择性、变异性和差异性较为突出。多元文化环境下大学生发展多样性的需求迫切需要高校辅导员提供更细致、深入、全面的服务①，这就对高校辅导员提出了更高的素质要求。只有在新媒体时代不断加强高校辅导员的素质建设，不断增加高校辅导员的知识储备，不断完善他们的知识体系，才能从整体上提高我国高校辅导员的综合素质，才能适应我国高校教育改革和办学发展中的挑战，更好地在新媒体时代开展思想政治教育工作。

再次，有利于促进高校辅导员自身的科学发展。在新媒体时代，高校对于辅导员的素质要求越来越高，要求辅导员拥有坚定的理想信念，具备广博的科学文化知识、多元的知识结构和良好的知识储备，能够熟练使用"两微一端"等新媒体技术，及时研判网络舆情，积极推动思想政治工作与新媒体有效融合，要求辅导员成为一专多能的复合型人才。加强新媒体时代高校辅导员的素质建设，使高校辅导员的素质得到全方位的提高，可以使高校辅导员更好地适应新媒体时代新形势的要求，可以有效拓展高校辅导员职业发展的路径，使高校辅导员能够成就事业，达到职业高峰，获得社会声誉，大幅度提升高校辅导员的职业认同感、归属感、荣誉感和幸福感，也有利于促进高校辅导员自身的学科发展。

第二节　国内外相关研究述评

一、国外研究现状

（一）新媒体研究起源于境外并迅速成为当今世界热门话题

1967 年，美国哥伦比亚广播电视网技术研究所所长戈尔德马克发表

① 李友富：《新时代提升高校辅导员核心素养论析》，《学校党建与思想教育》，2019（3）：76-79。

的关于开发电子录像商品的计划书中，将"电子录像"称为"新媒体"，由此产生了新媒体这一概念。美国《连线》杂志将新媒体定义为"所有人对所有人的传播"，并广为流传。美国艺术家列维·曼诺维奇提出："新媒体以数字的方式展示，具有模块化、自动化、可变性和转编码性，以这些技术特征为依托使新媒体具有超媒体性、超时空性、开放性、交互性和虚拟性等特点。"美国著名未来学家阿尔温·托夫勒曾提出："谁掌握了信息、控制了网络，谁就拥有了整个世界。"美国马萨诸塞州理工大学普尔教授还提出了媒介融合理论（Media Convergence），其核心思想是："随着媒体技术的发展和一些藩篱的打破，电视、网络、移动技术的不断进步，各类新闻媒体将融合在一起。"① 随着数字媒体的不断发展，相关著作有：美国麻省理工学院著名未来学家尼葛洛庞帝所著《数字化生存》，被誉为信息技术及理念发展的圣经；美国学者马克·波斯特所著《第二媒介时代》，对人类与机器的关系进行了重新思考，并提出因特网和虚拟现实等电子媒介的新发展将改变人们的交流习惯，人们的身份也将进行深层的重新定位；美国学者保罗莱文森的著作《手机——挡不住的呼唤》。综上，我们可以发现新媒体已经成为当今世界的一个热门话题，并受到了广泛的关注。

（二）对于媒介素养教育理论和实践越来越受到重视

1. 媒介素养的理论

媒介素养的概念源自于西方，其英文为"media literacy"。英国学者富兰克·雷蒙德·李维斯（Frank Raymond Reeves）和丹尼斯·托马森（Dennis Thomason）为了应对日趋低俗和肤浅的媒介环境对青少年的影响，在 1933 年出版的文学批评著作《文化和环境：批判意识的培养》中首次提出了"媒介素养"的概念。美国媒介素养研究中心于 1992 年将媒体素养定义为人们面对各种媒介信息时所具有的选择能力、理解能力、质疑能力、评估能力、创造和生产能力，以及思辨的反应能力。英国媒介教育学者大卫·帕金汉（David Buckingham）提出媒介素养是指使用和解读信息所需要的技术、知识和能力。他把媒介素养分为使用和解读媒介信息两个方面的内容。美国加利福尼亚大学教授詹姆斯·波特（W. Jams Potter）在《媒介素养》一书中将媒介素养定义为"一种视角，我们积极地运用它来接触媒介，解释我们所遇到的消息的意义"。

一些学者将媒介素养分为三个层面，第一个层面是个人能够简单地

---

① 孟建：《媒介融合：粘聚并造就新型的媒介化社会》，《国际新闻界》，2006（7）：24。

意识到媒介"饮食"平衡和管理的重要性。第二个层面是掌握具体的、批判性的使用媒介的能力。第三个层面是能够深入传媒表层框架之内，进一步挖掘媒介信息之所以被生产出来的目的。也有观点认为，媒介素养理念的意义在于把公众和媒介之间的消极关系转化为一种主动的、批判性的关系，对私有化的、商业化的媒介文化结构进行挑战，从而找到公众发表言论的新渠道。媒介素养是公众获取、解读和使用媒介信息的能力，其中批判性思维是媒介素养的核心能力，是对文字识读能力的扩展和补充。

国际知名媒介素养教育学者大卫·帕金汉在所著《英国的媒介素养教育：超越保护主义》一文中提出："媒介素养教育不再被界定为一种与学生的媒介体验天然对立的教育，它不再被仅仅视为一种甄别方式或洞察隐蔽的意识形态的方法。"他强调未来媒介素养教育将是开放而多元的，应该将学校教育和媒体教育相结合，积极引导学生参与到媒体生活中，求得自我发展和积极体验，以此进一步培养和加强学生的社会参与意识和能力。

2001 年，联合国教科文组织对 35 个国家的媒介素养教育情况进行了调查。在形成的调查报告中，开篇就指出：在国际范围内，媒介素养教育已经不再是过去那种免疫接种为主的模式了。现在，媒介素养教育已经向赋权为主的教育模式转变，许多国家媒介素养教育已经走出了保护阶段。随着新媒体的出现及其快速地发展，媒介教育有了很多新的内涵。2013 年，联合国教科文组织发布了《媒介与信息素养政策和策略指南》，首次对媒介与信息素养的概念进行明确界定。2014 年，联合国教科文组织与欧洲委员会等在巴黎举办了第一届欧洲媒介与信息素养论坛，并最终通过了全面探讨媒介与信息素养概念及其实践方向的《巴黎宣言》[①]。在新媒体素养课堂教学方面，有学者认为，媒介素养教育课堂中应该包括再现、语言、生产、受众这四个核心概念。这四个核心概念可以整合运用到不同媒介语境和媒介素养教育的具体教学实践，同时也构建了媒介素养教育的理论框架。美国学者詹姆斯·波特在所著 *Media Literacy and Learning*（《媒介素养和学习》）一文中提出，教师在课堂教学中应当为学生提供大量与教学相关的安全健康的站点，引导学生探讨电视节目、杂志广告、报刊专栏、流行歌曲等。

---

① 耿益群，黄偲：《联合国教科文组织有关媒介素养政策之演变分析》，《现代传播》，2018（7）：163-168。

2. 国外媒介素养教育的实践概况

从 20 世纪 90 年代初开始，全球各地的媒介素养项目不断发展。其中，联合国教科文组织对于促进国际媒介素养运动的发展起到了关键性的作用。

目前，世界各国对于媒介素养教育的认识出现了发展很不均衡的现象。欧美等发达国家媒介素养教育开展相对较早，且已形成比较完备的体系，而亚洲和非洲国家不仅对媒介素养教育的研究开展较迟，发展也相对缓慢。

媒介教育在英国已经被明确定义。早在 20 世纪 80 年代的时候，媒介教育就已经被英国纳入本国中小学课程体系当中。到了 20 世纪 90 年代，英国已经有超过三分之一的学校开设了媒体研究课程。该课程坚持因材施教的原则，在保证媒介素养教育系统性的前提下，根据青少年年龄和层次的不同，设计了难度和重点各不相同的内容对青少年进行媒介素质教育。在儿童阶段，主要注重培养学生如何区分现实和媒体；到了初中阶段，开始教育学生如何辨识、评价部分媒体的内容，减少不良信息对学生不利的影响；到了高中阶段，则着重培养他们的批判意识与媒介应用能力[1]。当前，英国的媒介研究课（Media Studies）作为一门独立课程开设在 KS4 和 A Level 阶段[2]。加拿大的安大略省 1987 年将影视教育扩展为媒介教育，并把它列为学校英语课程中独立的一部分内容。到了 2000 年，从 9 月起，媒介教育成为加拿大全国语言艺术课程的一个重要的组成部分。在美国，媒介素养教育从 20 世纪 70 年代开始发展起伏不定，直到 20 世纪 90 年代才得到较快的发展。虽然美国不是媒介素养教育的发源地，但是，美国毫无疑问是对于媒介素养教育观念最明确、教育体系最完善的国家。美国大部分的州都将媒介素养列入其社会教育标准或学校课程之中，社会各界的相关社团和研究组织也通过直接设计课程体系和针对媒介素养教育者提供各种培训的方式为媒介素养教育的开展提供帮助。例如，成立于 1989 年的美国"媒介素养研究中心"（Center for Media Literacy）于 2003 年发布了"媒介素养工具包"，明确提出了媒介素养教育的框架[3]。除此之外，美国学术界也积极开展媒介素养教育研究，产出了大量关于媒介素养教育

---

① 贾玉：《欧美媒介素养教育的内涵、范式与借鉴》，《传媒》，2018（12）：87-89。
② 孙婧，周金梦：《英国媒介研究课的特点及启示——基于英国最新〈GCSE 媒介研究课程标准〉与评估框架的分析》，《比较教育研究》，2020（2）：32-38。
③ 朱立达，常江：《中美青少年媒介素养教育体系的比较分析》，《传媒》，2018（12）：87-89。

的教学实践和科研成果。另外，像欧洲的匈牙利、挪威、丹麦、芬兰、西班牙、瑞典等国家都将媒介教育纳入了修改过的正规的教育体制之中。当前，欧美媒介教育已经形成了一种批判的技巧，利用媒体自我表达和创造、交流、沟通的能力推动社会改造，推动民主化的社会工具融合为一体的教育方法①。

由于亚洲和非洲国家大众媒介的发展远远落后于欧美国家，加之自身的媒介素养意识也不强，使得亚洲和非洲国家开始研究媒介素养的时间比较迟，进展也比较缓慢。日本、韩国对于媒介素养教育开展较早，印度、斯里兰卡等也开始了相关的研究和实践。在中东地区，以色列将媒介教育设为选修课，有400多所小学和200多所初中及高中开设了正式的媒介教育课程。

通过对国外新媒体研究的梳理可以发现，现在国外对于新媒体的研究主要集中于以下三个方面：一是对于新媒体概念的研究。虽然暂时没有定论，但是我们可以发现定义的共同点，即新媒体是一个以数字化为主要特征的动态的概念。二是新媒体改变了传统媒体时代信息传播的方式，并且对人们的价值观和社会交往也产生了深远的影响。三是新媒体的迅速发展为媒体素养教育带来了新的机遇和挑战。虽然国外学界没有高校辅导员的提法，但是国外学界对于新媒体的探索，为我国新媒体时代高校辅导员素质建设提供了有益的借鉴。

二、国内研究现状

近年来，学界加强了对高校辅导员素质的研究，特别是随着新媒体的兴起和普及，掀起了一股研究新媒体与高校辅导员关系的浪潮，并进行了卓有成效的探索。在中国知网上以主题"新媒体"并含"辅导员"为搜索词，可以检索出2009年北京师范大学学工部原部长梁家峰在《高校理论战线》发表的《牢牢把握话语权和主动权》一文。在文中，梁家峰指出作为新媒体时代的大学生思想政治工作者，既要紧紧把握时代的脉搏，加强理论学习，充分认识并利用新媒体的优势，又要引导大学生抵制新媒体带来的负面冲击，合理运用现代传媒手段，拓展大学生思想政治教育途经，为大学生建立现实和虚拟的双重精神家园，使大学生顺利成长为社会主义事业的可靠建设者和合格接班人。从此开启了新媒体与辅导员研究的篇章。迄今为止，已经有900多篇相关文献，这些都成了本研究的重要学

---

① 贾玉：《欧美媒介素养教育的内涵、范式与借鉴》，《传媒》，2018（12）：87-89。

术资源。目前国内学界的研究主要涉及以下几个方面的内容。

对于新媒体的定义，理论界提出了不同的观点。陈晓宁①（1999）提出，新媒体即网络媒体。蒋亚平②（2000）提出，新媒体就是通过国际互联网传播新闻的信息发布平台。程曼丽③（2007）提出，所谓新媒体，是相对于传统媒体而言的。它以网状发散结构突破了传统媒体信息流动的线性结构，实现了信息传播形态的革命。肖学斌、朱莉④（2009）提出，新媒体是新的技术支撑体系下出现的媒体形态，如数字杂志、数字报纸、数字广播、手机短信、移动电视、网络、桌面视窗、数字电视、数字电影、触摸媒体等。新媒体是指相对于传统媒体而言，依托数字技术、计算机网络、移动通信等新技术向受众提供信息服务的新兴媒体。邹国振（2012）提出，新媒体是指相对于传统媒体而言，依托数字技术、计算机网络、移动通信等新技术向受众提供信息服务的新兴媒体。赵逸妍⑤（2018）提出，新媒体是指依托网络数字技术、移动技术，通过电脑、手机、iPad 等移动智能终端呈现出的多元化媒体服务模式。毛赟美⑥（2019）提出，新媒体是基于现代数字技术实时双向传播多种内容的传播媒体。

对于高校辅导员素质构成，理论界提出了不同的观点。胡沐辉⑦（2005）提出高校辅导员应具备政治素质、专业知识素质、法律素质与人文素质。彭庆红⑧（2006）将高校辅导员的素质归结为管理能力素质、专业知识素质和个人思想政治素质三类，并据此提出了高校辅导员素质的"MKI 模型"。谢志芳⑨（2010）指出，高校辅导员应该具备政治素质、思想素质、知识素质、信息素质与相当的科研素质。张再兴⑩（2010）采用素质结构的"三要素"分析框架，结合高校辅导员工作的实际，将高校辅

---

① 陈晓宁：《试论新媒体》，《广播电视信息》，1999（9）：5-10。

② 蒋亚平：《中国新媒体形势分析》，《中国记者》，2000（10）：77-78。

③ 程曼丽：《从历史角度看新媒体对传统社会的解构》，《现代传播（中国传媒大学学报）》，2007（6）：94-97。

④ 肖学斌，朱莉：《新媒体对大学生思想政治教育的影响及应对》，《思想教育研究》，2009（7）：54-56。

⑤ 赵逸妍：《新媒体令高校思政活起来》，《人民论坛》，2018（24）：126-127。

⑥ 毛赟美：《高校运用新媒体开展思想政治工作的思考》，《中国青年社会科学》，2019（5）：47-52。

⑦ 胡沐辉：《关于新时期高校辅导员素质的思考》，《学校党建与思想教育》，2005（11）：78-79。

⑧ 彭庆红：《高校辅导员素质模型的构建》，《清华大学教育研究》，2006（3）：90-94。

⑨ 谢志芳，朱丽花：《实现高校辅导员职业化的途径思考》，《高校教育管理》，2010（7）：59-61。

⑩ 张再兴：《高校辅导员队伍建设理论与实践》，人民教育出版社，2010年，第110-111页。

导员的素质分为专业知识、职业技能和事业品格三个方面。李志强①（2011）将高校辅导员应该具备的基本素质总结为正确的政治方向、高尚的道德情操、良好的文化素养、扎实的业务知识、健全的心理健康。胡全裕②（2015）提出，从教育者角色出发，辅导员要具有良好的职业操守、必要的专业知识及过硬的职业本领。从管理者角色出发，辅导员要具备一定的领导能力和领导素质、一定的文字书写能力和语言表达能力，以及较强的执行力和应变能力。从服务者角色出发，辅导员需要具备对学生的爱心、强烈的事业心和责任心，以及恒心和耐心。兰海涛、魏星③（2017）将高校辅导的素质分为管理能力素质和专业能力素质。他们提出，辅导员至少具备解决和分析学生问题及较强的沟通协调能力这两项能力素质。与此同时，辅导员还应该具备思政专业素质，要主动了解所带学生的相关背景知识。孟东方等④（2019）将高校辅导员的素质划分为包括身体素质、技能素质和能力素质的外显素质和包括思想政治素质、知识素质、心理素质、审美素质、创新素质、法律素质的内在素质。

对于高校辅导员素质的具体构成，学界也有不同见解。关于"高校辅导员政治素质"研究的主要观点有：林斯丰⑤（2004）指出，高校辅导员必须是合格的共产党员，政治立场坚定，并且具备较高的理论素养。杜婷婷⑥（2011）指出，高校辅导员思想政治素质包含正确的思想观念、科学的思想方法、严谨的思想作风、较高的政治认知、强烈的爱国意识、坚定的理想信念、良好的社会公德、过硬的职业道德。刘明亮⑦（2012）指出现如今，高校辅导员应该具备较高的思想政治素质，高校辅导员要积极用中国特色社会主义理论体系武装自己的大脑，在日常的工作生活中关注时事政治，在言行上注意与党中央保持高度一致。王妙志⑧（2016）指出，

① 李志强，王宏翔：《论高校辅导员的素质建设》，《学校党建与思想教育》，2011（3）：95-96。
② 胡全裕：《基于角色的高等院校辅导员能力和素质探究》，《学校党建与思想教育》，2015（10）：76-78。
③ 兰海涛，魏星：《高校辅导员素质与能力结构、培养途径》，《中国高等教育》，2017（5）：42-44。
④ 孟东方：《高校辅导员学》，人民出版社，2019年，第308-309页。
⑤ 林斯丰：《加强政治辅导员队伍素质培养的思考》，《集美大学学报》，2004（2）：118-121。
⑥ 杜婷婷：《"80后"高校辅导员思想政治素质现状分析与对策研究》，济南：山东大学硕士论文，2011年，第1-5页。
⑦ 刘明亮：《高校辅导员应具备的素质与提高路径》，《教育探索》，2012（8）：107-108。
⑧ 王妙志：《高校辅导员思想道德素质建设研究》，重庆：重庆师范大学硕士论文，2016年，第1-3页。

高校辅导员思想道德素质是政治定力、道德品格、敬业素养、爱心品质的统一体。郝金莹①（2010）指出，高校辅导员思想政治素质的构成要素主要涉及世界观、人生观和价值观问题的思想素质，主要涉及政治态度、方向、道路和政治能力问题的政治素质，主要涉及协调和处理人们之间道德行为和道德关系问题的道德素质。

关于高校辅导员的知识素质。陈岩松②（2009）指出，高校辅导员的理论知识结构包括：教育学、思想政治、社会学、心理学等方面的知识，以及高校学生就业政策等。孙艳淮③（2007）将高校辅导员应该具备的知识素质归纳为三方面内容：一是，从事思想政治教育工作所必须具备的专业知识；二是，高校辅导员所带班级学生所学专业的基础知识；三是，一些历史、文化、体育等方面的知识。卢景昆④（2010）提出高校辅导员良好的知识素质包括两方面：一是在马克思主义理论知识、思想政治教育专业知识，以及文化和科学技术知识方面拥有较高的水平。二是具备合理的知识结构。一方面有较广的知识面，另一方面具备较硬的专业知识。陈华⑤（2012）指出，高校辅导员应该具备基础知识、思政教育相关知识、教育学知识、管理学知识和学生工作专项知识。刘琦、吴长锦⑥（2015）认为文化知识素质包括马克思主义基本理论知识、较好的人文素养及一定的教育学、心理学、管理学、社会学、法学等专业相关理论知识。孔祥慧⑦（2016）认为，高校辅导员应具备宽泛丰富的知识素质。一方面，高校辅导员应具备思想政治教育学的专业知识；另一方面，高校辅导员还需要具备丰富的实践知识。

对于高校辅导员的能力素质。黄靖强⑧（2002）提出，高校辅导员应

① 郝金莹：《论高校辅导员思想政治素质的塑造》，延吉：延边大学硕士论文，2010年，第1-5页。

② 陈岩松：《高校辅导员的角色定位与知识结构发展》，《江苏高教》，2009（4）：118-120。

③ 孙艳淮：《试论高校辅导员的职业素质与工作方法》，《中国青年研究》，2007（12）：85-87。

④ 卢景：《新时期高校辅导员的素质结构探究》，《职业与教育》，2010（30）：36-38。

⑤ 陈华，江鸿波：《基于"知识—能力—素质"三要素的辅导员职业准入标准研究》，《统计教育研究》，2012（1）：57-59。

⑥ 刘琦，吴长锦：《高校辅导员职业素质结构优化探析》，《湖北社会科学》，2015（5）：160-163。

⑦ 孔祥慧：《试论高校辅导员素质提升面临的挑战与基本对策》，《思想教育研究》，2016（10）：108-111。

⑧ 黄靖强：《当前形势下做好辅导员工作应具备的素质和技能》，《思想政治教育研究》，2002（1）：23-24。

该具备发现和确认信息、选择和分类信息、根据信息选择教育内容等信息处理的能力。周莹莹等①（2008）提出新时期要求辅导员具备收集、分析、利用信息能力，以及教育和管理能力、学习和学习指导能力、心育能力、职业指导能力、科研能力、创新能力、创新教育能力等八种能力。李志强②（2011）提出，高校辅导员应该具备信息处理、教育管理、学习指导、心理教育、职业指导和科研与创新等能力。周静③（2011）指出高校辅导员应该具备敏锐的观察力、良好的倾听能力、娴熟的谈话技巧和丰富的实践能力，与此同时，还要具有好的工作态度。李琳④（2015）认为，高校辅导员的能力素质共有九项，分别是思想政治教育、党团和班级建设、学业指导、日常事务管理、心理健康教育与咨询、网络思想政治教育、危机事件应对、职业规划与就业指导、理论和实践研究。吴健、丁德智⑤（2016）认为，高校辅导员要具备包括学生事务管理能力、教育引导能力、组织与领导能力、职业规划和就业指导能力、心理健康教育能力、学习科研能力、融会贯通的能力在内的 7 种能力。

对于高校辅导员的媒介素质。高娟⑥（2010）提出建立在媒介素养内涵基础上的辅导员媒介素养主要包括以下几个方面：第一，对媒介性质有正确的理解和认识。第二，媒介意识浓厚，能自觉、敏锐地捕捉一切有用的信息，维持对信息的注意力、判断力和洞察力，养成从媒介角度观察问题、思考问题的良好习惯。第三，对媒介信息的判断、选择、获取、处理、生成、传递等能力强，善于从杂乱无序的"消息"中找到有用的媒介信息。第四，掌握电子计算机等信息技术的基本知识和技能以创造和传播媒介信息。第五，积极运用新媒体，做好新时期的思想政治教育工作。曾海艳⑦（2012）认为高校辅导员的媒介素养主要包括三方面内容：一是有效获取并正确理解、评估判断信息的能力；二是整合信息和利用媒介传播

---

① 周莹莹，邵霞琳，谢春英：《新时期辅导员工作角色及能力素质研究》，《教育与职业》，2008（29）：141-142。

② 李志强，王宏翔：《论高校辅导员的素质建设》，《学校党建与思想教育》，2011（3）：95-96。

③ 周静：《高校辅导员素质新论》，《现代教育管理》，2011（7）：72-74。

④ 李琳：《高校辅导员职业能力提升的思考与建议》，《高校辅导员》，2015（5）：20-23。

⑤ 吴健，丁德智：《基于能力素质模型的高校辅导员职业能力建设规律研究》，《学校党建与思想教育》，2016（15）：63-65。

⑥ 高娟：《高校辅导员媒介素养问题探析》，《湘潮》，2010（12）：15-16。

⑦ 曾海艳：《高校学生辅导员媒介素养及其提升策略》，《学术论坛》，2012（5）：200-203。

信息的能力；三是对大学生进行媒介素养教育的能力。张羽程[1]（2014）提出，高校辅导员的媒介素质包括三方面内容，一是能正确认识媒介的性质和功能；二是对媒介信息具有系统批判性意识；三是能够利用媒介提高职业能力。刘文静[2]（2016）认为，对于高校辅导员而言，媒介素养是基于意识情感、心智能力、文化积累，以各种媒介资源技术科学运用为表现的综合能力素质。王静[3]（2018）提出，媒介素养是辅导员利用各种媒介载体获取有利于大学生成长和自身发展的有效信息，并借助媒体平台开展大学生思想政治教育和管理服务工作，以及实现师生顺畅交流沟通的一种能力和素养。

对于新媒体时代高校辅导员应该具备的素质。索秋平[4]（2012）提出高校辅导员除具备基本认知、简单应用等一般性的媒介素养以外，还需掌握与新媒体有关的法律法规知识、开展大学生新媒介素养教育的能力、通过新媒体开展针对性服务和思想教育的能力。董娇[5]（2017）提出，高校辅导员需要具备新媒体应用素质、运用新媒体不断提高管理能力的素质和运用新媒体把握舆论方向的素质。李根[6]（2019）提出，高校辅导员的素质是一种立体结构，关键要素包括：优良的思想政治素质、高尚的道德与情操、突出的知识与能力。韩冰[7]（2019）提出，新媒体背景下，高校辅导员应该具备包括计算机应用素质、互联网新型媒体研究学习素质、互联网社交新趋势的探析素质、互联网舆情监控与网络预警处理能力素质在内的四种素质。

三、文献综述

如上所述，对于高校辅导员应该具备的素质，已经有了不少研究成

① 张羽程：《社交网络环境下高校辅导员媒介素养的提升方略》，《教育理论与实践》，2014（24）：28-30。

② 刘文静：《新媒体形势下辅导员媒介素养的内涵与价值研究》，《西部素质教育》，2016（4）：38。

③ 王静：《新媒体时代高校辅导员媒介素养的内涵与提升》，《重庆工商大学学报（社会科学版）》，2018（5）：122-128。

④ 索秋平：《辅导员新媒体素养及提升途径》，《学校党建与思想教育》，2012（13）：79-81。

⑤ 董娇：《新媒体时代高校辅导员综合素质提升研究》，西安：西安理工大学硕士论文，2017年，第15页。

⑥ 李根：《新媒体背景下高校辅导员素质结构与培养概论》，《新闻研究导刊》，2019（7）：216-218。

⑦ 韩冰：《新媒体时代如何提升高校辅导员的综合素质》，《文教资料》，2019（16）：113-114。

果，这些研究成果从不同学科、不同方法对高校辅导员的素质构成，以及高校辅导员应该具备的政治素质、知识素质、能力素质、媒介素质等提出了自己的见解，为进一步探讨新媒体时代高校辅导员素质建设打下了坚实的基础。但是，以上的分析还存在不足，主要表现在以下两个方面：

第一，跨学科的研究不足。以上研究主要是从思想政治教育学、传播学、教育学等单一学科出发，对新媒体时代高校辅导员的素质提出了自己的见解，跨学科的研究还是比较少。

第二，提出的理论过于笼统。关于新媒体时代高校辅导员应该具备的素质，以上研究主要是从理论方面进行了笼统的分析，对于实践中如何加强新媒体时代高校辅导员素质建设的指导意义不足，可操作性并不凸显。要加强新媒体时代高校辅导员素质的建设，必须充分考虑新媒体时代社会发展的现实状况，结合科学的理论基础有针对性地提出解决措施。

第三节　本书架构和研究方法

一、本书架构

本书以马克思主义、毛泽东思想、邓小平理论、"三个代表"重要思想、科学发展观、习近平新时代中国特色社会主义思想为指导，以马克思主义人的全面发展理论、合力理论、思想政治教育相关理论、结构功能理论、人力资源管理理论、团队建设理论、职业生涯发展的理论等理论为参照，以中共中央、国务院颁布的《关于加强和改进新形势下高校思想政治工作的意见》、教育部颁发的《关于加强高等学校辅导员班主任队伍建设的意见》、《高等学校辅导员职业能力标准（暂行）》、《2016—2010年普通高等学校辅导员队伍培训》和《普通高等学校辅导员队伍建设规定》等与高校辅导员素质建设相关的文件为政策支撑，以高校辅导员素质建设及当代大学生成长成才的需要为抓手，在积极借鉴国内外相关研究成果的基础上，剖析了新媒体时代高校辅导员素质建设取得的成就及存在的问题，深入分析高校辅导员素质的内涵和辅导员素质建设的原则，以及影响高校辅导员素质建设的时代环境，根据加强新媒体时代高校思想政治教育工作的需要、大学生健康发展的诉求及辅导员专业化职业化发展的现实，积极探索构建新媒体时代高校辅导员素质建设的可行路径，以期为培养德智体美劳全面发展的社会主义建设者和接班人，为提高新媒体时代高校思想政治教育工作成效做出贡献。

本书共分六个部分：

第一部分为绪论，重点说明了本研究的缘由、目的和意义，分析了国内外的研究动态，阐明了本书的结构及研究方法。

第二部分为高校辅导员素质建设相关问题的阐述，包括对辅导员、高校辅导员、素质、辅导员素质等基本概念，以及马克思主义人的全面发展理论、思想政治教育理论、人力资源管理理论、团队建设理论和职业生涯发展理论等相关理论和政策基础的分析。

第三部分对高校辅导员素质的内涵及建设的原则进行了阐释。

第四部分对"新媒体时代"概念进行了解析，并针对新媒体时代对高校辅导员素质的影响，以及新媒体时代高校辅导员素质建设取得的成就和存在的问题进行了分析。

第五部分主要是结合国家相关政策文件针对高校辅导员的素质提出的要求、新媒体时代大学生的特点及其对高校辅导员素质提出的新要求，以及新媒体时代对高校辅导员素质的要求，系统地总结出新媒体时代高校辅导员胜任本职工作应该具备的具体素质。

第六部分提出了新媒体时代加强高校辅导员素质建设的具体思路。即主要是从四个方面入手：一是完善高校辅导员素质建设的政策和制度，包含确立高校辅导员的职业标准、完善高校辅导员资格认定制度和完善高校辅导的职称、待遇等政策。二是建设完善的高校辅导员培训体系，包含科学设置高校辅导员培训的内容、构建现代的培训方式和方法体系，以及完善高校辅导员培训的考核体系。三是优化高校辅导员的激励机制，包含高校辅导员激励机制的基本原则、优化高校辅导员激励机制的基本措施和改革高校辅导员激励机制的方法。四是加强高校辅导员自身素质建设，包含坚定理想信念、提高自身思想政治素质、加强科学文化素质、提高自身新媒体专业知识。

二、研究方法

（1）文献研究法。对于新媒体时代高校辅导员素质建设研究这个课题，根据研究目的和研究过程的需要，主要采用了文献研究法。在撰写论文的过程中，主要通过检索中国期刊全文数据库、中国优秀博硕士学位论文全文数据库、报刊书籍、相关网站及相关书籍，对国内外关于高校辅导员，特别是新媒体时代高校辅导员素质有关的文献进行收集、整理、分析、归纳和总结，积极学习借鉴学术界现有的研究成果。在阅读中获得本研究的主要思路，从目前学术界对于新媒体时代高校辅导员素质建设的不懈探索及研究局限找到本研究的创新点。

（2）系统研究法。新媒体时代高校辅导员素质建设是一个十分复杂的系统。要想真正实现对这一系统的把握，就需要运用系统研究方法进行研究。系统研究方法是包含信息论方法、系统论方法和控制论方法在内的一种综合方法。系统论方法强调整体性、综合性的观点，注重从整体上研究事物的结构、层次、关系等，它突破了简单、静态、直线、因果分析方法的局限性，将辩证法中普遍联系、运动发展、质变量变等认识事物的方法应用到了实践当中。本书将运用这种方法对新媒体时代高校辅导员素质的构成及其建设方面进行系统分析。

（3）问卷调查与分析法。运用纸质与网络问卷调查新媒体时代高校辅导员素质建设现状，利用网络、书籍查询收集相关资料，通过归类统计、整理与研究，对网络技术发展与高校辅导员队伍建设进行现状分析，探究当前高校辅导员素质建设及其存在问题，明晰本课题理论结构、分析范围与内容体系。

（4）个案剖析与比较分析法。研究新媒体时代高校辅导员素质建设的影响个性案例，分析新媒体时代高校辅导员素质建设的原则、有效途径与实效性的应对策略。比较分析新媒体对高校辅导员素质建设不同层面的影响，探讨高校辅导员素质建设在网络新媒体下的构建。

（5）理论与实践相结合的分析方法。基于理论支撑体系，结合实践建立合理的模型综合评价指标体系，以不确定性理论和优化理论为基础，对不同层面的新媒体时代高校辅导员素质建设全过程进行综合评价。

第一章

基本概念、相关理论和政策发展梳理及分析

第一节　基本概念

本书是关于新媒体时代高校辅导员素质建设的研究，首先需要对辅导员、高校辅导员、辅导员制度、高校辅导员角色定位、素质的概念做明确的界定。

一、辅导员

在汉语词典中，辅导员有两层含义：（1）帮助和指导学习、工作的人。（2）专指少年先锋队员的指导者。由共青团选聘，任务是辅导少先队中队或大队委员会开展工作。

辅导员是从事辅导工作的人员的简称，如心理辅导员、班级辅导员、技术辅导员等或专指高校辅导员，本书中专指高校辅导员。辅导员（School Counselor）是履行高等学校学生工作职责的专业人员，具有教师和干部的双重身份，是高校教师队伍和管理队伍的重要组成部分，是高校开展大学生思想政治教育的骨干力量，是高校学生日常思想政治教育和管理工作的组织者、实施者和指导者。辅导员制度是目前大学普遍采取的一种学生管理制度。

一般选择辅导员的标准有：

（1）政治强、业务精、纪律严、作风正；

（2）具备本科以上学历，德才兼备，乐于奉献，潜心教书育人，热爱大学生思想政治教育事业；

（3）具有相关的学科专业背景，具备较强的组织管理能力和语言、文字表达能力，接受过系统的上岗培训并取得合格证书；

（4）一般要求是中共党员，心理学、教育学尤其是思想政治教育专业。

二、高校辅导员

高校是高等学校的简称，是以实施高等教育为主要职能的机构。"在中国，分普通高等学校和成人高等学校两类。前者包括大学、独立设置的学院、高等专科学校和高等职业学校。后者包括广播电视大学、职业高等学校、农民高等学校、管理干部学院、教育学院、独立函授学院和普通高等学校举办的函授部（学院、班）、夜大学校等。"①

教育部网站在回复网友提问有关"什么是高校辅导员"的问题时，给出的答复是："辅导员是高等学校教师队伍和管理队伍的重要组成部分，是开展大学生思想政治教育的骨干力量，是高校学生日常思想政治教育和管理工作的组织者、实施者和指导者，是大学生的人生导师和健康成长的知心朋友。加强辅导员队伍建设，对于培养社会主义合格建设者和可靠接班人、巩固党的执政基础，对于维护高校稳定、推动高等教育事业顺利发展，对于推进素质教育、促进大学生全面发展都具有十分重要的意义。"②

因此，有必要梳理 1949 年后辅导员及其制度发展的历史过程。

（一）初创阶段（1949—1953 年）

中华人民共和国成立后，为巩固社会主义制度，党中央提出"教育要为政治服务"，1952 年要求全国各高校设立政治辅导员。1953 年清华大学、北京大学向教育部提出试点请求，率先建立政治辅导员制度，主要负责政治工作，担当学生的"政治领路人"。时任清华大学校长蒋南翔选拔了一批思想政治觉悟高、业务素质好的高年级学生，"半脱产"做中、低年级学生的思想政治工作。这被形象地称为"双肩挑"，即一肩挑业务学习，一肩挑思想政治工作③。当时蒋南翔提议设立政治辅导员，并非只着眼于学生工作，更是着眼于"培养辅导员成为比一般学生具有更高政治质量及业务水平的干部"④。政治辅导员是在高校的具体条件下培养又红又专干部的特有形式。

---

① 顾明远：《教育大辞典（增订合编本）》，上海：上海教育出版社，1998 年，第 672 页。

② 什么是高校辅导员? 2007 年 5 月 28 日，http://old.moe.gov.cn/publicfiles/business/htmlfiles/moe/moe_1359/200705/22770.html.

③ 关于辅导员的来源，可在同学中抽调。原则上辅导员不脱产政治工作，若与业务脱离，一方面有困难，另一方面会有缺点。可考虑让他们脱产四分之一或五分之一，晚一年毕业。他们上午上课，下午工作。辅导员要抽调学习好的（四分或五分）同学担任，做了一年，成绩如果下降，那就要取消他的辅导员资格。他们学习成绩好，担任辅导员后继续学习，一方面使他们不被拉下，能学够业务；另一方面也能取得别人的信任与尊重。他们毕业的时候，学校可以负责向人事部介绍，分配给他们合适的工作（1953 年 3 月蒋南翔在清华大学教师大会上的讲话）。

④ 清华大学《双肩挑》编写组：《双肩挑》，北京：清华大学出版社，1993 年，第 17 页。

（二）确立阶段（1953—1966 年）

1961 年，党中央庐山会议上出台了《教育部直属高等学校暂行工作条例（草案）》，即《高教六十条》，其中第十条"高等学校的思想政治工作在学校党委会的领导下进行。要正确处理红与专的关系，思想政治工作不但要管红，而且要管专。要经常地进行，细水长流，深入细致，讲求实效，反对形式主义"。第五十条"要求在一、二年级设辅导员或班主任，主要从专职的党政干部、政治理论课教师和其他青年教师中挑选有一定政治工作经验的人担任。同时，要求逐步培养和配备一批专职的辅导员"①。可以看出，担任辅导员要有一定的素质要求。这是中央第一次正式提出要在高校设置专职政治辅导员，可以说是辅导员制度的真正开端。

在此之后，中共中央于 1964 年 6 月批准了教育部党组《关于加强高等学校政治工作和建立政治工作机构试点问题的报告》。报告提出，在教育部和直属高等学校设立政治部。规定高等学校政治部为校党委的工作机构，提出在二三年内配齐班级的专职政工干部，编制为每 100 名学生至少配备一人，主要从高校优秀毕业生中选留。1965 年 3 月，高等教育部政治部通知各直属高校迅速建立政治部，大力充实政工干部队伍。1965 年教育部制定了《关于辅导员工作条例》。至此，辅导员的地位、作用及学生工作一系列问题都有了明确规定。这时，全国各高校中普遍建立了辅导员制度②。

（三）低潮阶段（1966—1976 年）

确立不久的政治辅导员制度严重受挫，高校辅导员队伍建设走了弯路。

（四）恢复阶段（1977—1989 年）

1978 年，全国教育工作召开，明确了高等学校教育工作一系列方针政策。教育部针对高校学生思想政治工作起草修订了《全国普通高等学校暂行工作条例》，条例明确规定"为了加强对学生的思想政治工作，必须建立一支学生思想政治工作队伍，在一、二年级设立政治辅导员"③。从政治、业务都好的毕业生中选留或从教师中选任政治辅导员，这对高校政治辅导员制度的恢复起到重要作用。

① 中央教育科学研究所：《中华人民共和国教育大事记（1949—1982）》，北京：教育科学出版社，1984 年，第 304 页。
② 张书明：《高校辅导员队伍建设》，济南：泰山出版社，2008 年，第 3 页。
③ 何东昌：《中华人民共和国重要教育文献（1949—1975）》，海口：海南出版社，1998 年，第 1645-1646 页。

　　1980 年，教育部、团中央共同下发的《关于加强高等学校学生思想政治工作的意见》指出："加强学生思想政治工作，必须建立一支坚强的、有战斗力的政治工作队伍。各校要根据具体情况建立政治辅导员制度或班主任制度。政治辅导员和班主任应从政治、业务都好的毕业生中选留或从教师中选任，他们要既做学生思想政治工作，又要坚持业务学习，有时还要担负一部分教学任务。"同时文件强调："高等学校的学生政治工作干部，既是党的政治工作队伍的一部分，又是师资队伍的一部分，担负着全面培养学生的重要任务。他们和教学人员一样，都是办好高等学校不可缺少的重要力量。"① 意见在政治辅导员评定职称、福利待遇等方面也做了相应的规定。这样，高校辅导员队伍基本恢复了"双肩挑"的做法。

　　1981 年，教育部下发《高等学校学生思想政治工作暂行规定》指出："做好学生思想政治工作，需要有一支又红又专、专职与兼职相结合的队伍，要选拔政治觉悟高、作风好、具有一定思想理论水平和政治工作能力的具有大学文化程度的干部、教师和高年级学生担任学生政治辅导员。"② 辅导员工作不再仅仅停留在政治工作上，而是逐步向思想政治教育领域转变。

　　此时高等教育工作与经济工作一样，贯彻执行了中共中央"调整、改革、整顿、提高"八字方针，要求在短时间内调整好领导班子，整顿好教职工队伍，努力提高师资水平。在实际工作中，高校对这一实施意见做了不少变更和补充。根据中共中央关于加强四项基本原则教育的精神，在高等学校思想政治教育中强调"建立一支坚强的、精干的，有战斗力的政治工作队伍""学校党委要切实加强学生思想政治工作的领导，视具体情况建立政治辅导员或班主任制度，提倡和鼓励教师既教书又育人"③。

　　为适应形势发展需要，促进高校政治辅导员队伍在质量和水平上的提高，1983 年开始教育部明确将思想政治教育作为一门学科来研究。部分高校陆续设置了思想政治教育专业，开始按学科专业化模式培养后备人才，这为高校辅导员走上专业化、正规化道路奠定了基础。

　　1986 年，国家教育委员会下发《关于加强高等学校思想政治工作的

---

　　① 教育部思想政治工作司：《加强和改进大学生思想政治教育重要文献选编（1978—2008）》，北京：中国人民大学出版社，2008 年，第 5—9 页。

　　② 教育部思想政治工作司：《加强和改进大学生思想政治教育重要文献选编（1978—2008）》，北京：中国人民大学出版社，2008 年，第 1 页。

　　③ 中央教育科学研究所：《中华人民共和国教育大事记（1949—1982）》，北京：教育科学出版社版，1984 年，第 580 页。

决定》明确指出："从高等学校长远建设出发，要培养和造就一批思想政治教育的专家、教授和理论家，一定要舍得将一些优秀教师、品学兼优的大学生和研究生选拔到思想政治工作队伍中来，要尽快配齐班级的政治辅导员或班主任、指导教师。"① 拓展政治辅导员选拔的范围，明确今后发展方向，这个要求具有长远的指导意义。同年，国家教育委员会还下发《选拔品学兼优的应届毕业生充实高等学校思想政治教育工作队伍的通知》《在高校学生思想政治教育专职人员中聘任教师职务的实施意见》等系列文件，进一步拓展了思想政治教育工作队伍的人员来源。文件还指出，要认真办好思想政治教育专业，包括第二学士学位和研究生班，为正规化培养从事思想政治工作的人才走出一条新路。

1987 年，国家也出台过改进和加强大学生思想政治教育工作的文件，政治辅导员工作定位依旧没有变。同年，国家教育委员会印发了《关于思想政治教育专业培养硕士研究生实施意见》，"决定从 1988 年开始招收思想政治教育硕士研究生"②。同年，高校首次开展思想政治教育教师职称评聘工作；从 1989 年起与其他系列教师职称评聘工作同时同步进行，这一举措有利于思想政治工作者素质的提高和发挥更好的作用。实践证明，高校思想政治工作一刻都不能松懈，政治辅导员工作具有不可替代性。

（五）发展阶段（1990—2003 年）

20 世纪 90 年代苏联解体、东欧剧变的经验教训和国内深化改革、扩大开放、加快社会主义现代化建设步伐的新形势，要求加强党对大学生思想政治教育的领导。1990 年和 1993 年中共中央分别下发了《关于加强高校党的建设的若干意见》《关于新形势下加强和改进高等学校党的建设和思想政治工作的若干意见》，明确提出要加强和改进高等学校党的建设和思想政治工作。1994 年下发的《中共中央关于进一步加强和改进学校德育工作的若干意见》明确了要建立和完善高校德育管理体制，要优化队伍结构，建立一支专兼结合、功能互补、信念坚定、业务精湛的德育工作队伍，强调"各级党委以及教育行政部门和学校都要采取措施，稳定德育骨干队伍，不断补充新生力量。要积极开展各种培训工作，提高队伍素质。要创造条件组织政治理论课教员和德育工作者参加社会实践，接触实际，了解国情，研究改革开放前沿的新情况、新问题。要建立表彰制度，增强

---

① 教育部思想政治工作司：《加强和改进大学生思想政治教育重要文献选编（1978—2008）》，北京：中国人民大学出版社，2008 年，第 69 页。

② 教育部思想政治工作司：《加强和改进大学生思想政治教育重要文献选编（1978—2008）》，北京：中国人民大学出版社，2008 年，第 120 页。

德育队伍的事业心和使命感，并使他们的工作得到社会的高度尊重。要完善德育队伍的职务系列，为他们解决好专业职务、待遇等方面的问题。要制定政策，保证德育工作骨干能够不断地得到进修提高，积极支持和发展'双肩挑'的制度"①。

1995 年国家教育委员会下发的《中国普通高等学校德育大纲》提出："高等学校德育队伍包括学生专职政工人员，是教师队伍的重要组成部分。学校应当采取有效措施切实加强这支队伍建设，努力培养和造就一批思想政治教育的专家和教授。"

1999 年，中央召开了第三次全国教育工作会议，颁布《中共中央关于加强和改进思想政治工作的若干意见》，强调"按照提高素质、优化结构、相对稳定的要求，建设一支政治强、业务精、作风正的思想政治工作队伍。要选拔一批德才兼备的中青年干部，充实到这支队伍中来。对思想政治工作者要注意关心和培养，帮助他们提高思想政治素质和业务能力，对做出突出成绩的要给予表彰和奖励"。可以看出，国家从政策和体制上对辅导员队伍建设的重视程度加深。但另一方面，辅导员队伍建设没有实质性突破，辅导员的角色定位和工作职责呈泛化趋势，比如帮困工作、心理辅导、职业辅导等工作也成为辅导员工作的一部分。

进入 21 世纪，党和国家越来越重视大学生思想政治教育工作。2000 年，中共教育部党组印发《关于进一步加强高等学校学生思想政治工作队伍建设的若干意见》对加强高等学校学生思想政治工作队伍建设提出具体意见，坚持德才兼备和专兼结合的原则，突出素质要求，"选拔政治素质和思想作风好，学历层次高，具有较强组织管理能力，善于做群众工作的教师或高年级党员学生担任学生思想政治工作人员""努力建设一支具有马克思主义理论素养，政治坚定、专兼结合、结构合理的高素质的队伍"②。

（六）专业化阶段（2004 年以后）

2004 年 10 月，中共中央、国务院出台《关于进一步加强和改进大学生思想政治教育的意见》（中发〔2004〕16 号，简称中央 16 号文件），促进了大学生思想政治教育工作，并对高校思想政治工作队伍建设提出了指

---

① 教育部网站：中共中央关于进一步加强和改进学校德育工作的若干意见，1994 年 8 月 31 日，http://www.moe.gov.cn/jyb_sjzl/moe_177/tnull_2479.html.

② 教育部：中共教育部党组关于印发《关于进一步加强高等学校学生思想政治工作队伍建设的若干意见》的通知教党〔2000〕21 号，2000 年 7 月 3 日，http://www.moe.gov.cn/s78/A12/szs_lef/moe_1407/moe_1409/s3016/s3018/201001/t20100117_76863.html.

导性意见。中央 16 号文件指出"高校政治辅导员是大学生思想政治教育工作队伍的主体，是大学生思想政治教育的骨干力量，大学生健康成长的指导者和引路人。辅导员按照党委的部署有针对性地开展思想政治教育活动""辅导员在事关政治原则、政治立场和政治方向问题上不能与党中央保持一致的，不得从事大学生思想政治教育工作"。这一文件明确高校辅导员角色定位的同时，也在政治素质上对辅导员提出了明确的要求。同时提出，高校要完善辅导员队伍的选拔、培养和管理机制，要从政治、工作、生活上主动关心他们，在政策和待遇方面给予适当倾斜。

2005 年 1 月，中共中央召开了全国加强并改进大学生思想政治教育工作会议。为贯彻落实中发〔2004〕16 号文件和全国加强并改进大学生思想政治教育工作会议精神，教育部编写的《学习贯彻落实中发〔2004〕16 号文件和全国加强和改进大学生思想政治教育工作会议精神的宣讲提纲》指出："要切实加强大学生思想政治教育队伍建设，辅导员大是学生思想政治教育主体，是思想政治教育的骨干力量。要把建设好高素质、高质量和高水平的思想政治教育队伍，作为加强和改进大学生思想政治教育的重中之重。"宣讲提纲中特别强调了加强辅导员、班主任建设问题，指出："他们是教师队伍的重要组成部分，与大学生朝夕相处，工作在思想政治教育第一线，对大学生成长成才影响很大，其作用不可替代。""要像重视业务学术骨干的选拔培养那样重视辅导员、班主任的选拔培养，像关心业务学术骨干的成长那样关心辅导员、班主任的成长。""要组织实施大学生思想政治教育队伍人才培养工程，选拔推荐辅导员、班主任等思想政治教育骨干继续深造。要建立完善辅导员、班主任队伍的激励和保障机制，努力创造良好的政策环境、工作环境和生活环境，在政治上爱护、业务上提高、生活上关心，使他们工作有条件、干事有平台、发展有空间，最大限度地调动他们的积极性和创造性。"同时要求辅导员热爱本职工作，主动探索理论和方法，有针对性积极开展工作，增强工作实效性，努力提高工作水平[1]。

同年，为贯彻落实中发〔2004〕16 号文件精神，教育部下发《关于加强和改进高等学校辅导员、班主任队伍建设的意见》，就加强高等学校辅导员、班主任队伍建设提出意见，其中对做好辅导员的选聘配备、培养培训和政策保障工作提出了明确的规范和要求，指出必须坚持政治强、业

---

[1] 教育部网站：教育部关于印发《学习贯彻落实中发〔2004〕16 号文件和全国加强和改进大学生思想政治教育工作会议精神的宣讲提纲》的通知 http://old.moe.gov.cn/publicfiles/business/htmlfiles/moe/moe_1073/200509/11924.html.

务精、纪律严、作风正的标准，在保证数量的基础上，不断优化结构，提高辅导员的工作能力和水平，重点指出："在事关政治原则、政治立场和政治方向问题上不能与党中央保持一致的，不得从事辅导员工作。"①

2006 年 4 月，教育部在上海召开全国第一次高校辅导员队伍建设工作会议。会上，国务委员陈至立指出要与时俱进，采取措施，着力建设一支高水平的高校辅导员队伍；在加强辅导员队伍建设的具体要求上，强调要提高素质、开拓创新。

2008 年 9 月教育部下发《普通高等学校辅导员队伍建设规定》，第一次正式以文件的形式明确了高校辅导员的"要求与职责、配备与选聘、培养与发展、管理与考核"，这是辅导员队伍建设的纲领性文件，标志着辅导员队伍建设进入专业化发展的崭新阶段②。为落实《教育部关于加强高等学校辅导员班主任队伍建设的意见》（教社政〔2005〕2 号）和《普通高等学校辅导员队伍建设规定》（教育部令 24 号）精神，教育部制订了《2006—2010 年普通高等学校辅导员培训计划》，计划明确了培训原则、培训目标、主要任务和保障措施等，旨在"建立和完善辅导员培训体系，加大辅导员培训力度，提高辅导员的思想政治素质和业务素质，努力造就一支政治强、业务精、纪律严、作风正的辅导员队伍"③。

2008 年 7 月在济南召开了中国高等教育学会辅导员工作研究分会成立大会，这是有关辅导员的首个全国性学术团体，搭建了高校辅导员工作理论、实际问题研究和工作交流平台，有助于提高高校辅导员的综合素质和实际工作水平。教育部副部长李卫红发表了书面讲话，讲话指出成立中国高等教育学会辅导员工作研究分会，是深入贯彻落实中央 16 号文件精神，进一步加强和改进大学生思想政治教育工作，推进高校辅导员队伍建设的重要举措，具有十分重要的意义。

为全面了解全国高校辅导员队伍的构成情况，加强和改进大学生思想政治教育，教育部决定在全国普通高等学校中开展辅导员队伍建设情况自查工作。2008 年 10 月，教育部办公厅下发《教育部办公厅关于开展普通

---

① 教育部：教育部关于加强高等学校辅导员班主任队伍建设的意见（教社政〔2005〕2号），2005 年 1 月 13 日，http://old.moe.gov.cn/publicfiles/business/htmlfiles/moe/s3017/201001/xxgk_76797.html.

② 中央政府门户网站：中华人民共和国教育部令第 24 号《普通高等学校辅导员队伍建设规定》，2006 年 07 月 31 日，http://www.gov.cn/flfg/2006-07/31/content_350701.htm.

③ 教育部办公厅：教育部办公厅关于印发《2006—2010 年普通高等学校辅导员培训计划》的通知（教思政厅〔2006〕2 号）附件：2006—2010 年普通高等学校辅导员培训计划，2006 年 7 月 30 日。

高等学校辅导员队伍建设情况自查工作的通知》，在《通知》附件 3 中对辅导员范围进行了界定，"专职辅导员是指在一线从事大学生日常思想政治教育工作的人员，包括院系学工组长、团总支书记、党总支副书记等副处级以下从事学生工作的人员。一线专职辅导员是专职辅导员的一部分，是指专职在一线从事大学生日常思想政治教育工作的辅导员，不含院系学工组长、团总支书记、党总支副书记等。兼职辅导员是指兼职从事辅导员工作的人员，包括带班的学生工作部门、研究生工作部门、校团委等相关职能部门工作人员及研究生等"。部分高校根据工作需要，从本校免试推荐的硕士研究生、博士研究生中择优选聘"2+2""2+3"等类型的辅导员，其在专职从事辅导员工作期间，列入专职辅导员统计；攻读研究生学位期间，兼职从事辅导员工作的，列入兼职辅导员统计①。

2009 年 10 月，为认真总结五年来各地各高校贯彻落实中央 16 号文件精神的好做法好经验，分析实际工作中存在的新情况新问题，认清大学生思想政治教育面临的新形势新要求，推动中央 16 号文件精神的深入贯彻落实，进一步加强和改进大学生思想政治教育，教育部在全国普通高等学校中开展了贯彻落实中央 16 号文件精神情况自查工作，其中要重点自查的内容之一是"加强高校辅导员队伍建设情况"②。同年《全国高校辅导员培训与研修教材·大学生思想政治教育理论与实践》（2009 年）等一批全国高校辅导员培训与研修专业性教材丛书出版③。

2010 年 11 月，为深入贯彻落实《关于进一步加强和改进大学生思想政治教育的意见》和《国家中长期教育改革和发展规划纲要（2010—2020 年）》精神，贯彻落实全国教育工作会议及全国加强和改进大学生

① 教育部办公厅：教育部办公厅关于开展《普通高等学校辅导员队伍建设情况自查工作》的通知（教思政厅函〔2008〕37 号）附件：关于界定专职辅导员、一线专职辅导员、兼职辅导员、班主任范围的说明，2008 年 10 月 9 日，http://www.moe.gov.cn/srcsite/A12/moe_1407/s3017/200810/t20081009_76788.html.

② 教育部办公厅：教育部办公厅关于对贯彻落实中发〔2004〕16 号文件精神情况进行自查的通知（教思政厅函〔2009〕30 号），2009 年 10 月 10 日，http://www.moe.gov.cn/srcsite/A12/s7060/200910/t20091010_179029.html.

③ 一批全国高校辅导员培训与研修专业性教材丛书出版：《全国高校辅导员培训与研修教材·大学生思想政治教育理论与实践》（2009 年）、《全国高校辅导员培训与研修教材·思想政治教育原理与方法》（2010 年）、《全国高校辅导员培训与研修教材：思想政治教育原理与方法》（2010 年）、《全国高校辅导员培训与研修教材：高校辅导员职业生涯规划》（2011 年）、《全国高校辅导员培训与研修教材：高等学校辅导员工作概论》（2011 年）、《全国高校辅导员培训与研修教材：马克思主义思想政治教育经典著作选读》（2011 年）、《全国高校辅导员培训与研修教材：大学生管理研究》（2012 年）。

思想政治教育工作座谈会精神，提高研究生的思想政治素质，促进研究生的全面发展，教育部下发《关于进一步加强和改进研究生思想政治教育的若干意见》，指出："高等学校要根据研究生的特点和教育规律，建立起以研究生导师和辅导员为主体的研究生思想政治教育工作队伍。"建设一支以专职为骨干、专兼结合的研究生辅导员队伍，要求高校"按照《普通高等学校辅导员队伍建设规定》的要求，制定政策，创造条件，有计划地选拔思想素质高、业务能力强的新上岗专业课年轻教师充实到研究生辅导员队伍中，专职从事一定时间的辅导员工作，并选聘部分优秀教师、博士生兼职从事研究生辅导员工作"①。为进一步推动中发〔2004〕16 号文件及全国加强和改进大学生思想政治教育工作座谈会精神的贯彻落实，加强和改进大学生思想政治教育，全面了解五年来各地各高校贯彻落实《普通高等学校辅导员队伍建设规定》（教育部令第 24 号，以下简称《规定》）情况和全国高校辅导员队伍建设情况，教育部决定于 2011 年 3—4 月在全国普通高校中开展辅导员队伍建设情况自查工作，包括：检查范围、检查的主要任务、检查的主要内容（12 个方面）及有关要求，自查聚焦专职辅导员。4 月，教育部办公厅印发了《教育部高校辅导员培训和研修基地建设与管理办法（试行）》和《教育部高校辅导员培训和研修基地建设与管理基本标准（试行）》等文件。这些举措为高校辅导员提升素质，走专业化职业化专家化发展道路提供切实政策、制度和条件保障②。根据《教育部办公厅关于界定直属高校专职辅导员范围的通知》（教人厅〔2008〕1 号）精神，经中央批准，2012 年 2 月中共中央宣传部、教育部联合印发《关于印发〈全国大学生思想政治教育工作测评体系（试行）〉的通知》（教思政〔2012〕2 号），全国大学生思想政治教育工作测评体系高校版主要用于测试高校加强和改进大学生思想政治教育工作的进展及成效。高校版 6 个一级指标、20 个二级指标中均有高校辅导员队伍建设测评的具体要求，要求高校结合本校实际贯彻执行③。

---

① 中华人民共和国教育部：《教育部关于进一步加强和改进研究生思想政治教育的若干意见》（教思政〔2010〕11 号），2010 年 11 月 17 日，http://www.moe.gov.cn/srcsite/A12/moe_1407/s6875/201011/t20101117_142974.html.

② 教育部办公厅：《教育部办公厅关于开展普通高等学校辅导员队伍建设情况自查工作的通知》（教思政厅函〔2011〕4 号），2011 年 3 月 3 日，http://www.moe.gov.cn/srcsite/A12/moe_1407/s3017/201103/t20110303_116150.html.

③ 中国共产党中央委员会宣传部、中华人民共和国教育部：《中共中央宣传部　教育部关于印发〈全国大学生思想政治教育工作测评体系（试行）〉的通知》，2012 年 2 月 15 日，http://www.moe.gov.cn/srcsite/A12/s7060/201202/t20120215_179002.html.

2012 年 9 月，教育部在全国广泛征集高校辅导员誓词并征求意见，具体内容如下："我志愿成为一名高校辅导员，拥护党的领导，献身教育事业，恪守职业规范，提升专业素养，情系学生成长，做好良师益友。为培养社会主义合格建设者和可靠接班人而努力奋斗！"随后不久发布施行。誓词诠释了辅导员的职业使命，明确了辅导员的价值追求，凝聚起辅导员投身事业的强大力量，进一步增强了辅导员职业认同，推动了全国高校辅导员队伍建设①。2013 年 5 月，中共教育部党组印发《普通高等学校辅导员培训规划（2013—2017 年）的通知》，其目的是通过实施普通高等学校辅导员培训计划，大幅提升辅导员思想政治素质、职业素养、业务水平，为大学生思想政治教育的科学发展提供有力支撑。专业素养提升包括职业道德素质提升、科学文化素质提升和思想政治教育专业素质提升。通过思想政治教育基本能力培训、大学生党建工作培训、学生事务管理培训、心理健康教育培训、运用网络能力培训、职业生涯规划培训等培养辅导员的职业能力，提高他们的综合素质②。

同年 12 月，根据《普通高等学校辅导员培训规划（2013—2017 年）》等有关规定，教育部办公厅下发《关于加强高校辅导员基层实践锻炼的通知》，旨在"为加强高校辅导员队伍建设，完善辅导员选拔使用和培养锻炼机制，提高辅导员服务基层意识与能力"。基层一线是培养青年干部的主阵地，实践锻炼是培养青年干部的重要途径，"通过加强高校辅导员基层实践锻炼，到艰苦地区、复杂环境、关键岗位上砥砺品质、锤炼作风、增长才干，有利于以自身实际行动引领和带动广大青年学生到祖国最需要的地方实现青春梦想，进一步提高大学生思想政治教育针对性实效性，更加坚定辅导员的职业理想"③。

随后开始举办的"全国高校辅导员素质能力大赛"，旨在以赛带练、以赛代训，强化以赛促学、以赛促建，不断提升高校辅导员的理论水平、专业素养和宣讲能力，全面提高辅导员工作的针对性和亲和力；组织开展"全国高校辅导员年度人物"推选展示活动，选树一批辅导员先进人物，

---

① 中国新闻网：教育部就高校辅导员誓词公开征意见：做好良师益友，2012 年 09 月 03 日，http://www.chinanews.com/edu/2012/09-03/4153182.shtml。

② 中共教育部党组：《中共教育部党组关于印发〈普通高等学校辅导员培训规划（2013—2017 年）〉的通知》（教党〔2013〕9 号），2013 年 5 月 6 日，http://www.moe.gov.cn/srcsite/A12/moe_1407/s3017/201305/t20130506_151815.html。

③ 教育部办公厅：《教育部办公厅关于加强高校辅导员基层实践锻炼的通知》（教思政厅函〔2013〕38 号），2013 年 12 月 17 日，http://www.moe.gov.cn/srcsite/A12/moe_1407/s3017/201312/t20131217_161007.html。

宣传一批辅导员典型事迹，充分发挥引领示范和辐射带动作用，以便引领广大高校辅导员增强素质能力，提升专业水平，提高工作质量，以此来推动高校思想政治工作专门力量建设，切实培养一支高质量、高水准的高校辅导员队伍。

为贯彻落实教育规划纲要和《普通高等学校辅导员培训规划（2013—2017年）》（教党〔2013〕9号）精神，构建高校辅导员队伍能力标准体系，推动高校辅导员队伍专业化职业化建设，教育部于2014年3月颁布《高等学校辅导员职业能力标准（暂行）》，这既是加强高校辅导员队伍建设的重要任务和举措，也是辅导员提高自身专业发展水平的行为准则①。

2014年7月，为贯彻执行《普通高等学校辅导员培训规划（2013—2017年）》（教党〔2013〕9号），进一步加强高校辅导员队伍专业化、职业化建设，教育部于2014年起实施"高校辅导员访问学者计划"，选派高校辅导员骨干作为国内访问学者赴教育部高校辅导员培训和研修基地进行访学研修。对接受基地、研究中心和派出学校提出了具体要求，如"负责辅导员访问学者的计划制定、中期检查、结业考核等日常管理工作，并为辅导员访问学者提供不低于博士研究生标准的科研工作及生活条件。要将辅导员访问学者纳入本校教师进修总体规划，给予相应的经费支持"等，这些为辅导员进一步提升素质提供了政策和制度保障②。2015年，为加强和改进高校宣传思想工作队伍建设，中共中央宣传部和中共教育部党组下发《关于加强和改进高校宣传思想工作队伍建设的意见》，指出："统筹推进高校党政干部和共青团干部、思想政治理论课教师和哲学社会科学课教师、辅导员和班主任、心理健康教育教师和学生骨干等宣传思想工作队伍建设。"重点任务要"提升队伍整体素质"，"严格落实辅导员'双重身份、双线晋升'和辅导员专业技术职务单列指标、单设标准、单独评审政策。"③

---

① 教育部：教育部关于印发《高等学校辅导员职业能力标准（暂行）》的通知（教思政〔2014〕2号），2014年3月27日，http://www.moe.gov.cn/srcsite/A12/s7060/201403/t20140327_167113.html.

② 教育部思政司：《教育部思想政治工作司关于"辅导员访问学者计划"的通知》（教思政函〔2014〕42号），2014年9月17日，http://uzone.univs.cn/content.action? itemId = 3098502_8txa15a4702oabfqa471.

③ 中共中央宣传部，中共教育部党组：《中共中央宣传部　中共教育部党组关于加强和改进高校宣传思想工作队伍建设的意见》（教党〔2015〕31号），2015年9月30日，http://www.moe.gov.cn/srcsite/A12/moe_1416/s255/201510/t20151013_212978.html.

2016年12月7日至12月8日，全国高校思想政治工作会议在北京举行。习近平总书记出席会议并发表重要讲话指出，高校思想政治工作关系高校培养什么样的人、如何培养人，以及为谁培养人这个根本问题；要坚持把立德树人作为中心环节，把思想政治工作贯穿教育教学全过程，实现全程育人、全方位育人，努力开创我国高等教育事业发展新局面。

习近平指出："做好高校思想政治工作，要因事而化、因时而进、因势而新。要遵循思想政治工作规律，遵循教书育人规律，遵循学生成长规律，不断提高工作能力和水平。""长期以来，高校思想政治工作队伍兢兢业业、甘于奉献、奋发有为，为高等教育事业发展作出了重要贡献。要拓展选拔视野，抓好教育培训，强化实践锻炼，健全激励机制，整体推进高校党政干部和共青团干部、思想政治理论课教师和哲学社会科学课教师、辅导员班主任和心理咨询教师等队伍建设，保证这支队伍后继有人、源源不断。"配齐建强队伍是做好高校思想政治工作的关键所在。从完善顶层设计的高度出发，各高校贯彻落实高校辅导员队伍建设规定，保障辅导员队伍数量和质量。要按照有理想信念、有道德情操、有扎实学识、有仁爱之心的好老师标准提升素质，打造又红又专的引路人形象，以有力的举措加强辅导员队伍建设①。

2017年2月，中共中央、国务院印发《关于加强和改进新形势下高校思想政治工作的意见》，强调指出："高校肩负着人才培养、科学研究、社会服务、文化传承创新、国际交流合作的重要使命。加强和改进高校思想政治工作，事关办什么样的大学、怎样办大学的根本问题，事关党对高校的领导，事关中国特色社会主义事业后继有人，是一项重大的政治任务和战略工程。"强调要加强教师队伍和专门力量建设，"要提升教师思想政治素质，加强思想政治工作，建立中青年教师社会实践和校外挂职制度，加强师德师风建设，增强教师教书育人的责任担当"。要完善评聘和考核机制，完善职业道德规范，实施师德"一票否决"。"高校思想政治工作队伍和党务工作队伍具有教师和管理人员双重身份，要纳入高校人才队伍建设总体规划，形成一支专职为主、专兼结合、数量充足、素质优良的工作力量。"②

---

① 教育部网站：习近平在全国高校思想政治工作会议上强调：把思想政治工作贯穿教育教学全过程　开创我国高等教育事业发展新局面，2016年12月8日，http://www.moe.gov.cn/jyb_xwfb/s6052/moe_838/201612/t20161208_291306.html.

② 中国政府网：中共中央、国务院印发了《关于加强和改进新形势下高校思想政治工作的意见》，2017年2月27日，http://www.gov.cn/xinwen/2017-02/27/content_5182502.htm.

　　2017 年 5 月，为认真贯彻党的十九大精神，进一步把贯彻落实全国高校思想政治工作会议和《关于加强和改进新形势下高校思想政治工作的意见》精神引向深入，大力提升高校思想政治工作质量，中共教育部党组印发了《高校思想政治工作质量提升工程实施纲要》。文件的"实施保障"中明确提出要建设工作队伍，要求"完善教师评聘和考核机制，把政治标准放在首位，严格教师资格和准入制度。把思想政治表现和育人功能发挥作为首要指标"。"加强专门力量建设，推动中央关于高校思想政治工作队伍和党务工作队伍建设的政策要求和量化指标落地。大力培育领军人才，在'长江学者奖励计划'中，加大对思想政治教育相关领域高层次人才倾斜支持力度。加大培养培训力度，开展高校思想政治工作队伍国家示范培训，遴选骨干队伍参加海内外访学研修、在职攻读博士学位。强化项目支持引领，实施'高校思想政治工作中青年杰出人才支持计划'，支持出版理论和实践研究专著，培育一批高校思想政治工作精品项目，建设一批高校思想政治工作名师工作室。"辅导员队伍是高校思想政治工作队伍的重要组成部分和骨干力量，是大学生健康成长的指导者和引路人，是维护学校安全稳定的主力军。在高校辅导员队伍建设中理应把思想政治表现和育人功能发挥作为首要指标，同时，辅导员要利用好针对高校思政和党务工作队伍在培养培训、访学研修、学位提升、项目支持、高层次人才等方面的政策，努力提升自身综合素质[1]。2017 年 9 月《普通高等学校辅导员队伍建设规定》（教育部令第 43 号）修订出台，即深入贯彻落实习近平总书记在全国高校思想政治工作会议重要讲话精神和中共中央、国务院《关于加强和改进新形势下高校思想政治工作的意见》等系列决策部署的重要举措，是进一步加强高校辅导员队伍建设，提升高校辅导员队伍专业水平和职业能力的重要制度安排。教育部第 43 号令的内容包括总则、要求与职责、配备与选聘、发展与培训、管理与考核等，指出"辅导员是开展大学生思想政治教育的骨干力量，是高等学校学生日常思想政治教育和管理工作的组织者、实施者、指导者。辅导员应当努力成为学生成长成才的人生导师和健康生活的知心朋友"，要求高校"要坚持把立德树人作为中心环节，把辅导员队伍建设作为教师队伍和管理队伍建设的重要内容，整体规划、统筹安排，不断提高队伍的专业水平和职业能力，保证辅导员工作有条件、干事有平台、待遇有保障、发展有空间"。此外还对辅导员任职

---

　　[1] 中共教育部党组：中共教育部党组关于印发《高校思想政治工作质量提升工程实施纲要》的通知（教党〔2017〕62 号），2017 年 12 月 5 日，http：//www.moe.gov.cn/srcsite/A12/s7060/201712/t20171206_320698.html。

的基本条件提出了明确的要求①。

伴随新时代的来临，高校辅导员制度逐渐向内涵建设过渡，迈入了向纵深发展的新阶段。高校立德树人成效如何，在很大程度上取决于思想政治工作者，特别是高校辅导员的工作能力和专业水平。不断提高高校辅导员的工作能力和专业水平，是高校辅导员素质建设的关键所在、要义所在。新时代，开展新媒体时代辅导员素质建设研究，契合经济社会发展和高校学生的特点变化对辅导员队伍建设的需求，由此可见建设一支政治坚定、数量充足、结构合理、素质较高的辅导员队伍的重要性。

三、高校辅导员角色定位

（一）高校辅导员宏观角色定位

中央 16 号文件（中发〔2004〕16 号）配套文件《教育部关于加强高等学校辅导员班主任队伍建设的意见》指出："辅导员班主任是高等学校教师队伍的重要组成部分，是高等学校从事德育工作，开展大学生思想政治教育的骨干力量，是大学生健康成长的指导者和引路人。""专职辅导员总体上按 1∶200 的比例配备。"

（二）高校辅导员微观角色定位

目前，大多数高校将辅导员业务定位为思想政治教育、班级管理、咨询服务三大方面。

1. 思想政治教育（教育）——根据 16 号文件归纳如下：

马列主义、毛泽东思想、邓小平理论、"三个代表"重要思想的教育

公民素质教育（民主法制、人文素养）

学校规范教育（校规校纪等）

道德教育（《公民道德建设实施纲要》，为人民服务、集体主义、民族精神）——班级和公寓社区自我管理、自我服务过程中的引导

时事政治教育——学生时事政策报告会，形势与政策课

理想信念教育——与生涯规划、就业指导相结合

2. 班级管理（管理）——学生自我管理外需要辅导员把握的事务。

队伍管理（党、团、班）——建议采取民主化管理，做好授权工作（主要由学生自我管理，避免沦为大班长），将工作重点放在培训和设计激励上

---

① 教育部：《普通高等学校辅导员队伍建设规定》（教育部令第 43 号），2017 年 9 月 29 日，http://www.moe.gov.cn/srcsite/A02/s5911/moe_621/201709/t20170929_315781.html.

　　信息管理——学生各类个人信息汇总，为学生建立个人信息档案库，包括学籍信息、成绩信息、道德信息、生理信息、心理信息、诚信信息、生涯规划信息等

　　日常规范管理——主要靠寝室规范和班级规章来协调

　　事务管理——签字管理、学生权益保护、意外事故处理、贫困生、奖学金管理等

　　3. 咨询服务（服务）——与导师、校医院、心理、职业指导中心合作，在教育行政部门和学校缺乏统一标准体系情况下，主动沟通，从一年级就建立一定的职责体系，必要时交给他们处理

　　学习辅导——理解能力、成功学、时间管理辅导等

　　生活辅导——保健、贫困生生活、心理、班级社团指导等

　　生涯辅导——个人生涯规划设计、就业指导等

四、素质

　　心理学认为，素质是指由遗传或先天因素决定的神经系统和感觉器官的特征。"素质"一词的现代内涵已经扩展为一个现代社会人所具备的各种要素，其核心体现在人的品质上。教育理论界的许多学者认为素质既包括先天遗传的特征，又包括后天习得的素养。素质着重表示人在先天生理基础上，受后天环境、教育的影响，通过个体自身的认识和社会实践养成的比较稳定的身心发展的基本品质。人的素质内涵可界定为个体先天遗传的禀赋与后天环境影响、教育作用、学习内化的结合而形成的相对稳定的基本品质结构与质量水平。对于高职生而言，素质即指高职生从事社会实践活动所具备的条件与能力，是其所具有的身体、天赋、素养、才智和能力等综合表征，包括思想道德素质、心理素质、身体素质、人文素养、智力水平及独立生活的能力等各方面。高职生成功所需要的素质，可简单地称之为综合素质。基于以上从各种侧面和角度对素质给出的定义，我们归纳出素质具有以下特征：素质的培养与人的内在和外在环境紧密相关，也和人的自身修养紧密相关；素质的养成不是一蹴而就的，需要长时间的培养；不同的内、外在环境对素质有不同的要求，素质影响人的行为①。

---

　　① 刘晓敏、蒋廷阁，郑潇雨主编：《思想政治教育与辅导员工作》，北京：经济日报出版社，2018年，第107-108页。

第二节　相关理论

一、马克思主义人的全面发展理论

人是什么？由类人猿进化而成的能制造和使用工具进行劳动并能运用语言进行交际的动物，这是对人的基本解释。"人"，汉字字形像是垂臂直立的动物形象，《说文解字》中的"人"，是指天地间品性最高贵的生物，是万物之灵。汉字"人"，一撇一捺，也就是说作为一个人要有其他人的支持才能称作是人，你是人的一撇，其他人就是那一捺，其他人是那一撇，那你就是人的一捺。简单讲这是人与人的关系，只有人才有那么多繁复的人际关系，也只有那么多人际关系的动物才能称作人。有关人，我们从哲学的意义上来讨论也许更适合。因为哲学给出了人的本质，以及人之所以为人的各种说法。马克思认为："人的本质在其现实性上是一切社会关系的总和。"① 人是一种包含理性在内的感性活动的存在，即实践的存在。实践是人所特有的生存方式。

全面发展一般是指人的全面发展，人的全面发展最根本是指人的劳动能力的全面发展，即人的智力和体力的充分、统一的发展。同时，也包括人的才能、志趣和道德品质的多方面和谐发展，科学素质的培养是人的全面发展的内在要求。人类很早就萌发了对完美、和谐发展的追求。到 19世纪，马克思和恩格斯在继承和发展前人思想的基础上，对人的全面发展做了科学的历史分析，指出了人的发展与社会发展的一致性，强调人的全面发展只有在合理的社会制度下才能完全彻底地实现，认为造就全面发展的人的唯一途径是教育与生产劳动相结合。总之，人的全面发展是人发展的理想状态，是马克思和恩格斯毕生关注和研究的重要问题。

马克思主义关于人的全面发展理论的内容十分丰富，其学说散见于马克思、恩格斯的诸多原著之中。马克思关于人的全面发展理论的逻辑起点是基于感性活动的"现实的个人"。他在写于 1844 年的《神圣家族》一书中指出，唯物主义应该是研究人的问题，初步探讨了人的社会生活条件、实践活动，并开始把人类的本质放在人和人的社会关系中来说明，把人的全面发展理解为：人对自己在现实社会中失去的一切东西（包括人的本质）的全面占有和复归②。在写于 1845 年春的《关于费尔巴哈的提纲》

---

① 《马克思恩格斯选集》（第 1 卷），北京：人民出版社，2012 年，第 135 页。
② 《马克思恩格斯全集》（第 42 卷），北京：人民出版社，1979 年，第 120-124 页。

中，马克思认为人的生存和发展与其所处的社会关系息息相关①，并对人的本质进行了探讨。

在写于 1846 年的《德意志意识形态》中，马克思着重从人的社会关系及生产劳动的角度来考察人的全面发展，研究人的全面发展的具体实践。全部人类历史的"前提是人"，"这是一些现实的个人"，"这些个人是从事活动的，进行物质生产的，因而是在一定的物质的、不受他们任意支配的界限、前提和条件下活动着的"。马克思发现，资本主义虽然解放了生产力，但是没有解放人，只有在共产主义社会中，才能实现"人的独创和自由的发展……这取决于个人间的联系"②。在写于 1848 年的《共产党宣言》中，马克思以唯物史观为理论基础阐释了生产力的发展与人的全面自由发展的关系，而最能代表这一思想的就是"每个人的自由发展是一切人的自由发展的条件"③。在《1857—1858 年经济学手稿》中，马克思强调，个人的全面性是一个人的"现实联系和观念联系的全面性"④，把人的全面发展问题从经济关系的角度进行了揭示：要实现人的全面自由发展，光靠物质资料的生产是不行的，更为重要的是要使物质生产为全体社会成员服务。马克思在研究经济学的过程中发现了剩余价值规律，并由此发现了自由时间对于人的全面发展有着重要的意义，在《共产党宣言》中明确指出人的自由全面发展是共产主义的本质特征。

1880 年，恩格斯在《社会主义从空想到科学的发展》中提出：在共产主义社会，人会成为自由的人，这体现在人终会成为社会、自然界和自身的主人上面⑤。

在 1883 年由恩格斯整理出版的《资本论》中，马克思曾经预言，代替资本主义社会的未来社会，是一个"以每个人的全面而自由发展为基本原则的社会形式"⑥。这里的未来社会，就是指共产主义社会。可见，马克思关于人的全面发展理论是其共产主义理想的核心思想。马克思再一次系统地阐述了：共产主义既是一种制度，又是一种价值，它的最高成果是人的自由个性的实现，它的最大财富是个人能力的全面发展，每个人的自由而全面发展将与人类社会的和谐发展相得益彰⑦。《资本论》从个人和

① 《马克思恩格斯选集》（第 1 卷），北京：人民出版社，1972 年，第 224 页。
② 《马克思恩格斯全集》（第 3 卷），北京：人民出版社，1960 年，第 516 页。
③ 《马克思恩格斯文集》（第 2 卷），北京：人民出版社，2009 年，第 53 页。
④ 《马克思恩格斯文集》（第 8 卷），北京：人民出版社，2009 年，第 171 页。
⑤ 《马克思恩格斯文集》（第 3 卷），北京：人民出版社，2009 年，第 566 页。
⑥ 《资本论》（第 1 卷），北京：人民出版社，2004 年，第 683 页。
⑦ 《马克思恩格斯全集》（第 23 卷），北京：人民出版社，1972 年，第 649 页。

社会经济关系的统一出发，深入、全面、系统地研究了人的各个方面，进而形成了"人的活动全面发展""人的社会关系全面丰富""人的个性自由发展"这样一套以人的自由而全面发展为核心的系统的理论框架。《资本论》中对人的全面发展论述成熟，可以说人的全面发展是马克思著作的永恒主题之一。

马克思主义人的全面发展理论是我国教育方针的理论依据，是我国高等教育的重要理论，也是高校辅导员队伍素质建设的理论基础。在新媒体时代，党和政府对高校辅导员队伍建设提出了新要求。习近平总书记在2016年12月召开的全国高校思想政治工作会议上发表重要讲话，对在青年学生成长成才过程中发挥重要作用的辅导员队伍提出了新的要求。中共中央、国务院印发的《关于加强和改进新形势下高校思想政治工作的意见》也指出，"高校思想政治工作队伍和党务工作队伍具有教师和管理人员双重身份，要纳入高校人才队伍建设总体规划，形成一支专职为主、专兼结合、数量充足、素质优良的工作力量"①。

这对加强高校辅导员队伍建设做出了新的科学部署。2017年教育部《普通高等学校辅导员队伍建设规定》（教育部令第43号）修订出台，对深入贯彻落实习近平总书记重要讲话精神和中央系列决策进行部署，进一步加强高校辅导员队伍建设，提升高校辅导员队伍专业水平和职业能力的重要制度安排，尤其在辅导员的精神状态、职业化专业化发展、人才培养质量、文化深度发展等方面都提出了更高要求，并要求高校"要坚持把立德树人作为中心环节，把辅导员队伍建设作为教师队伍和管理队伍建设的重要内容，整体规划、统筹安排，不断提高队伍的专业水平和职业能力，保证辅导员工作有条件、干事有平台、待遇有保障、发展有空间"②。重视加强高校辅导员素质建设，旨在提升高校辅导员专业水平和职业能力，具体表现为在任职资格、职业素质和职业生涯管理能力等方面得到全面发展。实现人的自由而全面的发展一直是人类社会发展的主要目的，也是教育界始终追求的理想，对于高校辅导员素质建设的研究也要建立在这个理论基础之上。高校辅导员素质建设与马克思主义人的全面发展理论的内在一致性，也是实现马克思主义人的全面发展理论的重要路径。马克思主义

①　中国政府网：中共中央　国务院印发《关于加强和改进新形势下高校思想政治工作的意见》（中发〔2016〕31号），2017年2月27日，http://www.gov.cn/xinwen/2017-02/27/content_5182502.htm.

②　教育部：《普通高等学校辅导员队伍建设规定》（教育部令第43号），2017年9月29日，http://www.moe.gov.cn/srcsite/A02/s5911/moe_621/201709/t20170929_315781.html.

全面发展理论认为人与社会是相互推动、相互制约的，社会关系是人的全面发展的关键因素，社会关系对人的全面发展有一定的制约作用。因此，国家、社会及高校要努力给辅导员的全面发展提供良好的政策支持和成长发展环境，这样才能建设一支政治坚定、数量充足、结构合理、素质较高的辅导员队伍。

二、马克思主义合力理论

恩格斯在他晚年进一步发展和完善了马克思主义的历史唯物主义理论，提出了"合力"思想，他认为社会历史发展是社会各种因素共同作用的结果。恩格斯在 1890 年《致约·布洛赫》的信中完整系统地阐述了其合力理论，即"我们自己创造着我们的历史，但是我们是在十分确定的前提和条件下进行创造的。其中经济的前提和条件归根到底是决定性的。但是政治等的前提和条件，甚至那些存在于人们头脑中的传统，也起着一定的作用，虽然不是决定性的作用"。"历史是这样创造的：最终的结果总是从许多单个意志的相互冲突中产生出来的，而其中每一个意志，又是由于许多特殊的生活条件，才成为它所成为的那样。这样就有无数互相交错的力量，有无数个力产生的平行四边形，由此就产生出一个合力，即历史结果，而这个结果又可以看作一个作为整体的、不自觉的和不自主的起着作用的力量产物。因为任何一个人的愿望都会受到任何另一个人的妨碍，而最后出现的结果就是谁都没有希望过的事物。所以到目前为止的历史总是像一种自然过程一样地进行，而且也是服从同一运动规律的。但是，各个人的意志——其中的每一个都希望得到他的体质和外部的，归根到底是经济的情况（或是他个人的，或是一般社会性的）使他向往的东西——虽然都达不到自己的愿望，而是融合为一个总的平均数，一个总的合力，然而从这一事实中决不应做出结论说，这些意志等于零。相反地，每个意志都对合力有所贡献，因而是包括在这个合力里面的。"1894 年在《致瓦·博尔吉乌斯》的信中，恩格斯又一次重申了这一思想："政治、法、哲学、宗教、文学、艺术等的发展是以经济发展为基础的。但是，它们又都互相作用并对经济基础发生作用。并非只有经济状况才是原因，才是积极的，其余一切都不过是消极的结果。""人们自己创造自己的历史，但是到现在为止，他们并不是按照共同的意志，根据一个共同的计划，甚至不是在一个有明确界限的既定社会内来创造自己的历史。他们的意向是相互交错的。"①

---

① 《马克思恩格斯选集》（第 4 卷），北京：人民出版社，1995 年，第 696、732 页。

世界的发展、人类社会的进步充分证明，马克思主义合力理论的正确性已经无可争议，但对合力的理解又是众说纷纭，因此我们要理清相关概念及其内涵。

力（Force）是物理学名词，是物体对物体的作用，力不能脱离物体而单独存在，两个不直接接触的物体之间也可能产生力的作用。在力学中它是使物体获得加速度或形变的外因，在动力学中它等于物体的质量与加速度的乘积。力的三要素是作用点、大小和方向。合力（Resultant Force）是物理学术语，是指作用在质点上的几个力共同作用时产生的效果。如果与某一个力 F 的效果相同，那么这个力 F 就叫作几个力的合力。力是矢量，合力指的是作用于同一物体上多个力加在一起的矢量和。合力是矢量，矢量的加减法满足平行四边形法则和三角形法则。也就是说合力不是几个力的简单相加，因为它是有方向的。力 F 的方向是指几个力合成之后的方向，如果是两个力，它们对角线的方向即合力的方向。如果两个力的方向相同，则合力等于两个力的和，方向不变。如果两个力的方向相反，则合力等于两个力的差，方向和大一点的力的方向相同。如果两个力是平衡力（大小相等，方向相反的两个力），二者合力则为零。这是从物理学上对"合力"概念的理解。

合力理论是马克思主义唯物史观的重要组成部分。在合力理论的视阈中，合力概念至少有以下含义：第一，合力的主体是人，是许多"单个人"的力量，或是一群人的力量。这里所说的"一群人"，当然是由众多的个体组成的，他们或以个体的面目出现，或以具有一定组织结构的形式出现。第二，"一群人"之间是有利益关系或利益上的交汇点的，否则，他们也不会在特定时空中聚集在一起从而发生相互依存、相互制约、相互转化的关系，并由此形成合力。第三，合力具有客观性、强制性，它是不以任何人包括杰出人物的意志为转移的，它对参与或涉足"合力场"中的任何一个人或组织都具有强烈的、无所不在的制约作用。第四，在错综复杂的合力中，有一种力量起着决定性或主导性的作用，这就是经济力或生产力。对此，恩格斯曾明确指出，虽然整个历史发展过程是在相互作用的形式中进行的，而且相互作用的力量不相等，但其中的经济运动是最强有力、最本原和最具决定性的。第五，在导致合力的相互作用中，既包括相互冲突或斗争的一面，还包括在协同劳动中所形成的协作力这一"新力量"。第六，在众多人的力量和意志的集合博弈中，如何才能形成集体性的协作力呢？一切规模较大的直接社会劳动或共同劳动，都或多或少地需要指挥，以协调个人的活动，并执行生产总体的运动。就是说，具有协作性的共同劳动需要指挥，如同一个乐队需要指挥一样。这意味着，"合力"当然也需要"指挥"，没有"指挥""调控"的合力是无序的、随意的、恶性的力量①。

合力理论就是创造或者改造世界，推动社会向前发展的多种力量或因素相互作用融合而成的力量。历史上发生的一切，都是"合力"的推动，均可理解为历史合力作用，并可用合力理论来说明，"可以看作一个作为整体的、自觉的和不自主的起着作用的力量的产物"。

恩格斯合力思想是马克思主义发展史上的一座丰碑，它丰富而深刻的内涵对当前的高校辅导员素质建设及辅导员队伍专业化、职业化和专家化发展具有普遍的方法论意义。首先，它张扬了人在社会历史中的主体地位，充分肯定了历史主体的能动作用，充分肯定了人民群众是历史的真正创造者，坚持了历史唯物主义的群众史观。党的十七大报告明确提出的以人为本、全面协调可持续发展的科学发展观与恩格斯的历史合力思想有着内在的一致性。其次，作为历史主体的人们在创造历史的过程中要遵循客观实际，一切从实际出发，不能超越现实。第三，要求我们要确立整体观念，任何个体力量都不可能游离于整体之外，但各个体力量在总合力中也不是消极被动的，它们的大小及其活动方向又都影响着总合力的运动和发展。第四，合力思想的实践价值体现为高校辅导员队伍建设中必须坚持以人为本的思想。马克思主义强调，"个人的全面性不是想象的或设想的全面性，而是他的现实关系和观念关系的全面性"②。为了实现人的全面发展，马克思同时提出，要在实践基础上把握人的现实社会关系的总和，"人的本质不是单个人所固有的抽象物，在其现实性上，它是一切社会关系的总和"③。要根据人的多种需要，"以一种全面的方式，也就是说，作为一个完整的人，占有自己的全面的本质"④。

人是生产力中最积极活跃的因素，人的需要和利益是历史发展的原动力。以人为本，即一切发展为了人，一切发展依靠人，促进人的全面自由发展。同时注重开发人力资源，做到人尽其才、各尽其能、各得其所。在高校辅导员队伍建设中要突出可持续的和谐，要做到辅导员个体之间的平等和谐、辅导员个体与集体和谐共存，共同进步发展。每个辅导员个体都各有所长，个人在履行岗位职责和处理学生事务的时候，都有其得心应手

① 邱耕田：《历史合力论视阈中的中国力量》，《学习时报》，2016年12月5日，第A4版。
② 《马克思恩格斯全集》（第46卷），北京：人民出版社，1979年，第36页。
③ 《马克思恩格斯选集》（第1卷），北京：人民出版社，1995年，第56页。
④ 《马克思恩格斯全集》（第42卷），北京：人民出版社，1979年，第123页。

的一面或者是束手无策、心有余而力不足的时候。如辅导员的工作对象已经从"90后""95后"到了现在的"00后"，每一代的大学生都有其共性，也有各自鲜明的特点，再加上学生事务有突发性的一面，这时辅导员想光靠个人的努力和能力把工作做好是不够的，必须依靠群体组合所产生的综合力量，即合力。就像雷锋同志所说：一朵鲜花打扮不出美丽的春天，一个人先进总是单枪匹马，众人先进才能移山填海。

三、思想政治教育相关理论

有了人类社会，就存在着思想政治教育，就有从事思想政治教育的人，即思想政治教育者。思想政治教育贯穿了人类社会阶级的全部历史，陈秉公教授认为："所谓思想政治教育，就是一定阶级或政治集团，为了实现其政治目标和任务而进行的，以政治思想教育为重点的，思想、道德和心理综合教育实践。"思想政治教育也是一种完善人格的教育[1]。

思想政治教育者是指："依据一定社会发展的要求，对思想政治教育对象的思想品德施加有目的、有计划、有组织的教育影响的个人或群体，是思想政治教育活动的发动者、组织者和实施者。"[2] 他们是思想政治教育的主体之一。思想政治教育者具有教育功能、管理功能、协调功能和研究功能等四项基本功能，在思想政治教育过程中，居主导地位，起决定作用。

思想政治教育各工作机构及其工作人员之间的相互关系与相互联系的方式构成了思想政治教育的主体结构，建立合理的主体结构，必须遵循整体性原则、高效能原则和精减原则。对思想政治教育主体的人员结构来说，系统中人员的年龄结构、知识结构、能力结构、性格结构和性别结构必须合理搭配，即年龄结构合理、知识结构和能力结构健全、性格结构和性别结构恰当，同时要防止出现顾此失彼、结构不全、功能失调的现象，否则将无法产生最佳功效。如年龄结构，在思想政治教育主体中，应有"老马识途"的老年、"中流砥柱"的中年、"生气勃勃"的青年，从而构成一个老、中、青相结合的具有合理比例的综合体，并处于不断发展的动态平衡之中。只有这样的年龄群体结构，才能依据人的心理特征和能力水平发挥各自的最优效能[3]。

---

[1] 陈秉公：《思想政治教育学》，长春：吉林大学出版社，1992年，第2-3页。

[2] 陈万柏，张耀灿主编：《思想政治教育学原理（第三版）》，北京：高等教育出版社，2015年，第150页。

[3] 陈秉公：《思想政治教育学》，长春：吉林大学出版社，1992年，第359页。

　　思想政治教育理论认为，教育者必须具有教育者的素质。如果教育者不具备教育者的素质，只会使教育的系统功能丧失。因此，必须提高教育者自身的单兵素质和队伍的整体素质，向专家化、专业化、职业化的方向发展。思想政治教育者只有具备良好的素质，才能履行好自己的教育职能和管理职能。良好的素质是思想政治教育者充分发挥主导作用的基础，对于思想政治教育的效果也有重要影响。

　　思想政治教育者担负着对社会成员特别是青少年进行思想政治教育，培育时代新人的重要任务。这一使命决定了思想政治教育活动有着与其他行业不同的特殊性，主要表现在以下四个方面：首先，工作对象具有特殊性。思想政治教育的对象是人，是有思想、有感情、有个性的活生生的人。这就要求思想政治教育者以身作则，以自己高尚的道德品质熏陶教育对象，使其能够按照社会的要求发展。其次，工作过程具有特殊性。施教与受教的过程不是单向的，而是思想政治教育者与教育对象之间相互交流、相互影响的过程。思想政治教育者只有自身具备高尚的人格魅力、丰富的知识、良好的师德师风才能得到教育对象的尊敬和信任，才能创造感情基础，才能营造有利于思想政治教育顺利进行的良好氛围。只有这样，思想政治教育者才能真正肩负起教育对象健康成长的指导者和引路人的责任。再次，工作手段具有特殊性。思想政治教育者的工作手段除了教材和教具等有形的工具以外，更主要的是要运用自身的政治信仰、道德品质、知识才能等"精神教具"对教育对象进行教育。思想政治教育者必须以自己的思想和行为去影响和感染教育对象，从而促使教育对象的思想和行为发生相应的变化。思想政治教育的效果，不仅取决于真理的力量，也取决于思想政治教育者的榜样作用。最后，工作成果具有特殊性。思想政治教育者的劳动成果是合格的社会公民。工人可以抛掉不合格的产品，农民可以拔掉病苗，但是思想政治教育者不能简单地淘汰自己的教育对象，这就对思想政治教育者的工作提出了很高的要求。

　　思想政治教育者所肩负的历史使命及其职业特殊性，要求思想政治教育者除了具备现代公民所应该具备的基本素质以外，还需要具备以下素质：

　　第一，政治素质。政治素质是思想政治教育者应当具备的最基本的素质，是思想政治教育者素质的核心。政治素质是思想政治教育者从事思想政治教育活动所必需的政治条件和政治品质，是思想政治教育者的政治信念、政治观点、政治立场、政治品德、政治鉴别力和政治敏锐性的综合表现，具体体现在四个方面。一是拥有坚定的共产主义信念。思想政治教育者必须自觉树立共产主义信念，把实现共产主义作为自己的最高理想，做到实现远大理想和建设中国特色社会主义实践有机统一。二是拥有正确的政治立场。思想政治教育者要站在无产阶级和人民群众的立场来观察和处理问题，在中国特色社会主义进入新时代的现阶段，要坚定不移走中国特色社会主义道路，树立"四个意识"，坚定"四个自信"。三是拥有较高的政治水平。政治水平主要是指政治辨别能力、政治敏锐性及善于从实际出发正确处理各种政治问题的能力。思想政治教育者只有具备较高的政治水平，才能够明辨政治是非，正确对待各种社会思潮和各种社会现象，坚持正确的政治方向，创造性地开展思想政治教育活动。四是拥有较高的政策水平。政策水平主要是指认识、理解、掌握和运用党的各项方针政策的能力。思想政治教育者应该在深刻理解党的各项方针政策的基础上，积极宣传党的方针政策，创造性地贯彻落实党的各项方针政策。

第二，思想素质。思想政治教育是一项塑造教育对象思想品德的工作，这就要求思想政治教育者必须具有良好的思想素质。首先，思想政治教育者要具有先进的思想观念。思想观念是客观现实在人们意识中的反映，随着社会经济、政治的发展和社会生活的变化，人们的思想观念也在不断发生变化。思想政治教育者只有做到解放思想、与时俱进，自觉更新观念，树立反映时代发展要求的新思想、新观念，才能更好地开展思想政治教育工作。其次，思想政治教育者要具有科学的思维方式。思维方式是一个人思想素质的重要表现，它在很大程度上决定着思想政治教育者认识和改造世界的能力。思想政治教育者必须具备科学的思维方式，以便更好地解决在思想政治教育中遇到的新情况和新问题，从而推进思想政治教育不断向前发展。再次，思想政治教育者要具有良好的思想作风。作风是一个人在思想、工作、生活上表现出来的一贯态度和行为。思想政治教育者尤其需要具备实事求是、严于律己、宽以待人、艰苦奋斗等良好作风，以便更好地和教育对象开展互动，更深入更扎实地做好思想政治教育工作。

第三，道德素质。思想政治教育者是塑造灵魂的工程师，理应成为社会道德的示范者。良好的道德素质是一种强大的教育力量，是思想政治教育者有效开展思想政治教育活动的重要条件。思想政治教育者应当具备的道德素质主要包括：一是大公无私、乐于奉献。思想政治教育者要努力践行党全心全意为人民服务的宗旨，坚持集体主义原则，做到大公无私、乐于奉献。二是热爱思想政治教育事业和教育对象。思想政治教育者要高度认同并热爱思想政治教育工作，对工作极端负责，对教育对象倾注自己满腔的关爱和尊重。只有这样，教育对象才会对思想政治教育者产生亲近感和信任感，对思想政治教育者提出的问题积极反应，思想政治教育也才会因此而更有效果。三是以身作则、为人师表。"学高为师，身正为范。"只有让有理想的人讲理想，让有信仰的人讲信仰，才能达到"润物细无声"的效果。这就要求思想政治教育者既要作"经师"又要作"人师"，要具备堂堂正正的人格，以自己的嘉言懿行做教育对象在思想道德方面的楷模。四是清正廉洁、艰苦奋斗。这是新媒体时代思想政治教育者所必须具备的道德品质。思想政治教育者必须自觉做到拒腐防变，坚决反对消极腐败现象，敢于同一切不正之风做斗争，保持自身清正廉洁、艰苦奋斗的本色。

第四，知识素质。思想政治教育工作是一项知识性、专业性和综合性都很强的工作。要想做好这一工作，思想政治教育者必须具备坚实的理论基础知识和广博的文化知识。一是比较系统地马克思主义理论知识。思想政治教育工作者要认真研读马克思主义著作，准确掌握马克思主义基本原理、列宁主义、毛泽东思想、邓小平理论、"三个代表"重要思想、科学发展观、习近平新时代中国特色社会主义思想。特别要加强对习近平新时代中国特色社会主义思想的学习，不断提高自身运用马克思主义基本立场、观点和方法分析问题、解决问题的能力。二是思想政治教育的专业知识。思想政治教育者要努力学习思想政治教育学的基本理论及教育学、心理学、政治学、伦理学、管理学、社会学等相关学科知识，并将其应用于教育实践，从而不断提高思想政治教育工作的科学性。三是其他相关知识。思想政治教育者还要广泛涉猎历史、地理、文学、艺术、新媒体等方面的知识，积极从中吸取养料，使思想政治教育活动更加生动、更加有感染力和吸引力。

第五，能力素质。能力是知识的综合体现，是将知识运用于实际工作中的技能和艺术。思想政治教育者的能力素质主要包括：观察能力，指思想政治教育者能够敏锐地感知各种社会现象及教育对象的思想状况的能力；分析研究能力，指思想政治教育者能够将观察或调查来的感性材料上升到理性认识的高度，从而认识和揭示事物本质的能力；表达能力，指思想政治教育者向教育对象输出教育信息的能力，包括口头表达、文字表达、形象表达的能力等；组织指导能力，包括预测能力、制订计划的能力、组织活动的能力等。此外，思想政治教育者还应具备较强的学习能力、创新能力、良好的自我调控能力、协调人际关系的能力等。思想政治教育者只有不断提高自己多方面的能力，才能胜任思想政治教育工作，并不断提高其工作水平。

第六，生理心理素质。思想政治教育者的劳动具有时空上无限量性的特点，需要耗费大量的体力和心血。这就要求思想政治教育者必须具备良好的生理和心理素质。良好的生理素质，表现为强健的体魄、充沛的体能等。"身体是革命的本钱"，思想政治教育者要充分认识身体健康的意义，增强保健意识，平时注重进行适当的体育锻炼，养成良好的生活习惯，以保证工作所必需的旺盛体力和精力。思想政治教育者的心理素质体现为思想政治教育者身上经常的、稳定的心理特征。具体表现为广泛的兴趣爱好、丰富健康的情感、坚定果断的意志、富有内涵的气质等。思想政治教育者具有良好的心理素质不仅对思想政治教育者自身十分重要，同时对感染教育对象、协调思想政治教育者和教育对象的关系也具有十分重要的意义。

思想政治教育者各方面的素质相互影响、相互制约，从而构成了思想政治教育者的整体素质。加强对思想政治教育人员的管理是思想政治教育的主体管理内容之一，其具体意义有三：一是保证系统正常运行的需要。加强主体人员管理，能够提高主体人员的思想觉悟、工作水平和纪律观念，大大提高思想政治教育的效能。二是保证主体适应环境发展的需要。一般说来，环境、功能和结构三者之间，环境是最活跃的因素，功能次之，结构则比较保守。因此，要想使思想政治教育的主体结构适应环境和功能发展变化的需要，必须要加强主体的管理，给它以强有力的推动和控制。三是保持主体人员功能的需要。加强主体管理，提高主体人员的素质，是保持教育者与受教育者之间信息差的根本方法。

四、结构功能理论

结构（Structure）一般是指组成整体的各部分的搭配和安排，也可以是建筑物上承担重力或外力的部分的构造。"结"是结合之义，"构"是构造之义，结构既是一种观念形态，又是一种物质的运动状态。我们周围的大千世界是物质的世界，这世界中的物质是在不断变化的，而每一种物质其存在形态和性质各不相同，有着自己的特定结构，正是因为构成这个世界的亿万种物质的结构千差万别和不断变化，才使这个世界丰富多彩和生气勃勃。

《中国大百科全书》对结构的定义是"事物系统的诸要素所固有的相对稳定的组织方式或联结方式"。其体现为要素的组织、总和、集合，诸多要素借助于结构形成系统，所有结构都有稳定性、有序性等特征。结构是系统的本质方面，系统之所以成为系统取决于有确定的结构；结构标志着由部分到整体的有机性，是部分与整体之间相互联系的形式。简言之，结构是事物系统内部各要素之间相对稳定的组织方式和相互作用的联系形式。在思想政治教育学科中，"一般来说，系统内部各要素之间相对稳定的联系方式和相互作用形式，称为结构"①。

功能（Function）意指事物或方法所发挥的有利作用或者效能。我国思想政治教育专业的创始人之一张耀灿教授认为，"所谓功能，是指事物各要素的构成方式以及该事物与他事物发生联系时表现出来的特性和产生的效果"②。

"结构和功能"是塔尔科特·帕森斯（Talcott Parsons）（美国社会学家、结构功能主义的代表人物，美国现代社会学奠基人）的结构功能理论的主要概念之一。除此之外，结构功能理论的主要概念还有：社会行为，体系；规范和价值，制度化，内在化，形式化，地位和角色；体系的稳定，保持和均衡。

结构功能理论在20世纪60年代主宰了美国社会学，塔尔科特·帕森斯非常重视来自个体的"社会行为"或者"自我"和"他我"的相互作用，他的"体系"思想到了1955年后已作为社会学理论的基本范畴而处于重要的地位。帕森斯把"行为"和"体系"这两个独立的理论概念糅合为一个单位，并且适用于整个社会范围。他将普通的"行为体系"分成四个互相交叉、互相影响的分体系：社会体系、文化体系、个人体系和具有特定的重要功能的行为组织体系。社会是一种"独特形式的现实"，作为社会体系，它是一种互相关联着的因素和行为的活动联系纽带。帕森斯把"社会学理论"理解为"社会体系的理论"。

规范和价值是文化体系的一个组成部分，规范与价值必须成为习惯，才能保证社会的自主维持、稳定和平衡，即"制度化"和"内在化"。除此之外，帕森斯还设计了一种由三部分构成的模式：行为者、环境、行为者在这个环境中的目标。从环境来看，有两点非常重要：第一，当行为者在某一环境中做出行动之前，他必须有一个行为活动的范围。第二，个人的行为一般来说取决于环境，而只有一套特定的制度化和内在化的规范适用于这个环境。因此，在大多数的社会关系中，行为者不是以个人身份来参加整体，而是以整体的一分子参与社会活动。凡符合规范所预期的行为称为"角色"（例如高校辅导员角色）。这种角色的设计被证明也是文化

---

① 张耀灿：《思想政治教育学前沿》，北京：人民教育出版社，2006年，第118页。
② 张耀灿：《思想政治教育学前沿》，北京：人民教育出版社，2006年，第160页。

的、社会的和个人的体系之间的纽带。

对于行为期待和角色胜任的联系来说，起决定性作用的是个人在社会体系等级制度中与威信紧密相关的"地位"。与结构和功能相比，地位意味着行为者的静止的方面，而角色则表示流动的方面。总之，个体要做出与其地位相符的行动。而"社会控制"和"社会制约"作为行动的控制因素具有越来越重要的意义①。有关结构功能，帕森斯在说明人格系统的一致性时使用了"内化"这个"关键词"。在文化价值取向和角色期待被人格系统吸收的过程中，个人需求意向受文化价值取向与角色期待的引导和塑造，内化为一种社会化的机制。结构不是具有实体性的具体的社会组织，而是制约着特定类型角色互动的抽象规范模式。行动系统的基本制度化结构是由这一系统必须满足的功能需求决定的。功能对维持社会均衡是适当的、有用的，是控制系统内结构与运行过程的条件。适应（Adaptation）、目标达到（Goal-attainment）、整合（Integration）、模式维持（Latency pattern maintenance）等四种功能子系统构成了帕森斯的"功能系统"。"简言之，结构功能主义的主要观点是，任何社会都具有一定的结构，每一个结构都具有自己的功能；任何结构都是一个系统，系统中还包含不同的子系统；系统的四个功能即整合、适应、达鹄和维持模式。"②

高校辅导员这一群体是一个有点特殊的教师群体，"他们'浸'在学生中间，像是一双'隐形'的翅膀。疾风骤雨，有他们遮挡；前路茫茫，有他们导航。年复一年，他们扶助一代代学子飞得更高"③。

他们肩负着为国家培养中国特色社会主义建设者和接班人的重大职责和任务，面对正处在世界观、人生观和价值观形成和发展的关键时期的高校大学生，要顺利完成党和国家交给的使命和重任，必须具备正确的角色定位和相当的素质能力。结构功能主义认为，强调社会制度规范和角色功能的发挥，有助于保持社会的均衡，促进社会的发展。通过教育可以实现人的社会化，使人获得在未来的社会生活中承担某个角色所必需的责任心与能力。社会结构中的每一部分对社会整体生存都发挥着重要的作用，因此，针对高校辅导员应做到以下几点：一是增强高校辅导员角色责任感和

---

① 恩斯特·姆·瓦尔纳：《结构功能理论、行为理论社会学、行动理论——当代社会学主要流派介绍》，《国外社会科学文摘》，1982（6）：1-2。

② 李昀：《结构功能理论及其在高等教育研究中运用的综述》，《技术经济与管理研究》，2015（2）：66。

③ 丰捷，王庆环，李玉兰，邓晖：高校辅导员群体：辅导员的一天，2012年3月16日，http://www.jyb.cn/high/gdjyxw/201203/t20120316_483331.html.

义务心，每个辅导员的发展对辅导员队伍、高校和社会整体的发展都有着重要的作用。二是结构功能强调"均衡"，在统一的整体之中，某一部分的变化可能会影响到整个结构，可以适时调整辅导员队伍的组织结构，协调相关因素，以保持队伍的整体稳定。三是结构功能理论强调教育使人具有共同的认知、共同的态度和统一的价值标准，起到协调社会关系的功能，为稳定社会的生存与发展做出贡献。辅导员之间要团结合作，努力为团队服务，以共同的价值观和态度来对待每位辅导员和整个辅导员队伍的发展及建设。

此外，结构和功能是相互联系、相互制约的辩证关系。不同的物质结构会产生不同的功能，即"元功能""本功能"和"构功能"。辅导员群体素质的元功能是由每个辅导员个体素质按一定的结构方式和排列顺序组成的，辅导员个体素质元功能是不依赖于辅导员群体而具有的功能，有其相对独立性。只有分析了每个个体素质的优势和不足，才能按照最合理的方式提高辅导员群体的素质。

辅导员群体素质的本功能是各个辅导员个体素质的"元功能"的机械相加之和。在一定范围内，一个群体的结构并非是个体数量越多越好，相应地，其功能的大小也不能简单地依据个体数量的多少来衡量。因为群体素质的提高，并不是每个个体素质的简单相加，而是一个复杂的系统工程。合理的配置，将会形成最佳的结构，产生最强的功能。

辅导员群体素质的构功能是指辅导员的个体素质通过一定的结构方式和排列顺序配置而成的比"元功能""本功能"大得多的一种新功能，而且会产生"本功能"所没有的新功能。集群体的智慧于一体，充分显示一个群体的作用和力量。

提高辅导员群体素质的途径有两种：一是通过增加个体数量，提高个体素质来发挥辅导员群体素质的"本功能"，并为发挥辅导员群体素质的"构功能"奠定良好的基础。二是以系统论的观点为指导，优化辅导员群体素质自身的结构，从而发挥辅导员群体的整体作用，达到提高辅导员群体素质"构功能"的效果。

五、人力资源管理理论

哲学给出了"人是什么"即人的本质答案。从哲学的意义上看，人总是带有社会性、阶级性和个性的共同体，自从有了人类文明就有了管理。人是社会的动物，在从事集体的生产和社会活动时，由于需要组织和协调行动，管理就随之而来，管理是随着人类历史的产生而产生、随着人类历史的发展而发展的。管理（Management）是一种普遍且极为重要的人类活动。"科学管理之父"弗雷德里克·泰罗（Frederick Winslow Taylor）认为"管理就是确切地知道你要别人干什么，并使他用最好的方法去干"，在他看来，管理就是指挥他人能用最好的办法去工作。同时，还需要许多人共同劳动或者进行协作，而不是孤立的单个人的劳动，即各个人的活动能与他人的活动及整个生产过程有效、协调的进行，以达到预期的目的。可见，管理是共同劳动过程得以顺利进行的必不可少的条件，管理可定义为："管理是社会组织中，为了实现预期的目标，以人为中心进行的协调活动。"[①] 这定义主要包含管理的目的（为了实现预期目标）、管理的本质（协调）、协调的产生（必定产生在社会组织之中）、协调的中心（人）和协调的方法（多样的，需要定性的理论和经验，也需要定量的专门技术）。

　　人是管理中最积极、最活跃的因素。被公认为"人力资本战略分析和测量之父"的雅克·菲茨恩兹（Jac Fitz-enz）博士在他的著作《人力资本投资回报率》中强调："人是唯一本身具备生产价值能力的要素。其他的要素除了潜能什么也不能提供。就这些要素的本质而言，它们没有增加任何价值，而且也不能增加价值，除非有人的推动，释放出这些要素的潜在能力。"[②] 因此，我们在关注人的本身的同时，也要关注管理。

　　资源（Resource），在《辞海》中是指"资财的来源"，在经济学中是指"为了创造财富而投入生产活动中的一切要素"。经济学一般把资源划分为自然资源、资本资源、信息资源、时间资源及人力资源等五个大类，作为资源五个大类之一的人力资源（Human Resource）具有主观能动性，是较为软性的资源。人力资源是企业一切资源中最为宝贵的财富，是企业的第一资源。人力资源的定义有广义和狭义之分，广义的人力资源是指智力正常的人；狭义的人力资源有多种定义，一般界定为："能够推动国民经济和社会发展的、具有智力劳动和体力劳动能力的人的总和，具体包括人力资源的数量和质量两个方面。"[③] 人力资源还可以定义为："对一定范围的人员，通过投资开发而形成的具有一定体力、智力和技能的生产要素资源形式，它包括数量和质量两个方面的内容。"定义中的"一定范围"既可以指一个国家或一个地区，也可以指一家企业、学校、医院或其他组

---

① 胡培，赵冬梅：《管理科学基本原理与方法（第二版）》，成都：西南交通大学出版社，2007年，第2页。

② 雅克·菲茨恩兹：《人力资本投资回报率》，北京：中信出版社，2000年，第7页。

③ 杜勇，杜军：《人力资源管理理论、方法与案例》，重庆：西南师范大学出版社，2011年，第1页。

织。因此，从宏观角度来看，人力资源是指一个国家或地区所有人口所具有的劳动能力的总和；从微观角度来看，人力资源是企业等组织雇佣的全部员工所具有的劳动能力的总和①。

要真正理解人力资源的内涵，按照西方"人力资本理论之父"西奥多·舒尔茨（Theodore W. Schultz）和其他一些专家的观点，还应考虑以下基本要点：一是人力资源与生产资料等自然存在的资源一样，也需要投资，以提高其产出率。二是并非一切人力资源都是最重要的资源，只有通过一定方式的投资，掌握一定知识和技能的人力资源才是一切资源中头等重要的资源。三是人力资源作为一种生产要素、资源、能力，已经远远超过了一切其他形态的生产要素、资源、能力的总和，对人的投资带来的收益率超过了一切其他形态的资本的投资收益率。四是人力资源区别于其他资源，既是生产的手段又是生产的目的，既是生产的承担者又是生产发展目的的实现者，一切生产活动最终都是为了满足人的发展需要和社会的全面进步。五是人和人口是具有自然性与社会性、经济性与政治性等多种性质的统一，是一种生产性要素和经济性要素。六是研究和开发人力资源的目的，是有效开发和运用"人力"（人的劳动能力和社会活动能力）。人力从现实应用状态来看，主要包括人的体质、智力、知识和技能等部分，是人能够认识和改造客观事物、驱动和使用各种资源或生产资料的具体能力，是研究人力资源的基本内核，它们的不同组合配比形成了人力资源的丰富内容。人们的体质和智力是人力资源最为基础性的内容。七是人力资源所具有的劳动能力存在于人体之中，是人力资本的存量，在人们劳动时才能发挥出来的。

同时，矛盾性是人力资源管理与生俱来的性质，正如 19 世纪英国的小说家查尔斯·狄更斯（Charles Dickens）在《双城记》开篇中所描述的情形相似："那是好得不能再好的年代；那是糟得不能再糟的年代；那是闪烁着智慧的岁月；那是充斥着愚蠢的岁月；那是信心百倍的时期；那是疑虑重重的时期；那是阳光普照的季节；那是黑夜沉沉的季节；那是充满希望的春天；那是令人绝望的冬日。我们拥有一切，我们一无所有；大家都在升天堂，大家都在下地狱——简言之，那时候和我们现在非常相似。因此，专门研究那个时代的吵吵嚷嚷的权威们，不论他们是褒还是贬，都认为只能用最极端的字眼来评价它。"②

---

① 马新建，孙虹，李春生：《人力资源管理理论与方法》，上海：格致出版社，2011 年，第 3 页。

② 查尔斯·狄更斯著：《双城记》，郭赛君译，北京：燕山出版社，1995 年，第 1 页。

当管理者们在追求具体的组织目标，且采取的行动与实现组织目标所需要的行动不一致时，就会出现矛盾，这是客观存在的。如：谁是管理者？还是都是管理者？答案要看个人在组织的等级金字塔中所处的社会地位，管理者是一位组织成员，"他依据制度的授权来决定或者规定其他人活动的某一方面"[1]。又如对于人力资源管理的主要目的是"关心"还是"控制"，还存在一定的模糊性[2]。

人力资源管理（Human Resource Management）是指在经济学与人本思想指导下，通过招聘、甄选、培训、报酬等管理形式对组织内外相关人力资源进行有效运用，满足组织当前及未来发展的需要，保证组织目标实现与成员发展最大化的一系列活动的总称。对企业或组织而言，也就是利用科学的现代管理措施，对企业或组织的人力采取较为正确的组织、培训和配置，使企业或组织的人力与物力维持最佳比例。同时，对人的意识、心态和行为采取合理的引导和协调，使人的主观能动性得到最大的发挥，以此达到人尽其才、事得其人、人事相宜，从而帮助企业或组织实现发展的目标。

人力资源管理理论认为，一个群体不仅其成员在数量上要与群体结构相协调，其成员的质量也要与这个群体相配备。而且在这个群体中，要根据工作目标的难度与复杂性，对其成员进行合理配置，以便达到最大效益。华中师范大学教授陈华洲在其著作《思想政治教育资源论》中谈到思想政治教育主体资源的同类资源配置时这样阐述："由于组织中每个成员在体力、脑力和品性、经验等方面各有所长，所以，人们习惯上就按素质的高低、能力的大小将他们分别安排在不同的岗位，并赋予不同的职责，这种分工有利于提高各主体资源的功能发挥效率。然而，对一些内容复杂、工作难度大、突发性强的事件，仅靠某一部门及人员往往是难以胜任的，这时就需要进行主体资源的重组。"[3]

高校辅导员素质建设就是一种人力资源管理。在新媒体快速发展和高等教育改革不断创新的大背景下，大学生的理念、生活方式、人生理想、职业规划等均受到潜移默化的影响，这无疑对高校辅导员素质的提升提出了更高的要求。为此，要运用人力资源管理理论，以高校辅导员素质提升

---

① Willmott, H. Images and ideals of managerial work, *Journal of Management Studies*, 21 (3): 350.

② 约翰·布里顿，杰弗里·高德：《人力资源管理：理论与实践（第三版）》，徐芬丽，吴晓卿，孙涛，佟博，闫长坡译，北京：经济管理出版社，2005年，第24页。

③ 陈华洲：《思想政治教育资源论》，北京：中国社会科学出版社，2007年，第197页。

为目标、规范辅导员选聘、进校后合理安排辅导员、协调搭配院校辅导员队伍、建立共享工作体会和创新意识的平台、完善素质培训与能力考核体系，不断提升高校辅导员的素质。

六、团队建设理论

团队（Team）一词，英文为"Work Team"，直译为小组，也可以译为工作团队，其含义是通过其成员的共同努力能够产生积极协同作用的最低层次的组织。美国著名的管理学教授、组织行为学的权威斯蒂芬·P. 罗宾斯（Stephen P. Robbins）认为，"团队是一种为了实现某一目标而由相互协作的个体所组成的正式群体"[①]。

美国学者劳伦斯·霍普（Laurence Hope）对团队的定义为："团队即一个组织在特定可操作范围内，为实现特定目标而建立的相互合作的由若干成员组成的共同体。"[②]

从以上团队定义可以看出，第一，团队是一个正式的群体或共同体，也可以是一个特殊群体或共同体；第二，有明确的共同目标；第三，为了大家共同的目标，能够自觉合作并且积极努力；第四，有很强的凝聚力。团队在实质上是团队组成成员以目标和任务为导向，通过他们彼此之间的相互影响、相互作用，在行为上有共同规范的一种介于组织与个人之间的组织形态，强调的是团队内成员间在心理上有一定联系，彼此之间产生相互影响，团队组成成员之间技能互补。一个团队的鲜明特征在于，团队中的成员"都认同一个共同的目的，制定一系列的绩效目标，并且彼此能够相互负起责任"[③]。

简言之，团队是一个特殊的群体，表现为团队凝聚力强、合作程度高、成员贡献意识强。团队工作效率比一般群体高，在团队中工作，人们的心情也比较愉快。一个没有团队精神的团队，是一支没有战斗力的团队。一个团队的工作绩效是否高，不在于其成员个体能力是否强大，而在于其每个成员形成的整体合力是否强大。这种合力是每个成员都能感受到的、能让其振奋的力量。

团队建设（Team Building）是某一组织在管理中有计划、有目的地组

---

① 斯蒂芬·P. 罗宾斯，玛丽·库尔特：《管理学（第7版）》，北京：中国人民大学出版社，2004年，第434页。

② 劳伦斯·霍普：《管理团队》，北京：企业管理出版社，2001年，第5页。

③ 美罗伯特·K. 威索基：《创建有效的项目团队》，北京：电子工业出版社，2003年，第39-40页。

织团队，并对其成员进行训练、总结、提高的活动，以实现团队绩效及产出最大化。

关于团队建设，中国有句谚语"三个臭皮匠，顶个诸葛亮"。直译就是三个才能平庸的人，若能同心协力、集思广益，也能提出比诸葛亮还周到的计策。比喻人多智慧多，即使三个一般的人，其智慧和起来也能顶一个聪明的人，可见团结力量大。现代管理学之父彼得·德鲁克（Peter Ferdinand Drucker）在思考现代企业中知识凌驾于自我之上的重要性时，对"为什么合作"的问题做出了最好的回答，他说："现代企业不仅仅是老板和下属的企业，而应该是一个团队。"① 对于任何企业或者组织中的一个成熟的团队来说，都有五个基本要素，简称"5P"，即目标（Purpose）、定位（Place）、职权（Power）、计划（Plan）和人员（People）。这五个要素的紧密结合构成了一个团队的整体框架。

随着知识经济和信息革命的到来，社会生产过程越来越复杂，自动化、智能化的脑力劳动和复杂劳动的比重越来越大，且社会生产各环节的联系和依赖越来越紧密。在新媒体时代，个人所掌握的信息和知识资源总是有限的。从管理的发展趋势来看，尤其到了 21 世纪，管理越来越注重团队建设。许多组织已经发现要实现其目标，就必须在分工的同时加强成员间的合作与交流，以团队为基础的工作方式已经取得了比任何人所预言的都更深远的成果，"联合在一起来共同行动的共同体"具有巨大的潜力。"团队合作"的生产组织方式现也逐渐超出小组形式的原意，成为涵盖生产、科研甚至包括政府、企事业组织最受欢迎的组织方式，成为一种管理理念文化②。

彼得·圣吉（Peter M. Senge），学习型组织之父，当代最杰出的新管理大师之一，他在《第五项修炼》一书中这样表述："90 年代最成功的企业将会是学习型组织，因为未来唯一持久的优势，是有能力比你的竞争对手学习得更快。"③ 彼得·圣吉通过著名的五项修炼，对如何培养组织的学习气氛，进而形成一种符合人性的、有机的、扁平化的学习型组织进行了全面的概括和总结。在《第五项修炼》一书中，如同《再造企业》一书一样，也把组织由多个创造性团队构成作为新型组织的特征，这给团队

---

① 企业员工管理方法研究组：《企业团队建设方法》，北京：中国经济出版社，2002 年，第 2 页。

② 陈一星：《团队建设研究 以大学生为例》，北京：中央编译出版社，2007 年，第 8 页。

③ 彼得·圣吉：《第五项修炼——学习型组织的艺术与实务》，郭进隆译，上海：上海三联书店，1998 年，第 11 页。

建设指明了方向和目标。再如团队建设中，要努力促进员工队伍多元化。由不同背景、不同经历的个人组成的群体，看问题的广度和深度要比单一性质的群体更广更深。同样，由风格各异的个体组成的团队所做出的决策，要比单个个体的决策更有创意。

　　大学生思想政治教育工作事关党和国家事业的薪火相传。辅导员是青年大学生健康成长的指导者、引路人和知心朋友，是大学生思想政治教育的重要骨干力量，我们要打造一支高素质专业化的辅导员队伍。优化辅导员队伍建设源头，严格辅导员准入机制，重点考核竞聘人员的政治、学历、专业和能力等，实施辅导员职后准入制。辅导员管理要浸透人文关怀，通过落实政策待遇来提高辅导员工作积极性，通过开展优秀辅导员评选、辅导员技能大赛、辅导员论坛等活动，着力建设辅导员团队文化。强调"育人者先自育"的培训培育，不断提升辅导员队伍素质能力。要提升辅导员科研水平，注重学习型辅导员团队建设，围绕大学生思想政治教育开展科学研究。构建科学的激励机制，落实辅导员的职业化政策，逐步完善资金扶持、职称认定等激励机制并提高待遇，构建辅导员职业价值的新模式，破除辅导员"出路在于转行"的观念，推动辅导员队伍的稳定、发展和壮大。

七、职业生涯发展理论

　　职业（Occupation）在通常语境下，与工作是一对近义词，可以相互替换。我们在谈某一具体的工作（职业）时，其实也就是在谈某一类职位。每一个职位都对应着一组任务，而要完成这组任务就需要具备相应知识、技能、态度的人。职业通常指个人服务社会并作为主要生活来源的工作。著名职业培训师程社明博士认为："职业是参与社会分工，利用专门的知识和技能，创造物质财富和精神财富，获得合理报酬，满足物质生活、精神生活的工作。"[1]《现代汉语词典》将职业定义为：个人在社会从事的作为主要生活来源的工作。

　　生涯（Career）是一个多义词，可以指人生的发展道路，也可指人或事物所经历的途径，或指个人一生的发展过程，也指个人一生中所扮演的系列角色与职位。即主要是指从事某种活动或职业的生活。生涯有方向性、时间性、空间性、独特性、现象性和主动性等特征。

　　职业生涯（Career），根据中国职业规划师协会定义，是指人的一生

---

① 程社明：《你的船你的海：职业生涯规划》，北京：新华出版社，2007年，第29页。

中的职业历程。一般可以认为，我们的职业生涯开始于任职前的职业学习和培训，终止于退休。具体是以个体心理开发、生理开发、智力开发、技能开发、伦理开发等潜能开发为基础，以工作内容的确定和变化、工作业绩的评价、工资待遇和职称职务的变动为标志，以满足需求为目标的工作经历和内心经历。职业生涯是一个人一生的工作经历，是一个动态的过程，也是人一生中最重要的历程，对人生价值起着决定性作用，我们选择什么职业作为我们的工作，这对于每个人的重要性都是不言而喻的。

职业生涯规划（Career Planning）简称生涯规划，又叫职业生涯设计，"指在个人与组织发展相结合的基础之上，在对一个人主客观条件进行测定、分析、总结的基础之上，对自己的兴趣、爱好、能力、特点进行综合分析与权衡，结合时代要求，按人生发展各阶段的不同，自行设计的、适合自己各阶段发展的、带有个性化色彩的个人职业生涯的一种中长期发展计划"①。职业生涯规划不仅能帮助个人实现目标，更重要的是有助于个人真正了解自己，从而规划出合理、可行的职业生涯发展方向。即确定其最佳的职业奋斗目标，发挥个人的潜能，为实现这一目标做出行之有效的安排。一个人的职业生涯是一个漫长的过程，也许一生只从事一种职业，也许一生会从事多种职业。生涯规划也是一个系统工程，要正确处理好职业生涯规划五大要素（知己、知彼、抉择、目标和行动）之间的关系，在此基础上，制定出科学的职业生涯规划。

美国的金斯伯格（Eli Ginzberg）和舒伯（Donald E. Super）提出了职业生涯发展理论，主要有三阶段论和五阶段论。金斯伯格（Eli Ginzberg），美国著名职业指导专家、职业生涯发展理论先驱和典型代表人物。1951年，他提出职业是贯穿于个体生活中连续、长期的发展过程，他把人的职业发展阶段分成：幻想期（11岁以前，此时期职业需求的特点是单纯凭自己的兴趣爱好，不考虑自身的条件、能力水平和社会需要与机遇，完全处于幻想之中）、尝试期（11~17岁之间，在职业需求上呈现出的特点是有职业兴趣，但不仅限于此，更多的和客观的审视自身各方面的条件和能力；开始注意职业角色的社会地位、社会意义，以及社会对该职业的需要）、现实期（17岁以后，此期所希求的职业不再模糊不清，已有具体的、现实的职业目标，表现出的最大特点是客观性、现实性、讲求实际）

---

① 李莉主编：《大学生职业生涯规划实训教程》，北京：北京理工大学出版社，2015年，第31页。

三个阶段①。金斯伯格的职业发展论，事实上是前期职业生涯发展的不同阶段，也就是说，实际上揭示了初次就业前人们职业意识或职业追求的发展变化过程。金斯伯格的职业生涯理论对实践活动曾产生过广泛的影响。

1957 年，著名职业生涯规划大师唐纳德·E. 舒伯（Donald E. Super）在《职业生涯心理学》中首次使用"职业生涯"概念，他把金斯伯格的三阶段理论进一步拓展为五阶段，即成长、探索、建立、维持和退出，形成了职业生涯发展理论的基础性观点。此后的研究中，舒伯不断拓宽研究视野，提出了一个更为广阔的新观念——"生活广度（横贯一生的彩虹）、生活空间（纵贯上下的彩虹）"的职业生涯发展观。他把角色理论融入职业生涯发展阶段理论，认为人一生中必须扮演多种角色，儿童、学生、休闲者、公民、工作者、夫妻、家长、父母和退休者等，重点分析了职业生涯发展阶段与人生角色相互影响的关系，描绘出一个多重角色生涯发展的综合图形。舒伯将它命名为"一生生涯的彩虹图"，直观地展现了个体生命的长度（阶段）、宽度（角色）和深度（个人对角色的投入程度）等职业生涯发展的重要维度，形象地展现了生涯发展的时空关系，很好地诠释了生涯的定义。根据舒伯的看法，一个人一生中扮演的许许多多角色就像彩虹同时具有许多色带。舒柏将显著角色的概念引入了生涯彩虹图。他认为角色除与年龄及社会期望有关外，与个人所涉入的时间及情绪程度都有关联，因此每一阶段都有显著角色②。

职业生涯发展理论在 20 世纪 90 年代中期传入我国，在短时间内快速发展，取得了一系列研究成果。中国人力资源管理拓荒者、著名人力资源管理学家廖泉文，以职业生涯发展历程为研究的切入点，创造性地提出了"职业生涯发展三、三、三制理论"。即将个体职业生涯过程划分成输入阶段、输出阶段、淡出阶段；每个阶段又分成三个子阶段，即适应阶段、创新阶段、再适应阶段；每个子阶段又分成三种情况：顺利晋升、原地踏步、降到波谷③。廖泉文教授的"职业生涯发展三、三、三理论"不同于西方的职业生涯发展理论将职业生涯阶段按年龄硬性地划分，更符合我国实际情况，具有个性化、弹性化、开放化等特点。

---

① Bloomfield M. *Youth*, *School and Vocation* [M]. Boston, MA: Houghton Miffin Company, 1915.

② 曹威威：《高校辅导员职业生涯发展研究》，长春：东北师范大学博士学位论文，2017年，第4-5页。

③ 廖泉文：《职业生涯发展的三、三、三理论》，《中国人力资源开发》，2004（9）：21-23。

职业作为人的生命意义的源泉，在人生尤其是肩负着培养祖国未来命运的大学生的生命历程中具有重要地位。因此，将职业生涯发展理论运用于高校辅导员队伍素质建设中，为高校辅导员职业生涯发展提供更多的发展空间和机会，对建设一支稳定的"政治强、业务精、纪律严、作风正"高素质的高校辅导员队伍，促进高校辅导员的专业化、职业化、专家化发展具有十分重要的价值。

第三节　高校辅导员素质建设政策发展梳理和分析

"政策"一般是指：国家政权机关、政党组织和其他社会政治集团为了实现自己所代表的阶级、阶层的利益与意志，以权威形式标准化地规定在一定的历史时期内，应该达到的奋斗目标、遵循的行动原则、完成的明确任务、实行的工作方式、采取的一般步骤和具体措施。政策的实质是阶级利益的观念化、主体化、实践化反映。我国学界则认为："政策是国家机关、政党及其他政治团体在特定时期为实现或服务于一定的社会政治、经济、文化目标所采取的政治行为或规定的行为准则，它是一系列谋略、法令、措施、办法、方法、条例等的总称。"[1]

1948年3月20日，毛泽东在米脂县杨家沟为中共中央写的《关于情况的通报》中指出，"政策和策略是党的生命，各级领导同志务必充分注意，万万不可粗心大意"[2]。

高校辅导员队伍建设政策是思想政治教育政策的重要组成部分，其行为主体是中共中央及教育部等行政部门，政策适用对象为高校辅导员队伍，政策表现形式为各种纲要、决定、通知、规划、规定、意见、办法、条例、规则等文本形式，同时也表现为决策者为实现高校辅导员队伍建设的发展目标和任务而形成的政策运行全过程。也就是说，政策可以理解为行动准则，即高校辅导员队伍建设政策指中共中央、国务院或有关教育行政机构基于国家意识形态领域建设和大学生思想政治教育发展的需要，在一定历史时期内，通过对高校辅导员地位、作用的权威性表达，通过具体措施规范和激励高校辅导员的教育工作行为，发挥高校辅导员队伍在高校学生思想政治教育工作中整体功能所制定的行动依据或行动准则。

因此，高校辅导员素质建设的政策，需要在高校辅导员队伍建设政策

---

[1] 陈振明：《政策科学》，北京：中国人民大学出版社，1998年，第58页。
[2] 《毛泽东选集》（第4卷），北京：人民出版社，1991年，第1298页。

的大框架下进行分析。高校辅导员队伍建设政策既包括国家、省级机关或者政党组织所颁布的政策，也有高校所制定的政策。

国家、省级层面的政策主要包括国家、省级领导人和相关部门负责同志的重要讲话精神，以及大学生思想政治教育尤其是辅导员队伍建设的法律法规、规章、有关部门制定的专门性文件及具体的相关工作制度等。高校层面的政策主要是高校为全面贯彻落实领导讲话、上级文件所制定的一系列文件等。

一、高校辅导员制度确立和初步发展期（1949—1976 年）的辅导员素质建设要求

1949 年中华人民共和国成立后，为了加强高校思想政治工作，我国开始在高校实行政治辅导员制度。教育部于 1952 年发出的《关于在高等学校有重点地试行政治工作制度的指示》规定"设立高等学校政治工作机构——政治辅导处"，并对这个机构人员的构成做出了明确的规定，政治处的工作人员实际上就是辅导员，他们"可以担任政治理论课程的助教"，同时要求"先在具备条件的学校重点试验，取得经验后再逐步推开"①。1953 年，经中央批准，清华大学率先"建立政治辅导处，并在各系年级学生中挑选了 25 名学习成绩优秀、政治觉悟较高、有一定工作能力的党员，担任了第一批学生政治辅导员，他们边学习、边工作"②，被形象地称为"双肩挑"，从此，创立专职学生政治工作的政治辅导员。何东昌在总结政治辅导员制度建立 40 年时，指出"这是高校一项重要的制度，是对学生思想政治工作的一项重要保证"。在谈到辅导员时，他认为"政治辅导员自身，通过边学习边工作，得到了政治工作、业务工作'两个肩膀挑担子'的锻炼，为以后逐步成长为又红又专的建设骨干奠定了基础。政治辅导员中人才成长的成功比例是很高的，甚至可以说这是始料所不及的"。这就指出了辅导员队伍专业化建设和职业化发展的方向③。此后，全国高校普遍开始设立政治辅导员制度。

辅导员制度的设想是蒋南翔同志 1953 年提出来的，有关辅导员的选拔和素质要求，同年 3 月，蒋南翔在全校教师大会上的讲话中指出："关于辅导员的来源，可在同学中抽调。原则上辅导员不脱产政治工作，若与

---

① 教育部：《关于在高等学校有重点地试行政治工作制度的指示》，1952 年 10 月 28 日。

② 方惠坚主编，《双肩挑》编写组编：《双肩挑　清华大学学生辅导员工作四十年的回顾与探索》，北京：清华大学出版社，1993 年，第 30 页。

③ 方惠坚主编，《双肩挑》编写组编：《双肩挑　清华大学学生辅导员工作四十年的回顾与探索》，北京：清华大学出版社，1993 年，第 30 页。

业务脱离，一方面有困难，另一方面会有缺点。可考虑让他们脱产四分之一或五分之一，晚一年毕业。他们上午上课，下午工作。辅导员要抽调学习好的（四分或五分）同学担任，作了一年，成绩如果下降那就要取消他的辅导员资格。他们学习成绩好，担任辅导员后继续学习，一方面使他们不被拉下，能学好业务，另一方面也能取得别人的信任与尊重。他们毕业的时候，学校可以负责向人事部介绍，分配给他们合适的工作。"① 1953年4月3日，清华大学在向高教部、人事部请示设立大学生辅导员的报告中也明确提出："拟选学习成绩优良、觉悟较高的党团员担任辅导员，培养辅导员成为比一般学生具有更高政治质量及业务水平的干部。"② 可见，对辅导员的选拔和素质有着同样的要求，这个来自基层的成功创举，受到党中央的高度重视。邓小平同志谈清华大学思想政治工作时指出，"在学校工作的干部，本身要懂行，最主要的经验是这个。清华过去从高年级学生和青年教师中选出人兼职做政治工作，经过若干年的培养形成了一支又红又专的政治工作队伍，这个经验好。清华大学的经验，应当引起全国注意。又红又专，那个红是绝对不能丢的"③。

针对辅导员制度，尤其是辅导员的使用、培养及发展，蒋南翔1961年7月23日在与团委书记的谈话时，要求"政治辅导员的经验要重新总结一下。开始设立时还是明确要培养又红又专的干部，不能单纯使用观点，而是培养观点。但好经验不加以巩固就要出问题，不进则退。三年来的情况是：一、对辅导员管理工作放松了；二、辅导员人数多了；三、使用得多了，自愿原则贯彻得不够。今后考虑政治辅导员以教师担任为主，四年级以下坚决不抽调。党内要多注意从政治上提高他们，政策传达可多一些，要关心他们的学习和健康"④。

1961年，中央批准试行《教育部直属高等学校暂行工作条例（草案）》，简称"高教六十条"，其中第八章"思想政治工作"第五十条对高等学校加强大学生思想政治工作做了明确规定："在一、二年级设政治辅导员或者班主任，从专职的党政干部、政治理论课教师和其他青年教师

① 方惠坚主编，《双肩挑》编写组编：《双肩挑　清华大学学生辅导员工作四十年的回顾与探索》，北京：清华大学出版社，1993年，第4页。

② 林泰，彭庆红：《清华大学政治辅导员制度的特色及其发展》，《清华大学学报（哲学社会科学版）》，2003（6）：86。

③ 方惠坚主编，《双肩挑》编写组编：《双肩挑　清华大学学生辅导员工作四十年的回顾与探索》，北京：清华大学出版社，1993年，第3页。

④ 方惠坚主编，《双肩挑》编写组编：《双肩挑　清华大学学生辅导员工作四十年的回顾与探索》，北京：清华大学出版社，1993年，第2页。

中挑选有一定政治工作经验的人担任。同时，要逐步培养和配备一批专职的政治辅导员。"① 这是在中央文件中第一次正式提出要在高等学校设置专职政治辅导员，同时也对辅导员选拔、配备和培养提出了明确的要求。该条例的出台进一步明确了高校辅导员的作用。

1964 年 6 月 10 日，中共中央批准了教育部《关于加强高等学校政治工作和建设政治工作机构试点问题的报告》，报告提出在高等教育部和直属高校设立政治部，确立北京大学、清华大学为高等学校建立政治部的试点学校；在二、三年级内配齐班级的专职政治工作干部，编制为 1∶100 的比例，干部来源主要从高校毕业生中选留解决②。

1965 年 3 月，针对高校的学生思想政治工作的实际，教育部发出通知，再一次强调高校要设立专职的学生思想政治工作队伍；同年又出台了《关于政治辅导员工作条例》，以法规的形式将政治辅导员的地位、作用、职责等做了明确的规定。根据文件的精神，1966 年我国高校基本建立了政治辅导员队伍，标志着我国高校辅导员制度初步形成和确立。但这一时期的政治辅导员基本上是"双肩挑"模式，专职的很少，各项规章制度尚处在探索与建设之中③。

二、高校辅导员制度恢复和快速发展期（1977—2003 年）的辅导员素质建设要求

1977 年，高考制度恢复。十一届三中全会的成功召开，是我国大学生思想政治教育的一个重要转折点。国家重新认识思想政治工作在高校中的作用，召开了全国教育工作会议。教育部根据高校思想政治教育的具体情况，1978 年 10 月起草修订了《全国普通高等学校暂行工作条例》，提出"为了加强对学生的思想政治工作，必须建立支学生思想政治工作队伍。在一、二年级设立政治辅导员。从专职的党政干部、政治理论课教师和其他青年教师中挑选有一定政治工作经验的人担任。政治辅导员都要既做学生思想政治工作，又要坚持业务学习，有条件的要坚持半脱产，担任一部分教学任务。政治辅导员可以适当轮换"④。高校政治辅导员制度也

---

① 周远清主编；刘志鹏，别敦荣，张笛梅分册主编：《20 世纪的中国高等教育（教学卷下）》，北京：高等教育出版社，2006 年，第 349 页。

② 陈虹：《高校辅导员工作理论与实务》，天津：天津科学技术出版社，2011 年，第 10 页。

③ 陈虹：《高校辅导员工作理论与实务》，天津：天津科学技术出版社，2011 年，第 11 页。

④ 教育部思想政治工作司组编：《加强和改进大学生思想政治教育重要文献选编（1978—2014)》，北京：知识产权出版社，2015 年，第 3 页。

由此开始正式恢复。

1980年4月，教育部与团中央共同制定《关于加强高等学校学生思想政治工作的意见》，提出要"加强学生的思想政治工作，必须建立一支坚强的、有战斗力的政治工作队伍"，还要求"各校要根据具体情况建立政治辅导员或班主任制度，政治辅导员和班主任应从政治、业务都好的毕业生中选留或从教师中选任。他们既要做思想政治工作，又要坚持业务学习，有的还要担任一部分教学任务"。同时进一步明确"高等学校的学生政治工作干部，既是党的政治工作队伍的一部分，又是师资队伍的一部分，担负着全面培养学生的重要任务。他们和教学人员一样，都是办好高等学校不可或缺的重要力量"。"在一般情况下，政工人员的物质待遇应不低于同时期毕业的教学人员的水平。对于有专业知识并担任一定教学任务的政工干部，应与专业教师同样评定职称。对于不担任教学工作的专职政工干部，可以按照本人的条件，评为处级、科级，享受同级干部的工资福利待遇。"可见，在物质待遇、评定职称、工资福利、素质提升等方面，国家把辅导员摆到了和教学等其他人员同等重要的地位上①。

1981年7月，教育部在《高等学校学生思想政治工作暂行规定》中进一步指出："做好学生思想政治工作，需要有一支又红又专、专职与兼职相结合的队伍。要选拔政治觉悟高、作风好，具有一定思想理论水平、政治工作能力的大学文化程度的干部、教师和高年级学生从事学生思想政治工作。"对高校辅导员的综合素质和选拔提出了明确的要求，第一次明确提出"在第一线上从事学生思想政治工作的政治辅导员，可按一百二十名左右的学生配备一名"。"中青年教师要积极承担并努力做好班主任或兼职政治辅导员工作，要把对学生进行思想政治教育的成绩，列为教师考核、晋级的一项重要内容。……兼任班主任和辅导员的教师、干部，每月发给一定数量的岗位津贴。"进一步明确了辅导员的待遇问题。在这时期，我国高校辅导员制度得到了逐步恢复和重建，具体表现在辅导员的素质、角色定位、工作机构、待遇、配备、选拔、培养、使用、发展等方面，一支少数专职、多数兼职、专兼结合的学生思想政治工作管理队伍逐步形成②。

1984年，为适应当时形势发展和思想政治工作的需要，教育部发文决定率先在南开大学等12所高校设置思想政治教育专业，采用正规化的

---

① 教育部思想政治工作司组编：《加强和改进大学生思想政治教育重要文献选编（1978—2014）》，北京：知识产权出版社，2015年，第6-7页。

② 秦玉国：《美育视野下的高校辅导员角色示范研究》，成都：西南交通大学出版社，2017年，第27页。

方法培养大专生、本科生和研究生等各种规格的又红又专思想政治工作专门人才，积累辅导员专门素质提升和培养经验①。同年，教育部又决定在清华大学、北京钢铁学院、北京师范学院、大连工学院、西安交通大学、浙江大学进行首批试点，开设思想政治教育专业第二学士学位班，培养高等学校思想政治工作骨干②。这一做法拓宽了辅导员培养渠道，也为今后辅导员走上专业化、正规化奠定了坚实基础。

同年，为了培养、提高高等学校现有的一批已具有高层专科学历的专职思想政治工作干部，教育部决定在部分高等学校举办思想政治教育本科班。培养目标是进一步提高具有高等专科毕业文化程度的高等学校思想政治工作干部的马列主义理论水平、政策水平、科学文化水平和从事思想政治工作所必需的专业知识及能力。毕业后，继续从事思想政治工作或思想政治教育的教学、科研工作③。举办思想政治教育本科班，旨在提高高等学校思想政治工作队伍的素质。

高校的根本任务是为社会主义现代化建设培养德、智、体全面发展的又红又专的人才。1984年，中共中央宣传部、教育部联合发出《印发〈关于加强高等学校思想政治工作队伍建设的意见〉的通知》，指出："高等学校必须建设一支精干有力的思想政治工作队伍，对专职思想政治工作人员政治素质和知识水平的基本要求为：1. 有坚定的共产主义信念，坚持四项基本原则，在思想上政治上与党中央保持一致。2. 有一定的马列主义、毛泽东思想的理论修养，对错误思潮有一定的识别能力。3. 懂得所在学校或系科的基础知识和专业知识，文化科学知识面比较广。4. 热爱社会主义教育事业和思想政治工作，有从事思想政治工作所必需的能力，工作积极，作风正派，密切联系群众，秉公办事。5. 从事教师和学生思想政治工作的人员应具有大学以上文化程度，从事职工思想政治工作的人员也应具有高中以上文化程度。要根据上述条件，严格挑选，把又红又专的优秀人才放到思想政治工作岗位上。"同时也要求"现有的干部不完全具备上述条件的，要有计划地进行培训"，以此来解决队伍在思想理论水平、知识结构、培训、职称待遇等方面都存在的不少问题，和普遍存

---

① 教育部思想政治工作司组编：《加强和改进大学生思想政治教育重要文献选编（1978—2014)》，北京：知识产权出版社，2015年，第23页。

② 教育部思想政治工作司组编：《加强和改进大学生思想政治教育重要文献选编（1978—2014)》，北京：知识产权出版社，2015年，第25页。

③ 教育部思想政治工作司组编：《加强和改进大学生思想政治教育重要文献选编（1978—2014)》，北京：知识产权出版社，2015年，第26页。

在的骨干老化、后继乏人的情况。另外，还对思想政治工作人员的待遇进行了规定①。

1985 年 5 月，面对当时思想政治工作队伍数量不足、思想不稳、后继乏人等情况，以及思想和业务水平不能适应形势发展的需要等问题，国家教委做出了《关于加强高等学校思想政治工作的决定》，要求建设一支精干有力的思想政治工作队伍，并提出"思想政治工作是一种思想性、政策性很强的科学，必须有专职人员作为骨干，以保持工作的连续性，不断积累和总结经验，提高工作水平"，否则，会严重影响高等学校的思想政治工作的正常开展。因此，"从高等学校长远建设出发，要培养和造就一批思想政治教育的专家、教授和理论家"。"今后选拔专职思想政治工作人员，应当选拔那些政治品质好，有较高的马克思主义理论水平和政策水平、较广博的科学文化知识、较强的组织活动能力的人。""一定要舍得将一些优秀教师、品学兼优的大学毕业生和研究生选拔到思想政治工作队伍中来。要在学校中造成尊重思想政治工作者的风气。"同时也提出"要认真办好思想政治教育专业，包括第二学位班和研究生班，为正规化培养从事思想政治工作的专门人才走出一条新路"②。

1986 年国家教委发出的《选拔品学兼优的应届毕业生充实高等学校思想政治教育队伍的通知》要求："在今后的毕业生分配工作中，要充分重视高等学校思想政治教育工作队伍的需求，尽可能予以照顾。选拔从事思想政治教育的干部和教师，要坚持高标准、严要求。不仅要思想政治品质好，具有一定的马克思主义理论水平，还应是业务学习上比较优秀的。一定要舍得选配品学兼优的大学本科毕业生和毕业研究生从事思想政治教育工作。忽视政治标准，或者忽视业务标准，都会降低政工队伍的素质，不利于加强和改善思想政治工作，也不利于干部自身的成长。今年，各高等学校所需思想政治教育工作人员，应列入毕业生分配计划，重点加以保证。凡未列入分配计划请各校在机动名额内调配解决。"这既对辅导员的选拔在素质上提出了要求和解决的办法，也解决了当时高校不同程度地存在着辅导员人员短缺、后继乏人等问题③。该文件对辅导员的选拔、培

---

① 教育部思想政治工作司组编：《加强和改进大学生思想政治教育重要文献选编（1978—2014)》，北京：知识产权出版社，2015 年，第 36 页。

② 教育部思想政治工作司组编：《加强和改进大学生思想政治教育重要文献选编（1978—2014)》，北京：知识产权出版社，2015 年，第 51—52 页。

③ 教育部思想政治工作司组编：《加强和改进大学生思想政治教育重要文献选编（1978—2014)》，北京：知识产权出版社，2015 年，第 47 页。

养、使用和今后发展方向做了明确规定，具有长远的指导意义。

1986 年 5 月，国家教育委员会颁布的《关于加强高等学校思想政治工作的决定》指出要尽快配齐班级的政治辅导员，"从高等学校长远建设出发，要培养和造就一批思想政治教育的专家、教授和理论家，定要舍得将一些优秀教师、品学兼优的大学毕业生和研究生选拔到思想政治工作队伍中来"①。

1987 年 5 月 29 日，《中共中央关于改进和加强高等学校思想政治工作的决定》指出："建设一支坚强的马克思主义理论队伍和思想政治工作队伍，其中高等学校的思想政治工作队伍应由精干的专职人员与较多的兼职人员组成，一定要将一些品学兼优的教师和毕业生选拔到思想政治工作队伍中来。""辅导员，可从教书育人好的教师和品学兼优的研究生、高年级大学生中选拔。他们中间许多人可以成长为既能从事教学、科研工作，又能兼做思想政治工作的专家、教授。这种'双肩挑'的做法是培养和造就符合'四化'要求的干部的一条重要途径。"②

1988 年，我国高校首次开展思想政治教育教师职务评聘工作。据 26 个省、自治区、直辖市统计，1041 所高等学校中有思想政治教育教师 20767 人。在首次评聘工作中，评聘为教授的 4 人，占思想政治教育教师总数的 0.02%；副教授 716 人，占 34%；讲师 4582 人，占 22%③。从 1989 年起，思想政治教育教师职务的评聘工作与其他教师同步进行，成为一项经常性工作。这一举措有利于思想政治教育工作者素质的提高和作用的发挥，也有利于思想政治教育学科的发展。可以说，这一时期出台的一系列文件在辅导员的入口、未来职业去向等方面提出了明确的要求，对高校辅导员队伍建设具有长远的指导意义。

当时的辅导员主要以兼职为主，"双肩挑"的做法是为了培养和造就"四化"干部需要，这在一定程度上对专职辅导员队伍建设造成了影响。20 世纪 80 年代后期，由于专职辅导员本身数量不足，再加上辅导员流失较严重，以及国内国际政治形势的一些负面影响，我国高校稳定方面出现问题。实践充分说明了大学生思想政治工作的重要性，作为思想政治工作

---

① 教育部思想政治工作司：《加强和改进大学生思想政治教育重要文献选编（1978—2008）》，北京：中国人民大学出版社，2008 年，第 74 页。

② 教育部思想政治工作司组编：《加强和改进大学生思想政治教育重要文献选编（1978—2014）》，北京：知识产权出版社，2015 年，第 73 页。

③ 《中国教育年鉴》编辑部编：《中国教育年鉴 1989》，北京：人民教育出版社，1990 年，第 204 页。

的主力军的政治辅导员，其工作具有不可替代性，建设一支高素质专业化的辅导员队伍势在必行①。

进入 20 世纪 90 年代，高校辅导员队伍建设制度的重大发展机遇主要体现为高校思想政治工作管理体制的改革与完善。1990 年 7 月的《关于加强高校党的建设的若干意见》（中发〔1990〕12 号）、1993 年 8 月的《关于新形势下加强和改进高等学校党的建设和思想政治工作的若干意见》（教政〔1993〕4 号）和《中国教育改革和发展纲要》（中发〔1993〕3 号）等文件连续颁发，为进一步加强和改进高校党的领导和思想政治教育工作指明了方向。文件指出："高等学校要建设好一支以精干的专职人员为骨干、专兼职结合的思想政治工作队伍。"要对他们在政治和业务素质上坚持高标准，采取特殊政策，保证和促进骨干队伍的巩固和提高。有计划加强脱产和在职培训，不断提高他们的政治素质和工作能力，并采取实际措施解决他们的待遇问题②。

1994 年印发的《中共中央关于进步加强和改进学校德育工作的若干意见》明确要求各校要优化队伍结构，建设一支专兼结合、功能互补、信念坚定、业务精湛的德育工作队伍。要采取措施，稳定队伍，不断补充新生力量。制定政策，保证他们能够不断地得到进修提高，积极支持和发展"双肩挑"的制度③。

伴随着 1993 年、1998 年前后进行的较大规模高校改革、合并、重建、扩建，高校中出现了一校多区、一校多地、一校多层次办学等现象。高校学生辅导员队伍组织结构的具体形式更加多样化，职能更加丰富，队伍规模也随之壮大。1999 年印发的《中共中央关于加强和改进思想政治工作的若干意见》强调，"按照提高素质、优化结构、相对稳定的要求，建设一支政治强、业务精、作风正的思想政治工作队伍……对思想政治工作者要注意关心和培养，帮助他们提高思想政治素质和业务能力，对做出突出成绩的要给予表彰和奖励"。全国各地高校结合文件精神，纷纷从品学兼优的党员师生中选拔配备人才队伍，如浙江大学等一些有条件的高校采取了"2+2"的模式，选拔优秀本科生毕业留校担任两年辅导员的工作后再

① 赵海丰：《高校辅导员制度的演进与发展趋势研究》，沈阳：辽宁大学出版社，2014 年，第 47 页。

② 教育部思想政治工作司：《加强和改进大学生思想政治教育重要文献选编（1978—2008）》，北京：中国人民大学出版社，2008 年，第 177 页。

③ 中共中央关于进一步加强和改进学校德育工作的若干意见，https://baike.so.com/doc/7798937-8073032.html。

进入相关的专业进行硕士研究生学习，即采用"保送研究生或研究生保留学籍"的形式扩大辅导员队伍的来源，成效明显①。

三、高校辅导员制度专业化期（2004 年至今）的辅导员素质建设要求

进入 21 世纪，高校辅导员队伍建设制度进入了一个全面健康发展的新时期。大学生作为科教兴国和人才强国的重要生力军，党和国家从战略高度上重视和加强这一特殊群体的思想政治教育工作。人类社会跨入 21 世纪之际，信息技术的迅猛发展在社会的各个领域引发了影响广泛且深刻的革命。互联网作为一门高新技术，要求高校辅导员与时俱进地更新知识结构。互联网大大改变了辅导员与大学生之间的交流方式，可以帮助他们突破传统的工作模式，加快他们的工作节奏，提高他们的工作效率。同时，互联网的应用也可以加快信息的传播速度和拓展信息的延伸空间，保证信息的实效性。网络技术创新性的应用为学生工作提供了新手段、新途径，以其特有的可复制性、共享性和实时互动性增进了大学生与辅导员之间的交流，加强了沟通，提高了高校辅导员工作的及时性、针对性与实效性。因而，信息技术的发展既为高校辅导员的工作提出了终身学习的新要求，也提供了新机遇和新舞台。

2004 年 8 月 16 日中共中央、国务院颁布《关于进一步加强和改进大学生思想政治教育的意见》（中发〔2004〕16 号文件）指出："辅导员队伍是大学生思想政治教育工作队伍主体的重要组成，是大学生思想政治教育工作的骨干力量。""从事大学生思想政治教育的人员，都要坚持正确的政治方向，加强思想道德修养，增强社会责任感，成为大学生健康成长的指导者和引路人"，要完善大学生思想政治教育工作队伍的选拔、培养和管理机制。要加强思想政治教育学科建设，培养思想政治教育工作专门人才，实施大学生思想政治教育队伍人才培养工程，建立思想政治教育人才培养基地。要建立完善大学生思想政治教育专职队伍的激励和保障机制。完善思想政治教育队伍的专业职务系列，从思想政治教育专职队伍的实际出发，解决好他们的教师职务聘任问题，鼓励和支持他们安心本职工作，成为思想政治教育方面的专家。要采取有力措施，着力建设一支高水平的辅导员、班主任队伍，学校要在政治、工作、生活上关心他们，在政策和

---

① 教育部思想政治工作司：《加强和改进大学生思想政治教育重要文献选编（1978—2008）》，北京：中国人民大学出版社，2008 年，第 216 页。

待遇方面给予适当倾斜①。

为深入贯彻落实《关于进一步加强和改进大学生思想政治教育的意见》精神，切实加强高等学校辅导员队伍建设，2005 年教育部颁布《关于加强高等学校辅导员班主任队伍建设的意见》（教社政〔2005〕2 号），就加强高等学校辅导员队伍建设提出意见。文件指出："要从战略和全局的高度，充分认识新形势下加强辅导员队伍建设的特殊重要性和紧迫性。"要像重视业务学术骨干一样重视辅导员的选拔、培养和使用，使他们干事有平台、发展有空间，充分调动他们工作的积极性和创造性，为培养德、智、体、美全面发展的社会主义合格建设者和可靠接班人做出贡献。

辅导员的选聘工作要在学校党委统一领导下，采取组织推荐和公开招聘相结合的方式进行，必须"坚持政治强、业务精、纪律严、作风正"的标准，把德才兼备、乐于奉献、潜心教书育人、热爱大学生思想政治教育事业的人员选聘到辅导员队伍中来。专职辅导员原则上要从党员教师和党政干部中选聘，"应关心热爱学生，善于做大学生思想政治工作，具备较强的组织管理能力、群众工作能力以及语言和文字表达能力"。有条件的高校可以从本校免试推荐的硕士生、博士生中择优选聘专职辅导员，专职辅导员从事工作一段时间后再攻读研究生学位。选聘工作要在保证数量的基础上，不断优化结构，提高辅导员的工作能力和水平。

为了不断提高辅导员的思想政治素质和业务素质，教育部会同有关部门组织开展全国性高校辅导员示范培训，各地教育部门也针对实际情况开展了多种形式的辅导员培训。高校也重视抓好辅导员的培养培训工作，制定了培训规划，建立了分层次、多形式的培训体系，做到先培训后上岗，坚持日常培训和专题培训相结合。重点组织辅导员学习马克思列宁主义、毛泽东思想、邓小平理论和"三个代表"重要思想等，学习时事政策，学习管理学、教育学、社会学和心理学及就业指导、学生事务管理等方面的知识。适时安排辅导员进行脱产、半脱产和在职培训进修，选拔优秀辅导员定向攻读学位。

同时要创造条件，制定并落实辅导员参加实践锻炼的具体办法。积极组织辅导员参加社会实践、学习考察和挂职锻炼等活动，开阔其视野，拓展其思路，提高他们解决实际问题的能力，增长他们做好思想政治教育工作的才干。

---

① 教育部思想政治工作司：《加强和改进大学生思想政治教育重要文献选编（1978—2008）》，北京：中国人民大学出版社，2008 年，第 380 页。

文件要求高校在评聘专业技术职务、完善评优奖励制度、加强辅导员队伍管理、完善考核制度、开展科学研究等方面提供政策保障，统筹规划辅导员的发展，"鼓励和支持一批骨干攻读相关学位和业务进修，长期从事辅导员工作，向职业化、专家化方向发展"。同时，也提出"对工作不称职的要进行批评教育，仍无改进的应调离工作岗位。在事关政治原则、政治立场和政治方向问题上不能与党中央保持一致的，不得从事辅导员工作"①。

2006 年 4 月 27 日至 4 月 28 日，教育部在上海组织召开了全国第一次高校辅导员队伍建设工作会议，主要内容是进一步深入贯彻落实中央 16 号文件及全国加强和改进大学生思想政治教育工作会议精神。会议讨论了普通高等学校辅导员队伍建设规定和 2006—2010 年普通高等学校辅导员培训计划，交流总结辅导员队伍建设工作经验，深入分析和研究高校辅导员队伍建设中存在的问题，部署相关工作。会议明确了辅导员角色的"双重身份"、日常事务的"双重管理"、职称和职务的"双线晋升"、待遇的平等对待、空间的有效发展，切实推动全国高校辅导员队伍建设。

这次会议是新中国成立以来召开的第一次专题会议，对提高辅导员队伍的建设和管理水平提出了新要求，是加强辅导员队伍建设的一次十分重要的会议。会议期间，与会人员分组到复旦大学、上海交通大学和同济大学等高校现场观摩。

2006 年 7 月，教育部发布《普通高等学校辅导员队伍建设规定》（教育部令第 24 号），这是高校辅导员队伍建设的纲领性文件。文件再次强调辅导员队伍建设的重要性，规定了普通高等学校辅导员队伍的要求和职责、配备与选聘、培养与发展等事项，指出"辅导员是高等学校教师队伍和管理队伍的重要组成部分，具有教师和干部的双重身份。辅导员是开展大学生思想政治教育的骨干力量，是高校学生日常思想政治教育和管理工作的组织者、实施者和指导者。辅导员应当努力成为学生的人生导师和健康成长的知心朋友"；明确了辅导员选聘应当坚持三标准，即"政治强、业务精、纪律严、作风正；具备本科以上学历，德才兼备，乐于奉献，潜心教书育人，热爱大学生思想政治教育事业；具有相关的学科专业背景，具备较强的组织管理能力和语言、文字表达能力，接受过系统的上岗培训并取得合格证书"。辅导员选聘工作要在高等学校党委统一领导下，采取

---

① 教育部：教育部关于加强高等学校辅导员班主任队伍建设的意见，http://www.moe.gov.cn/srcsite/A12/moe_1407/s3017/200501/t20050113_76797.html.

组织推荐和公开招聘相结合的方式进行。专职辅导员可兼任学生党支部书记、院（系）团委（团总支）书记等相关职务，并可承担思想道德修养与法律基础、形势政策教育、心理健康教育、就业指导等相关课程的教学工作。

有关辅导员的培养与发展，高校设置了与专职辅导员相应的教师职务岗位、单列专业技术职务聘任、行政待遇等倾斜政策；将辅导员的培养纳入高等学校师资培训规划和人才培养计划，使其享受与专任教师培养同等的待遇；鼓励、支持辅导员结合大学生思想政治教育的工作实践和思想政治教育学科的发展开展研究；选拔优秀辅导员参加国内国际交流、考察和进修深造；支持攻读相关专业学位，鼓励和支持他们成为思想政治教育工作方面的专门人才。省、自治区、直辖市教育行政部门建立辅导员培训和研修基地，对辅导员进行思想政治教育、时事政策、管理学、教育学、社会学和心理学及就业指导、学生事务管理等方面的专业化辅导与培训，开展与辅导员工作相关的科学研究等①。

加强辅导员培训工作是提升辅导员工作水平的重要保障，是加强辅导员队伍建设的重要举措。2006 年 7 月，教育部制定与实施了《2006—2010年普通高等学校辅导员培训计划》（教思政厅〔2006〕2 号），要求高校辅导员培训"以马克思列宁主义、毛泽东思想、邓小平理论和'三个代表'重要思想为指导，坚持科学发展观，深入贯彻落实中央 16 号文件、全国加强和改进大学生思想政治教育工作会议和全国高校辅导员队伍建设工作会议精神"，坚持"理论联系实际，突出专业特点；注重区分层次，力求科学施教；注重系统规划，保证培训质量；注重研究借鉴，创新培训机制四大原则，明确培训目标为以教育部举办的全国辅导员骨干示范培训为龙头，以辅导员培训和研修基地举办的培训为重点，以高校举办的系统培训为主体，与学习考察、学位进修、科学研究、研讨交流等多种形式相结合，构建分层次、多形式的培训体系"②。逐步建立辅导员持证上岗制度，2006 年起参加工作的专职辅导员必须取得高等学校辅导员培训证书方能上岗。到 2010 年，完成辅导员的轮训工作，使辅导员队伍整体素质有明显提高，培养和造就 1000 名在思想政治教育方面有一定国内影响的专家。

为落实中央和教育部的有关文件精神和要求，从中央到地方均将此作

---

① 教育部：普通高等学校辅导员队伍建设规定（教育部令第 24 号），2006 年 7 月 23 日，http://www.moe.gov.cn/srcsite/A02/s5911/moe_621/200607/t20060723_81843.html.

② 教育部思想政治工作司：《加强和改进大学生思想政治教育重要文献选编（1978—2008）》，北京：中国人民大学出版社，2008 年，第 496-498 页。

为一项重大的政治任务来对待，全国各地教育厅、高校工委纷纷在省内召开相关工作会议，布置落实专项基金的设立、培训计划的实施、培训和研修基地的建设、辅导员网站的开通、岗位交流机制的探索、上岗持证制度的实施等。各高校响应号召，积极探索，认真落实，大力加强和推进了辅导员队伍建设，为我国高校辅导员制度的不断发展和完善提供了很好的思路和做法。

文件对建设分层递进的辅导员培训和研修基地、建立科学规范的基地管理机制、合理规划基地的培训规模、重视精品教材和课程建设、建设高水平的师资队伍、实施高校辅导员继续攻读学位计划、设立一批高校辅导员出国研修项目和探索高校辅导员培训的多种形式等主要任务提出了具体的实施要求，明确了建立辅导员培训质量评估制度、保证辅导员培训经费的投入和切实加强组织领导等三项保障措施。

2006年是高校辅导员在职攻读硕士学位工作开展的第一年，为实施高校辅导员继续攻读学位计划，9月26日教育部思想政治工作司和学位管理与研究生教育司在京联合召开了辅导员在职攻读硕士学位工作协调会。会议指出："辅导员队伍是重要的人才队伍，加强这支队伍建设，应列入高校党委行政工作的重要议事日程，放在同教学、科研、管理队伍建设同等重要的位置。"会议研讨认为："在课程设置上，要以提高辅导员的思想政治素质和专业素质为目标，建设以思想政治教育专业课为主、融合其他相关学科的课程体系，将基础课程、应用课程和技能课程相结合。在培养方式上，要努力探索促进理论学习与实际运用相得益彰的模式，安排集中授课，增加实践环节。"会议最后强调，实施辅导员继续攻读学位计划是加强高校辅导员队伍建设的重要举措，意义重大，辅导员在职攻读博士学位工作也即将启动①。

为加强高校辅导员培训工作，提高辅导员工作水平，落实《普通高等学校辅导员队伍建设规定》和《2006—2010年普通高等学校辅导员培训计划》，教育部确定了第一批教育部高校辅导员培训和研修基地名单（共21个），江苏的南京师范大学榜上有名②。

① 教育部思想政治工作司：教育部思政司关于印发《辅导员在职攻读硕士学位工作协调会会议纪要》的通知（教思政司函〔2006〕33号），2006年11月7日，http://www.moe.gov.cn/srcsite/A12/moe_1407/s3017/200611/t20061107_76802.html.

② 教育部办公厅：教育部办公厅关于公布第一批教育部高校辅导员培训和研修基地名单的通知（教思政厅函〔2007〕38号），2007年7月25日，http://www.moe.gov.cn/srcsite/A12/moe_1407/s3017/200707/t20070725_76793.html.

为深入学习贯彻党的十七大精神，进一步推动中央 16 号文件精神的贯彻落实，加强高校辅导员队伍建设，交流各地各高校辅导员队伍建设的做法和经验，展示近年来辅导员队伍建设的工作成果，推动全国高校辅导员创新工作理念、提升综合素质、增强育人能力，不断开创大学生思想政治教育工作新局面，2008 年 2 月教育部思想政治工作司在上海复旦大学举办全国高校辅导员工作论坛。论坛以辅导员工作创新为主题，展示了近年来加强辅导员队伍建设取得的进展和当代高校辅导员的精神风貌，反映了加强大学生思想政治教育工作的创新成果，对专职辅导员身份进行了界定。

中国高等教育学会辅导员工作研究分会（简称全国高校辅导员工作研究会）2008 年 7 月 10 日在山东大学依法登记成立，隶属于中国高等教育学会的全国性学术团体。研究分会旨在团结全国高校辅导员工作队伍，加强理论探索和学术研究，交流工作经验，总结工作规律，提升高校辅导员研究水平和实际能力，打造政治强、业务精、纪律严、作风正的高校辅导员队伍，为我国高校辅导员职业化、专业化建设服务，为进一步加强和改进大学生思想政治教育工作服务，标志着专业性组织的建立。

为全面了解各地各高校贯彻落实《普通高等学校辅导员队伍建设规定》（教育部令第 24 号）、《2006—2010 年普通高等学校辅导员培训计划》（教思政厅〔2006〕2 号）精神情况，了解全国高校辅导员队伍的构成状况，进一步推动中发〔2004〕16 号文件精神的深入贯彻落实，加强和改进大学生思想政治教育，教育部分别于 2008 年 10—11 月和 2011 年 3—4 月在全国普通高等学校中开展辅导员队伍建设情况自查工作，全面了解全国高校辅导员队伍的构成状况，特别是在贯彻落实《普通高等学校辅导员队伍建设规定》《2006—2010 年普通高等学校辅导员培训计划》中采取的新举措、出台的新政策、积累的新经验、推进工作的新典型，在贯彻落实中存在的主要问题和问题产生的原因，以及对进一步加强此项工作的意见和建议。

2009 年全国高校辅导员培训与研修专业性教材丛书出版。

2010 年实施的《关于进一步加强和改进大学生心理健康教育的意见》，指出高校所有教职员工都负有教育引导大学生健康成长的责任。"要重视大学生思想政治教育工作人员，特别是辅导员和班主任在大学生心理健康教育中的重要作用，加强培训，使他们了解和掌握心理健康教育的基本知识和方法，帮助大学生处理好学习成才、择业交友、健康生活等方面遇到的具体问题，提高思想政治教育的针对性和实效性。"①

2012年在全国广泛征集高校辅导员誓词并征求意见，随之职业技能大赛等高校辅导员活动也得以相继开展。

2013年教育部党组按照《关于进一步加强和改进大学生思想政治教育的意见》和《普通高等学校辅导员队伍建设规定》要求，深入贯彻落实党的十八大精神，全面落实教育规划纲要，进一步提高辅导员培训质量，推进辅导员队伍建设。颁布实施的《2006—2010年普通高等学校辅导员培训计划》，旨在大幅提升辅导员思想政治素质、职业素养、业务水平，为大学生思想政治教育的科学发展提供了有力支撑。规划"以促进辅导员专业化、职业化和可持续发展为导向，以构建完善的培训体系为基础，以提高培训能力为重点，以创新培训方式为手段，以提高培训质量为目标，努力造就一支政治强、业务精、纪律严、作风正的高水平辅导员队伍"，实现高校辅导员整体素质全面提升。"辅导员理想信念更加坚定，育人能力显著提高，作风修养持续提升，共同职业目标和价值追求进一步深化，培养社会主义建设者和接班人的自觉性坚定性不断增强。"培训内容突出思想政治理论教育、专业素养提升、职业能力培养，另外还有大学生党建工作培训、学生事务管理培训、心理健康教育培训、运用网络能力培训、职业生涯规划培训等，要求"新任辅导员上岗前要参加不少于40个学时的岗前培训，辅导员在岗期间每年要参加不少于16个学时的在岗培训"。积极推进辅导员学历提升，继续选拔辅导员在职攻读思想政治教育专业博士学位，到2017年在职攻读思想政治教育专业博士学位的辅导员总数达到1000名②。

2014年高校辅导员职业能力标准（试行稿）颁布，高校辅导员访问学者计划推出。

2017年，中共教育部党组印发《高校思想政治工作质量提升工程实施纲要》（教党〔2017〕62号）要求："加强专门力量建设，推动中央关于高校思想政治工作队伍和党务工作队伍建设的政策要求和量化指标落地。大力培育领军人才，在'长江学者奖励计划'中，加大对思想政治教

---

① 教育部 卫生部 共青团中央：教育部 卫生部 共青团中央关于进一步加强和改进大学生心理健康教育的意见（教社政〔2005〕1号），2010年1月13日，http://www.moe.gov.cn/srcsite/A12/s7060/201001/t20100113_179047.html.

② 中共教育部党组：中共教育部党组关于印发《普通高等学校辅导员培训规划（2013—2017年）》的通知（教党〔2013〕9号），2013年5月6日，http://www.moe.gov.cn/srcsite/A12/moe_1407/s3017/201305/t20130506_151815.html.

育相关领域高层次人才倾斜支持力度。加大培养培训力度，开展高校思想政治工作队伍国家示范培训，遴选骨干队伍参加海内外访学研修、在职攻读博士学位。强化项目支持引领，实施'高校思想政治工作中青年杰出人才支持计划'，支持出版理论和实践研究专著，培育一批高校思想政治工作精品项目，建设一批高校思想政治工作名师工作室。"这为作为其中一分子的高校辅导员的自身发展和队伍建设提出了明确的要求①。

2017年8月31日经教育部2017年第32次部长办公会议修订通过的《普通高等学校辅导员队伍建设规定》指出："辅导员是开展大学生思想政治教育的骨干力量，是高等学校学生日常思想政治教育和管理工作的组织者、实施者、指导者。辅导员应当努力成为学生成长成才的人生导师和健康生活的知心朋友。"高校要切实加强辅导员队伍专业化职业化建设，"把辅导员队伍建设作为教师队伍和管理队伍建设的重要内容，整体规划、统筹安排，不断提高队伍的专业水平和职业能力，保证辅导员工作有条件、干事有平台、待遇有保障、发展有空间"。文件规范了辅导员主要工作职责和要求，提出了辅导员选聘基本条件即素质要求，具体是：（1）具有较高的政治素质和坚定的理想信念，坚决贯彻执行党的基本路线和各项方针政策，有较强的政治敏锐性和政治辨别力；（2）具备本科以上学历，热爱大学生思想政治教育事业，甘于奉献，潜心育人，具有强烈的事业心和责任感；（3）具有从事思想政治教育工作相关学科的宽口径知识储备，掌握思想政治教育工作相关学科的基本原理和基础知识，掌握思想政治教育专业基本理论、知识和方法，掌握马克思主义中国化相关理论和知识，掌握大学生思想政治教育工作实务相关知识，掌握有关法律法规知识；（4）具备较强的组织管理能力和语言、文字表达能力，以及教育引导能力、调查研究能力，具备开展思想理论教育和价值引领工作的能力；（5）具有较强的纪律观念和规矩意识，遵纪守法，为人正直，作风正派，廉洁自律。文件要求高校对辅导员的发展与培训制定专门办法和激励保障机制，落实专职辅导员职务职级"双线"晋升要求，进而推动辅导员队伍专业化职业化建设。

此次《普通高等学校辅导员队伍建设规定》修订出台，在回应了广大高校辅导员的实际关切的同时，也着力解决高校辅导员队伍建设存在的重点难点问题。新时期推动高校辅导员队伍建设体现了习近平总书记重要讲

---

① 中共教育部党组：中共教育部党组关于印发《高校思想政治工作质量提升工程实施纲要》的通知（教党〔2017〕62号），2017年12月5日，http://www.moe.gov.cn/srcsite/A12/s7060/201712/t20171206_320698.html。

话精神，特别是总书记关于坚持正确政治方向、提高学生思想政治素质、提升工作能力和水平、坚持党的领导等方面的重要论述和全国高校思想政治工作会议精神，体现了《关于加强和改进新形势下高校思想政治工作的意见》对加强高校思想政治工作队伍建设新做出的具体安排，这是新时期辅导员队伍建设的重要法规。

《普通高等学校辅导员队伍建设规定》强调，高校应按总体师生比不低于1∶200的比例设置专职辅导员岗位，要坚持"同工同酬"原则，保证高校辅导员人事聘用要参照专任教师聘任的待遇和保障，进一步明确了高校辅导员配备选聘的相关要求。《普通高等学校辅导员队伍建设规定》要求高校要把辅导员培训纳入师资队伍和干部队伍培训整体规划，建立国家、省级和高等学校三级辅导员培训体系，确保每名专职辅导员每年参加不少于16个学时的校级培训，每5年参加1次国家级或省级培训，进一步明确了高校辅导员队伍的专业培训要求。《普通高等学校辅导员队伍建设规定》对高校制定辅导员队伍激励保障机制，实现专职辅导员职务职称"双线"晋升等提出了明确要求，强调专职辅导员职务（职称）晋升要单列计划、单设标准、单独评审，要注重考查工作业绩和育人实效的方向，要将优秀网络文化成果纳入专职辅导员的科研成果统计、职务（职称）评聘范围，进一步明确了高校专职辅导员队伍的发展通道。

一方面《普通高等学校辅导员队伍建设规定》是高校辅导员队伍建设的基本依据；另一方面高校要紧密结合实际，研究并贯彻落实《普通高等学校辅导员队伍建设规定》的具体实施细则。高校辅导员要准确把握《普通高等学校辅导员队伍建设规定》主要内容，把《普通高等学校辅导员队伍建设规定》作为提高自身专业水平和职业能力的行为准则，敬业爱生，潜心育人，切实提高工作能力和工作水平[①]。

为深入学习贯彻习近平新时代中国特色社会主义思想和党的十九大精神，全面贯彻落实全国高校思想政治工作会议精神和《关于加强和改进新形势下高校思想政治工作的意见》要求，推动高校思想政治工作专门力量建设，切实培养一支高质量、高水准的高校辅导员队伍。经研究，教育部决定继续组织开展"全国高校辅导员年度人物"推选展示活动，选树一批辅导员先进人物，宣传一批辅导员典型事迹，充分发挥引领示范和辐射带动作用，以引领广大高校辅导员增强素质能力，提升专业水平，提高工作

---

① 教育部：普通高等学校辅导员队伍建设规定（教育部令第43号），2017年9月29日，http://www.moe.gov.cn/srcsite/A02/s5911/moe_621/201709/t20170929_315781.html.

质量。

　　为进一步加强高校思想政治工作队伍建设，按照《关于进一步加强和改进新形势下高校思想政治工作的意见》《普通高等学校辅导员队伍建设规定》的要求，教育部决定在 2020 年继续实施高校思想政治工作骨干在职攻读博士学位专项计划。

　　2020 年，教育部等八部门发布《关于加快构建高校思想政治工作体系的意见》（教思政〔2020〕1 号）指出，为深入贯彻落实习近平新时代中国特色社会主义思想，加快构建高校思想政治工作体系，打造高素质思想政治工作和党务工作队伍，严格落实中央关于高校思想政治工作和党务工作队伍配备的各项指标性要求，完善高校专职辅导员职业发展体系，建立职级、职称"双线"晋升办法，学校应当结合实际情况为专职辅导员专设一定比例的正高级专业技术岗位；应参照校内管理岗位比例，依据国家有关规定，建立完善高校专职辅导员管理岗位（职员等级）晋升制度；对长期从事辅导员工作、表现优秀的，按照国家有关规定给予奖励。各高校要切实履行辅导员选聘工作的主体责任，按照专兼结合、以专为主的原则加强辅导员选配工作，不得用劳务派遣、人事代理等方式聘用辅导员。要持续提升思想政治工作和党务工作队伍素质能力和专业水平，实施思想政治工作中青年骨干队伍建设项目，组织开展国家示范培训、海内外访学研修、在职攻读硕士博士学位等专项计划。要因地制宜设置辅导员岗位津贴，将其纳入绩效工资管理，相应核增学校绩效工资总量。按照在校生总数每生每年不低于 20 元的标准，设立思想政治工作和党务工作队伍建设专项经费①。

　　这一系列文件的出台及一系列实践育人的突破，更进一步规定了高校辅导员队伍建设的主旨内容、活动载体及成效检查等。由此，高校辅导员队伍专业化建设和发展进入了一个崭新的时期。

---

　　①　教育部等八部门：教育部等八部门关于加快构建高校思想政治工作体系的意见（教思政〔2020〕1 号），2020 年 4 月 28 日，http://www.moe.gov.cn/srcsite/A12/moe_1407/s253/202005/t20200511_452697.html.

第二章

高校辅导员素质的内涵及建设原则

第一节　高校辅导员素质的内涵

一、素质的内涵

"素质"一词最早出现于晋代张臧先的《盛志诗》当中，其最初的意思是"事物的本来质量或者品质"。在现代汉语中，素质的内涵得到了极大地丰富。《现代汉语词典》中将"素质"定义为：事物本来的性质；素养；心理学上指人的神经系统和感觉器官上的先天的特点①。《辞海》中有关于素质的定义是："人或事物在某些方面的本来特点和原有基础。在心理学上，指人的先天的解剖心理特点，主要是感觉器官和神经系统方面的特点。是人的心理发展的主要生理条件，但不能决定人的心理内容和发展水平。"② 心理学将素质的最初之意具体化为人的先天解剖生理特点，它强调了素质是人的一种先天的禀赋。如《心理学辞典》中所指出的："素质是禀赋、天资、天赋，个体与生俱来的解剖生理特点，包括脑和神经系统的结构和机能特征，感觉器官、运动器官、身体的结构和机能特征等。研究认为，可能包括脑和感觉器官的微观结构、大脑皮层细胞群的配置、神经细胞层的结构、神经类型特征等。主要由遗传决定，亦受胎儿期母体内外环境的影响。关于其与能力的关系有两种假设：一是把素质与脑和感官的微观结构相联系，认为有可能发现天资高的人神经组织所特有的形态和功能特点；二是把素质与神经过程的特点（强度、平衡性、灵活性）相联系，认为能力与高级神经活动类型有关，故素质是能力发展的天赋基础和其他心理特征形成与表现的自然条件，高级神经活动类型是人的气质的生物基础，并与性格特征有明显联系。"袁贵仁在《人的素质论》一书中指出："素质是在人的先天生理基础上、经过后天教育和社会环境

---

① 《现代汉语词典》，北京：商务印书馆，1998 年，第 1204 页。
② 《辞海》，上海：上海辞书出版社，1987 年，第 1222 页。

的影响，由知识内化而形成的相对稳定的心理品质。"① 与心理学的研究不同，教育学、人才学等领域的研究将素质定义的内涵和外延进行了扩展。例如，孟东方在《高校辅导员学》中指出，素质就是以个体先天所具备的遗传基因为基础，通过后天不断的教育实践和生长环境的潜移默化而逐渐形成的，完成某些活动所必要的重要品质或者能力②。

对于人的素质的研究，多数理论研究以素质的结构分析作为切入点，而且不同的研究者对于素质结构的分析角度也有所不同。一些学者认为人的素质具有层次性的结构，他们把人的素质发展的身心基础与外在表现联系起来，将人的素质分为生理素质、心理素质和社会文化素质三类。生理素质是指在先天遗传性和后天获得性的基础上所表现出来的人体形态结构与生理机能的相对稳定的结合状况或特征。心理素质是指人的个性心理品质，包括智力因素和非智力因素。智力因素主要有感觉、知觉、观察、注意、记忆、思维等方面，非智力因素包括动机、兴趣、情感、性格等方面。社会文化素质包括了人在后天习得的科学文化素质、思想道德素质、劳动技能素质、审美素质等。另外一种素质结构的分析角度更具有普遍性，其从人的发展与社会发展的结合上来分析人的素质结构组成。例如将人的素质分为思想政治道德素质、科学文化素质、身体健康素质、心理健康素质等。这种分析角度着重于分析人的素质教育研究，具有一般性。对于具体的教育对象和特定的社会群体，还需要具体分析其素质的要求，而且，从人的素质发展的研究指向而言，还需要分析素质的构成依据和构成要素。

二、高校辅导员素质构成依据

研究高校辅导员素质构成是研究高校辅导员素质所不能忽视的重要问题，需要依据党和国家相关文件的精神与指向。

2014年教育部印发了《高等学校辅导员职业能力标准（暂行）》（以下简称《标准》），从职业守则、职业知识、职业功能、能力要求和相关理论、指示要求等方面构建了高校辅导员队伍的能力标准体系。《标准》中所提出的思想政治教育、党团和班级建设、学业指导、日常事务管理、心理健康教育与咨询、网络思想政治教育、危机事件应对、职业规划与就业指导、理论和实践研究等九个方面的能力成为学界研究高校辅导员素质

---

① 袁贵仁：《人的素质论》，北京：中国青年出版社，1993年，第12-21页。
② 孟东方：《高校辅导员学》，北京：人民出版社，2019年，第291页。

的基本依据。自从 2014 年《标准》实施以来，高校辅导员的职业地位和职业公信力得到了提升，高校辅导员对于岗位的职业认同和职业信心也得到了增强，同时《标准》也为高校辅导员主动提高自身的素质提供了路径和方向。

2017 年教育部第 43 号令《普通高等学校辅导员队伍建设规定》，对辅导员的职业道德、专业素养和职业能力重新进行了界定，对辅导员应具备的职业素质和职业能力进行了更为具体的概括。就高校辅导员的具体工作内涵而言，其主要涉及九项职业能力，包括思想理论教育和价值引领能力、党团和班级建设能力、学风建设能力、学生日常事务管理能力、心理健康教育与咨询工作能力、网络思想政治教育能力、校园危机事件应对能力、职业规划与就业创业指导能力、理论和实践研究能力等。

三、高校辅导员素质构成要素

高校辅导员的素质主要包括专业知识、职业能力和事业品格三个方面的内容。

（一）高校辅导员的专业知识

高校辅导员是一个具有很强的技术性的岗位，工作定位是做好当代大学生的思想政治教育工作。落实到具体的实践中，就是要做好当代大学生的教育引导工作、事务管理工作和发展辅导工作。这就要求高校辅导员应当建立起一套以思想政治教育学科为主要依托，包含马克思主义基本原理、政治学、管理学、心理学、社会学、伦理学、人才学在内的全面的知识结构体系。

在高校辅导员的专业知识结构中，马克思主义的基本原理和马克思主义中国化的最新理论成果是最为重要的理论基础。马克思主义是我们党和国家的根本指导思想，马克思主义基本原理是马克思主义科学体系的基本内容。高校辅导员必须认真、深入地学习和理解辩证唯物主义和历史唯物主义观点、阶级观点、实践观点、劳动观点、群众观点，以及关于人的本质和人的全面发展的理论、关于社会存在和社会意识辩证关系的理论、关于科学社会主义思想的传播与灌输的理论、关于无产阶级政党建设的理论、关于青年教育的理论等。

高校辅导员在学习马克思主义基本原理时，必须要结合学习马克思主义中国化的理论成果。马克思主义中国化就是把马克思主义基本原理同中国具体实际和时代特征结合起来，运用马克思主义的立场、观点、方法研究和解决中国革命、建设、改革中的实际问题；就是总结和提炼中国革命、建设、改革的实践经验，从而认识和掌握客观规律，为马克思主义理论宝库增添新的内容；就是运用中国人民喜闻乐见的民族语言来阐述马克思主义理论，使之成为具有中国特色、中国风格、中国气派的马克思主义。马克思主义中国化的历史进程中，实现了两次历史性飞跃，产生了毛泽东思想和中国特色社会主义理论体系两大理论成果。中国特色社会主义理论体系就是包括邓小平理论、"三个代表"重要思想、科学发展观、习近平新时代中国特色社会主义思想在内的科学理论体系。这一理论体系紧密结合我国改革发展实际，紧密结合新的时代条件，既生动而具体地坚持了马克思列宁主义、毛泽东思想，又生动而具体地发展了马克思列宁主义、毛泽东思想，赋予马克思主义新的鲜活力量，写出了科学社会主义的"新篇章"。高校辅导员在学习马克思主义中国化的理论成果时要全面把握中国特色社会主义进入新时代的新要求，更好地把握国内外形势发展变化，更好地贯彻党的理论和路线方针政策。高校辅导员要全面学习贯彻习近平新时代中国特色社会主义思想，自觉运用理论指导实践，使自己的各方面工作更符合客观规律的要求。

高校辅导员的专业结构中，现代思想政治教育学的理论和方法是主干内容。高校辅导员要认真学习思想政治教育基本理论、思想政治教育发展史、思想政治教育方法理论、思想政治教育管理理论，掌握思想政治教育的目的和任务，了解思想政治教育的过程及其规律，把握思想政治教育的原则，懂得思想政治教育的方法和艺术，从而为开展新媒体时代的大学生思想政治教育工作打下坚实的理论基础。

除此以外，高校辅导员还需要不断学习大学生思想政治教育相关学科的理论知识和方法。高校辅导员的工作是一项包括教学、管理和服务在内的综合性的工作。这就要求高校辅导员要学习借鉴许多相关学科的知识和方法。在思想政治教育学科发展的知识借鉴层面，高校辅导员需要学习政治学、管理学、心理学、社会学、伦理学、人才学等学科的有关知识和理论。在大学生思想政治教育和高校辅导员工作专业化的层面，首先，高校辅导员需要学习教育管理理论、教育经济学、教育法学等知识理论，熟悉我国高等教育管理的发展历程。其次，高校辅导员要掌握应用心理学和社会学的相关理论，并能应用于具体的实践当中。再次，高校辅导员要掌握职业发展辅导的知识和方法。高校辅导员要具备指导学生职业生涯规划的知识，熟悉我国的经济社会发展形势，了解国家就业创业方面的最新政策，掌握职业生涯规划测评工具的使用方法，努力增强自身指导大学生职业生涯规划的能力。高校辅导员要积极营造良好的职业生涯规划氛围，将职业生涯规划与学生的大学四年学习生活实践相结合，提升他们未来职业发展和人生发展的针对性。同时，高校辅导员要帮助大学生树立正确的就业观和择业观，引导他们自觉将个人发展与祖国的需要紧密结合起来。心系祖国，不畏艰难，做到与祖国和人民共命运、齐奋斗、同发展，为国家和人民建功立业，在报效国家的过程中成就自己的事业，用自己的青春梦想点燃中国梦，用中国梦来激发青春梦想，使自己的青春梦想在中国梦里熠熠生辉、绽放光彩。最后，高校辅导员要掌握包括《中华人民共和国教育法》《中华人民共和国高等教育法》《中华人民共和国教师法》《中华人民共和国学位条例》《普通高等学校管理规定》《国家教育考试违规处理办法》《学生伤害事故处理办法》等与大学生思想政治教育相关的法律法规条文规定。

（二）高校辅导员的职业能力

教育部在《普通高等学校辅导员队伍建设规定》（教育部令第 43 号）中对高校辅导员的工作要求和岗位职责做了详细的规定。高校辅导员的工作要求是：恪守爱国守法、敬业爱生、育人为本、终身学习、为人师表的职业守则；围绕学生、关照学生、服务学生，把握学生成长规律，不断提高学生思想水平、政治觉悟、道德品质、文化素养；引导学生正确认识世界和中国发展大势、正确认识中国特色和国际比较、正确认识时代责任和历史使命、正确认识远大抱负和脚踏实地，成为又红又专、德才兼备、全面发展的中国特色社会主义合格建设者和可靠接班人。按照这些工作要求，高校辅导员需要履行思想理论教育和价值引领、党团和班级建设、学风建设、学生日常事务管理、心理健康教育与咨询工作、网络思想政治教育、校园危机事件应对、职业规划与就业创业指导及理论和实践研究等九项岗位职责。高校辅导员的工作要求和岗位职责具体决定了高校辅导员必须具备较强的职业能力。

第一，交流能力。高校辅导员工作是围绕着与大学生的交流展开的，这就需要高校辅导员具有以下能力：首先是观察能力。高校辅导员要能够及时、准确地发现学生在思想、情绪、行为上的变化，掌握学生思想变化的规律和影响因素，做到见微知著、有的放矢。其次是表达能力。高校辅导员在与人沟通时要能够做到用精练的语言把事物的核心思想表达清楚，让别人能够理解。并且，高校辅导员在不同的场合要能够选择合适的语言表达方式。例如，在与学生的日常交流中，语言可以风趣幽默一些，以便更好地和学生打成一片；而在一些需要严肃的场合，例如举行学风建设的班会时，语言就要相对严肃，与场合保持一致。再次是沟通能力。高校辅导员的主要任务之一就是做学生的思想政治工作，这对高校辅导员的沟通能力提出了比较高的要求。由于学生的家庭背景、性格、成长环境不同，所以需要高校辅导员以不同的姿态和他们进行沟通。同时，新媒体时代大学生具有比较强的自我意识，这就需要高校辅导员善于站在学生的角度思考问题，善于积极地倾听，加强与学生的情感联系。只有这样，才能得到学生的信任，了解学生的真实想法，从而达到有效沟通的目的。

第二，组织管理能力。高校辅导员在工作中面临着大量的日常性、综合性的工作事务，其组织管理能力直接影响工作效率的高低。高校辅导员的组织管理能力主要包括以下五个方面的内容：第一，计划能力。高校辅导员要具有确定目标并制定出实现目标的规范的能力。第二，组织实施能力。高校辅导员要能够有效地组织人力、物力和财力去实现既定的目标。第三，判断能力。高校辅导员要能够对成败、得失、优劣及时准确地做出综合判断，对于出现的非常规情况能够及时应变。第四，指导能力。高校辅导员要能够适时对学生干部进行指导，帮助他们提高工作能力。第五，平衡协调能力。即高校辅导员能够科学协调所带班级内部存在的各种矛盾，使之处于最佳状态。

第三，突发事件处理能力。"高校是人群密集的地方，大量青年学生聚集，他们的思想活跃，具有爱国、民主意识强和容易冲动等特点"，这就使得高校经常会出现突发事件和危机事件。高校辅导员在日常的工作生活中要做有心人，积累生活经验，提高思想的敏感性。同时，要制定好突发事件的处理流程，研究学生突发事件典型案例，从而提高自己处理突发事件的能力。高校辅导员还要培养和提高自己审时度势、灵活反应、当机立断的能力，在遇到突发性事件时，能够做到处变不惊，沉着应对，果断处置。

第四，理论研究能力。思想政治教育是一门科学性与价值性相统一、实践性极强的学科。思想政治教育在形成和发展的过程中，大学生思想政治教育始终是其研究的重点领域。进入新媒体时代，高校思想政治教育面临许多新情况和新问题，这就导致学生工作实践快速发展而理论研究相对滞后的情况出现。2017年12月4日中共教育部党组印发的《高校思想政治工作质量提升工程实施纲要》（教党〔2017〕42号）指出："发挥科研育人功能……引导师生树立正确的政治方向、价值取向、学术导向，培养师生至诚报国的理想追求、敢为人先的科学精神、开拓创新的进取意识和严谨求实的科研作风。"① 高校辅导员必须努力提高自身的理论研究能力，

---

① 中共教育部党组：中共教育部党组关于印发《高校思想政治工作质量提升工程实施纲要》的通知，http://www.moe.gov.cn/srcsite/A12/s7060/201712/t20171206_320698.html.

以便更好地指导新媒体时代的大学生思想政治教育工作。

高校辅导员工作在大学生思想政治教育的一线，鲜活的工作生活、丰富的感性认识、深入的思考体验为其进行理论研究提供了可能。高校辅导员首先要具备科学研究的能力。一方面，高校辅导员要树立"问题意识"，善于发现实践过程中的问题，并进行深入的研究；另一方面，高校辅导员要用正确的理论指导自己的科学研究。其次，高校辅导员可以结合自身工作的需要和个人的特长，在党团建设、学习成才发展、人际交往和社会适应、网络行为的规范和引导、心理健康教育、危机预警与应对、就业创业教育、职业生涯规划等领域，着重选择一个或几个方面进行深入研究，不断提高自身理论研究能力。再次，高校辅导员要不断积累，努力使自己成为特定研究领域能胜任重大任务、解决重要问题的行家里手，并不断在新的高度继续发展自己的理论研究创新能力。

第五，信息技术能力。当前，互联网已经成为高校思想政治工作的主战场，"网络+教学""网络+科研""网络+生活"已经成为高校师生学习工作生活的常态，微博、微信、论坛等网络社交平台已成为高校思想政治舆情酝酿发酵的源头。传统教育引导方式面临网络新媒体的挑战，网络思想政治工作形势复杂而严峻。2017年12月4日中共教育部党组印发的《高校思想政治工作质量提升工程实施纲要》（教党〔2017〕42号）指出："大力推进网络教育……推动思想政治工作传统优势同信息技术高度融合，引导师生强化网络意识，树立网络思维。"[①] 为此，面对当代大学生"无人不网、无日不网、无处不网"的新趋势，高校辅导员必须具备较强的信息技术能力，要熟练运用各种网络技术，努力使自己成为网络环境下信息交流的行家里手。只有这样，才能及时发现、解决网络上出现的思想问题，做好网络舆情的引导工作，增强网络思想政治教育的话语权和主动权。高校辅导员要积极推动思想政治工作传统优势同信息技术的高度融合，要善于使用新媒体时代大学生喜闻乐见的语言和易于接受的方式，通过视频、动画、游戏甚至虚拟现实等技术手段对大学生进行网络思想政治教育，以帮助他们更好地成长成才。

（三）高校辅导员的事业品格

第一，热爱学生，尊重学生。马克思在《青年在选择职业时的考虑》中指出："一个选择了自己所珍视的职业的人，一想到他可能不称职时就

---

① 中共教育部党组：中共教育部党组关于印发《高校思想政治工作质量提升工程实施纲要》的通知，http://www.moe.gov.cn/srcsite/A12/s7060/201712/t20171206_320698.html.

会战战兢兢——这种人单是因为他在社会上所处的地位是高尚的，他也就会使自己的行为保持高尚。""在选择职业时，我们应该遵循的主要指针是人类的幸福和我们自身的完美。"高校辅导员是学生的人生导师和知心朋友，他的首要职业道德就是热爱学生。爱是教育的灵魂，没有爱就没有教育。"感人心者，莫先乎情"，高校辅导员在长期的学生工作中与学生培养的情感，经过日积月累成为一种对学生深厚的情感。无数实践证明，正是由于高校辅导员对学生的热爱，才使得高校辅导员能够拉近与学生的距离，滋润了学生的心田，使自己成为学生的好朋友、贴心人，从而对学生的思想成长、身心发展产生了很大影响。高校辅导员要培育爱、激发爱、传播爱，要做到贴近实际、贴近生活、贴近学生。要关心学生的学习，帮助他们取得学业上的进步；要关心学生的生活，帮助他们解决生活上的困难；要呵护学生的心理健康，帮助他们正确面对成长路上的曲折；要引导学生的人际交往，帮助他们建立健康的群体归属；要关心学生的情感世界，帮助他们处理好学业与爱情的关系。高校辅导员对学生的热爱体现在学习生活实践中的点点滴滴，连接了师生的心灵，拉近了师生之间的距离。

第二，严于律己，为人师表。"学深为师，品正为范。""师者，人之模范也。"教师的道德素质和知识水平对自身的行为有着重要的影响，更会通过课堂教学、日常交往、课后沟通等各种途径不知不觉地影响学生的行为方式和道德素养。高校辅导员要想做好学生的思想政治教育工作，严于律己、为人师表尤为重要。我国传统道德教化一直认为身教重于言教。"其身不正，虽令不行；以身教者从，以言教者讼。"教育者自身不正，即使是三令五申，别人也不会听从。而以自身的行动教育别人，大家则会真心接受。作为和学生接触最多的大学老师、高校辅导员的言行举止潜移默化地影响着大学生。教育者要先受教育，正人必先正己，育人必先育己。高校辅导员做的是正人的工作，教育者只有先受教育，才能有思想觉悟的提高、感同身受的体验和不令而行的示范效应。高校辅导员要言行一致、表里如一，要求学生做到的，自己先做到，甚至做得更好。只有这样，才能让学生信服，从而获得知行相统一的强大动力。善于自省、见贤思齐是严格要求自己、提升自身修养和人格魅力的有效途径。高校辅导员在日常的工作生活中要做到见贤思齐、善于自省，以自身为"教具"，让社会主义社会公德、职业道德、家庭美德和个人品德具象化、亲切化，树榜样、立规矩，用心灵影响心灵、用灵魂碰撞灵魂、用行为带动行动。

第三，忠于职守，甘于奉献。一方面，高校辅导员要做到忠于职守，爱岗敬业，尽心尽力地完成工作岗位所赋予自己的各项职责。高校辅导员，其忠于职守的关键是要积极贯彻党和国家的教育方针，教育引导学生正确认识世界和中国发展大势，正确认识中国特色和国际形势，正确认识时代责任和历史使命，正确认识远大抱负和脚踏实地，帮助他们扣好人生的第一粒扣子。与此同时，高校辅导员要做到与时俱进，能够根据时代的要求不断加强和改进思想政治教育的方式方法，促进大学生德智体美劳全面发展，努力把他们培养成为中国特色社会主义的合格建设者和可靠接班人。要做到忠于职守，就要努力做到热爱自己所从事的具体职业，热爱自己所在的具体工作岗位；努力做到维护组织的形象和声誉，把个人利益与集体利益紧密联系在一起；努力做到在工作上认真负责，在岗位技术上精益求精，力求更全面的知识和更高的能力及水平；要做到勤勤恳恳，踏踏实实，始终如一。高校辅导员要做到忠于职守，就必须牢固树立"以人为本"的教育理念。高校辅导员要做到围绕学生、关照学生、服务学生，做到想学生所想、急学生所急，不断增强新媒体时代大学生思想政治教育工作的针对性和实效性，努力把学生培养成为德智体美劳全面发展的社会主义建设者和接班人。

另一方面，高校辅导员要做到甘于奉献。奉献精神是崇高的精神，是成就事业的前提。甘于奉献，就是要为社会的发展和人民的幸福付出真情，为国家的教育事业和人才培养做出贡献。无私才能奉献，"全心全意为人民服务"，"毫不利己、专门利人"，是奉献的最高境界。对于高校辅导员而言，要努力做到淡泊地位、名利、待遇和享受，耐得住寂寞，守得住清苦；要做到艰苦奋斗、爱岗敬业，以学生的健康成长作为自身价值实现的标准。甘于奉献，就要做到干一行，爱一行，钻一行。高校辅导员要能够经受住社会上的各种诱惑，做到勤勤恳恳、扎扎实实，用自己的青春谱写新媒体时代高等教育的新篇章。

第四，坚定信念，求真务实。习近平同志指出："坚定理想信念，坚守共产党人精神追求，始终是共产党人安身立命的根本。对马克思主义的信仰，对社会主义和共产主义的信念，是共产党人的政治灵魂，是共产党人经受住任何考验的精神支柱。"形象地说，理想信念就是共产党人精神上的"钙"，没有理想信念，理想信念不坚定，精神上就会"缺钙"，就会得"软骨病"。如果高校辅导员不具有坚定的理想信念，他教育的学生就可能没有坚定的理想信念。高校辅导员既要做"经师"，也要做"人师"，既要"授业""解惑"，也要做好"传道"的工作，真正使自己成为传播正能量、传递主旋律的"媒介"，成为大学生成长成才的"指路人"

和"筑梦者"。为此，高校辅导员要自觉加强自身的理想信念教育，认真学习党的基本理论、基本路线、基本纲领、基本经验、基本要求，不断提升自身的政治理论素养，进一步增强对中国特色社会主义的理论认同、政治认同、情感认同，进一步增强"四个意识"，坚定"四个自信"，做到"两个维护"。

求真，就是实事求是，正确把握各项事业发展的客观规律和实际情况；务实，就是脚踏实地，一步一个脚印，扎实推进各项工作顺利进行。求真务实，是我们党的优良传统和作风，是党的各项事业不断取得新的胜利的根本保证。正确认识实际，按照实际情况制定方针、政策开展工作，是坚持求真务实的根本依据。李大钊曾经说过："凡事都要脚踏实地去做，不驰于空想，不骛于虚声，而唯以求真的态度做踏实的功夫。以此态度求学，则真理可明；以此态度做事，则功业可就。"高校辅导员要树立求真务实的工作作风，在工作中做到理论联系实践。要紧密联系我国进入新时代的实际，紧密联系新媒体时代大学生学习生活的实际，更好地解决自身在学习工作中所面临的各种实际问题。树立求真务实的工作作风，还要求高校辅导员切实做好工作落实，把求真务实体现在全面深入地贯彻和完成各项工作中去。要紧紧围绕党和国家的各项方针、政策，围绕学校的各项工作要求，使工作目标和任务付诸实践、见诸行动、取得成效。在工作中，要能够讲真话、出实招、办实事、务实效，努力研究解决思想政治教育中的难点重点，切实解决学生学习生活中的紧迫问题，树立求真务实的工作作风，必须坚决克服各种工作中的形式主义。高校辅导员在工作中要"耐得住寂寞"，做到淡泊明志、宁静致远，拒绝各种形式主义的影响，多干实事，做到脚踏实地、埋头苦干。实践一再证明，在工作中只有真正坚持了求真务实，才能真正做到解放思想、实事求是、与时俱进，才能使得工作取得实效。因此，高校辅导员在各项工作中，要大力发扬求真务实的精神。

第二节　高校辅导员素质建设原则

我们生活中常用的格言警句"不以规矩，不能成方圆"①，强调的是做任何事都要有一定的规矩、规则、做法，否则无法成功，这是放之四海而皆准的真理。高校辅导员队伍建设和素质的提升只有遵循相应规则和原

---

① 道纪居士主编：《读书人典藏书系·孟子全编》，北京：海潮出版社，2016年，第138页。

则，才能够打造出一支高素质、高水平、专家化辅导员队伍。高校辅导员是大学生生活中的一盏指路明灯，是大学生精神上的引路人。高校辅导员自身的素质与大学生的诸多发展因素密切相关，存在着许多制约或影响的因素，对大学生的品德养成、个性发展起着主导作用。

2006 年 9 月 1 日教育部颁布施行的《普通高等学校辅导员队伍建设规定》（教育部令第 24 号），对加强高校辅导员队伍建设产生了积极的推动作用。高校辅导员队伍建设呈现出持续加强改进、不断向上向好的态势，具体表现为：年龄、学历和知识结构不断优化，专业水平、职业能力和综合素质不断提升。2016 年 12 月习近平总书记在全国高校思想政治工作会议上发表重要讲话，对辅导员队伍提出了新的要求。同时，中共中央、国务院印发了《关于加强和改进新形势下高校思想政治工作的意见》，指出要加强专门力量建设，高校思想政治工作队伍和党务工作队伍具有教师和管理人员双重身份，要求高校将其纳入高校人才队伍建设总体规划，形成一支专职为主、专兼结合、数量充足、素质优良的工作力量，对加强辅导员队伍建设做出了新的部署。2017 年，教育部以部长令的形式修订出台的《普通高等学校辅导员队伍建设规定》（教育部令第 43 号），是深入贯彻落实习近平总书记重要讲话精神和中央系列决策部署的重要举措，是进一步加强高校辅导员队伍建设、提升高校辅导员队伍专业水平和职业能力的重要制度安排，也为新时代高校加强辅导员素质建设提供了根本依据。新媒体时代要加强高校辅导员的素质建设，我们还应该根据系统组织学、人才学、管理学等学科的理论，制定一系列符合高校辅导员自身发展的原则，具体为系统性原则、目标一致性原则、科学性原则和实效性等原则。

一、系统性原则

系统组织理论认为："组织是一个开放的系统，它同周围环境之间存在着动态的相互作用，并具有内部和外部的信息反馈网络，能够不断地自动调节，以适应环境和自身的需要。"[①] 组织是由许多子系统组成的，各子系统既相互独立又相互作用，不可分割，从而构成一个整体。各个子系统之间要保持动态平衡、相对稳定和一定的连续性，以适应各种情况，从而达到组织的预期目标。

高校辅导员队伍是由一个个辅导员组成的群体。他们和学校宣传部、组织部、学生工作处（部）、研究生工作处（部）、团委、教务处、保卫

---

① 何跃，贺芒主编：《公共组织管理》，重庆：重庆大学出版社，2019 年，第 35 页。

处（部），以及后勤处等党务和行政部门之间有着千丝万缕的联系。同时，不同学院的辅导员、一个学院的辅导员和辅导员个体，都是辅导员群体里的子系统，而辅导员群体与其他相关部门及各部门之间又是辅导员群体的外部子系统。要想在新媒体时代提升高校辅导员的素质，需要实现高校辅导员群体内部子系统和外部子系统之间的相对稳定和相互平衡。以辅导员个体为例，这个子系统中就包括年龄、学历、专业、能力、性格、工作年限等不同的子系统。只有各个子系统共同发挥作用，才能使辅导员发挥好自身立德树人的作用。如果想要提高某个辅导员的素质，必须通盘考虑，不能漏掉任何一个子系统。如果漏掉了某个子系统，根据木桶原理，这个短板就会限制该名辅导员素质的提升。

作为辅导员主要工作对象的"95后"和"00后"大学生，他们在价值追求、学习方式、娱乐生活、处事态度和人生理想等各个方面都和以往的大学生有着鲜明的不同。2013年6月20日，习近平同志在同团中央新一届领导班子集体谈话时指出："青年人接受新事物快，如果我们自己的知识水平、见识程度跟不上广大青年，说科技说不上，说文艺说不通，说工作说不来，说生活说不对路，说来说去就是那几句官话、老话、套话，同广大青年没有共同语言、没有共同爱好，那当然就会话不投机半句多。"① 这就要求辅导员要自觉学习各种文化知识，不断加快自身的知识更新、优化自身的知识结构、拓宽自身的眼界和视野，真正做到"因事而化、因时而进、因势而新"。对学校而言要积极组织辅导员进行培训，以提高他们的素质。但是让每个辅导员都参加培训在现实中是不可能的，也是不科学的。为此，学校辅导员管理部门要根据辅导员的自身情况进行统筹安排，做好"供给侧"和"需求侧"之间的沟通交流，提高培训的实效性。例如对于新到岗的辅导员，主要是进行岗前培训和带教活动，帮助他们了解辅导员的岗位性质、工作内容，使他们能够尽快融入辅导员的角色，尽快实现角色转化。对于已经工作了一两年的辅导员，主要安排他们参加一些专业技能的培训和经验交流会，使他们不断掌握新的技能，学习新的工作技巧。而对于工作三年以上的辅导员，则鼓励他们参加提升学历的深造或者到校外参加各种高级别的培训，甚至到国外进行学术交流。只有通过这样不间断的学习和培训，辅导员在其工作生涯中的素质和能力才能不断提高。同时，这也是对辅导员的一种激励，帮助辅导员不断实现自

---

① 习近平：《习近平关于青少年和共青团工作论述摘编》，北京：中央文献出版社，2017年，第80页。

我价值，从而稳固地提高新媒体时代高校辅导员队伍的素质。

二、目标一致性原则

目标一致性原则就是总体目标或者是统一目标要与中间目标和具体目标协调一致、有序有效，形成系统，而不能相互矛盾、相互脱节，以免部门之间各行其是、互相掣肘，出现杂乱无章的现象。目标一致性对于高校辅导员建设和素质提升来说，就是素质建设的目标要与学校发展的战略、发展的目标和文化尽可能地保持一致，从而促进高校辅导员向同一方向发展。一致性是高校辅导员队伍建设取得成效的重要原则之一。

具体而言，由于不同的组织有不同的战略，同一组织在不同的发展阶段有不同的战略，因此在进行高校辅导员素质建设时，必须明确学校的战略目标和发展计划。同时，高校辅导员素质建设也是在一定的学校组织环境和文化特点下进行的。在辅导员素质建设实施过程中，应对学校目标和文化等因素进行分析和判断，与所在学校的文化、组织管理制度和政策保持高度的一致性。

但在现实中，辅导员素质建设也会存在不一致性，即管理学上所说的内耗。"内耗是指个体之间由于不协调或无序而引起的互相干扰、互相抑制，从而形成的一种团队发展不良现象。"[①] 一般来说，内耗往往是无规则或不按常规进行，个体通过阻碍、干扰其他个体而达到自己的目的。其结果是负面的，正所谓内耗越大群体发挥的功能就越小，反之亦然。这样对个体而言，损人不利己，费时又费力，毫无益处；对组织则会造成长久的消极甚至致命的影响。没有目标或是目标不统一，组织的工作效率就会大打折扣甚至无法完成组织目标。所以，在高校辅导员素质建设的过程中应该使群体里的个体目标达成一致，力往一处使，减少甚至消除内耗，从而发挥群体最大功能。这既是一项重要的任务，也是目前高校亟待破解的难题之一。

如在高校辅导员素质建设的过程中，首先是要保障激励目标的设置与保障激励辅导员的积极需要相一致。目标本身也具有一定的激励性质，要激发高校辅导员主体的积极性，首先要明确目标，帮助行为主体了解他们提升素质要做什么、为什么去做。在实施高校辅导员素质建设之前，要通过多种方式与辅导员沟通，让他们明确加强辅导员队伍建设和素质提升的重要作用和深远意义；同时，所设置的辅导员素质建设目标要与辅导员的

---

① 金国强：《狼道》，成都：成都地图出版社，2019 年，第 243 页。

积极需要相一致，以真正增强高校辅导员提升素质的原动力。其次，要做到高校辅导员个人的目标与辅导员队伍建设的目标一致。高校辅导员队伍建设的目标与个人的目标可能平衡一致，也可能出现偏差，如果出现偏差，则不利于调动他们的积极性，也不利于建设目标的实现。只有这种偏向趋于平衡，个人目标与集体目标趋于完全一致，才能最大限度地激发他们的行为动机。

再如，无论是高校辅导员队伍建设还是高校辅导员个体素质的提升，都必须体现一致性，即体现"育人为本，以德为先"理念，"德"是首要，是直视所行之路的方向，遵循辅导员建设之规律。拿高校辅导员思想道德素质来说，其建设的核心和实质是要强调其德行。育人为本，以德为先，对于高校辅导员素质建设的目标与标准，具有目标指向性与内涵规定性；对于高校辅导员素质建设的过程与成效，具有可持续实现的推动性与保障性；而且这种推动性、保障性作用又以目前的政治导向和社会主义核心价值取向为原则，从而与规定性、指向性作用融合在一起。对辅导员个体来讲，在思想上政治上应排除各种干扰、消除各种困惑，把增强自身政治定力摆在重要位置。要不断加强高校辅导员马克思主义理论和习近平新时代中国特色社会主义思想学习与实践锻炼，通过践行社会主义核心价值观来提高修养，增强政治定力。马克思主义深刻揭示了自然界、人类社会、人类思维发展的普遍规律，是被历史和现实都证明了的科学理论，这是必须坚持以马克思主义为指导的内在依据。十月革命给中国送来马克思列宁主义之后，中国共产党人在这面伟大旗帜指引下取得革命、建设和改革的巨大成功，这是必须坚持以马克思主义为指导的现实基础。习近平总书记指出，必须坚持以马克思主义为指导；在我国不坚持以马克思主义为指导，就会失去灵魂、迷失方向，最终也不能发挥应有作用。古人云："夫道不欲杂，杂则多，多则扰，扰则忧，忧而不救。[①]"在高校辅导员队伍建设上，必须坚持以马克思主义为指导。高校辅导员要切实提高其道德自觉的自律性。

总之，以德为先，育人为本，就是要坚持在"传好道、授好业、解好惑"上下功夫。习近平总书记指出："古代就非常重视道德的教育，教师就是传道授业解惑，不传道就不是合格的教师。"要"传好道"，必先正己树人、仁爱有加。要"授好业"，必先学有所成、笃学无境。要"解好惑"，必先技高一筹、精通教育。要有"衣带渐宽终不悔，为伊消得人憔

---

① 沈秀涛：《庄子名句》，北京：天地出版社，2009年，第38页。

悴"的精神，牢记育德树人的第一要求，用示范性的言行去影响学生、感化学生。

三、科学性原则

科学性"是反映人们认识客观事物的本质及其规律准确性、深刻程度的标志"①。即科学性是判断事物是否符合客观事实的标准。高校辅导员是一项科学性很强的工作，高校辅导员队伍建设和素质提升富有科学依据，涉及自然科学、心理科学、思维科学、人文科学、教育学、心理学、管理学、社会学、哲学等多个学科和相关领域。高校辅导员队伍建设不能盲目或随意地执行，它有很强的学科和理论支撑；同时，辅导员队伍建设和素质提升过程必须遵循教育规律和管理规律，贴近辅导员实际，着眼于高校辅导员的全面和可持续发展。

科学性原则，指在高校辅导员队伍建设过程中，要以科学的理论为指导思想，遵循思想政治教育话语建构的客观规律，遵循社会发展与时代变迁的客观规律，用科学的态度和方法来研究和处理高校辅导员队伍建设过程中出现的问题。科学性原则是高校辅导员队伍建设的基本原则，其要求高校辅导员素质建设要遵循相关学科规律，要从高校的实际情况和辅导员自身的实际情况出发，不能脱离实际工作，也不要超出个人能力水平，要坚持实事求是的原则，运用科学的方法和手段探求、研究辅导员建设和素质提升内在的、固有的规律性，并在高校辅导员建设的实践中加以检验，进而提出辅导员素质提升的理论方法和途径等。

因此，在提升高校辅导员队伍建设科学化水平方面，要坚持科学性原则。一是高校辅导员要坚持正确的政治方向，加强思想道德修养，增强社会责任感，努力成为大学生健康成长的指导者和引路人；二是着力培养一批坚持以马克思主义为指导，理论功底扎实、勇于开拓创新、善于联系实际、老中青相结合的哲学社会科学学科带头人和教学骨干队伍；三是完善大学生思想政治教育工作辅导员队伍的选拔、培养和管理机制。在宏观层面，从选拔、培养、考核、激励、保障等环节采取有效措施促进专家化队伍建设；在微观层面，借鉴国外学生事务工作者成长理论，对处于不同水平层次的人员实施个性化的职业生涯发展规划，着力打造高水平的职业化、专家化的辅导员队伍。

网络时代高校大学生思想政治工作实践创新的动因之一来自思想政治

---

① 李德顺：《价值学大辞典》，北京：中国人民大学出版社，1995 年，第 367 页。

工作实践与日益发展的社会关系的不和谐，简单而言就是在当前的形势下，思想政治工作实践已经不那么科学了。因此，新时期高校辅导员队伍建设要坚持科学性原则，坚持科学发展。

四、实效性原则

实效性，就是要注意工作的有效性，注意实践的实际效果。实效性是指预期目标的实现度或是成功率，它包括效果和效率两个方面。任何行为的实施都会产生有效或无效的结果，这里的实效性原则强调的是通过一系列的行为实施后得到了正面效果而不是负面效果，这个原则对一切工作都是适用的。实效性原则是对高校辅导员队伍建设追求切实效果的基本要求。

实效性既是高校辅导员队伍建设的落脚点，也是高校辅导员队伍建设的出发点。高校辅导员队伍建设和素质提升不是为建设而建设，把工夫花在做表面文章上，而是要把队伍建设、素质提升和实践结合起来，切实帮助高校辅导员提高思想认识和觉悟，帮助他们解决在专业化、职业化和专家化过程中存在的实际困难。如果不讲效果，在实际工作上不着力，不下劲，不注意根据实践结果来检验队伍建设成效，只喜欢搞花架子，作作秀，搞形式主义，就是与实效性的原则背道而驰。因此，在高校辅导员队伍建设上，应注意队伍建设的实际效果和素质提升的具体情况，从客观实际出发，对队伍建设规划和实施计划进行可行性的分析和研究。要事先考虑或预测其实践效果，力求做到主观和客观的统一，切实贯彻实效性的原则，只有这样，高校辅导员队伍建设才能取得实效。

随着市场经济条件下社会分工越来越细，组织中的职位对个人素质、能力及人格的要求越来越高。近年来，高校招聘辅导员的条件也在发生变化，通过对相关高校招聘条件的整理，可以得出高校辅导员队伍建设表现出如下的显性特征：一是重视政治素质，将其列为第一位的必要条件，排在其他各项条件之前；二是要求高学历，"大学辅导员的门槛渐高，硕士是基础博士很常见"是目前各大高校在招聘辅导员时对于应聘者学历要求的真实写照；三是注重综合素质和管理经历，偏重专业背景和资格证书等。通过这样的招聘条件，来提高辅导员入口门槛，把关好高素质辅导员进口关，配置好高素质的辅导员个体，这客观上为建设高素质辅导员群体创造了必要条件。这是因为辅导员的个体素质是群体素质的基础，配置好高素质的辅导员个体，实效性就提高了。

第三章

新媒体时代对高校辅导员素质的影响及现状分析

第一节　人类进入新媒体时代

一、新媒体的含义及特征

"新媒体"一词最早是由美国哥伦比亚广播电视网技术研究所负责人戈尔德马克于 1967 年在有关开发电子录像的项目计划书中首先提出的。1969 年，美国传播政策总统特别委员会主席罗斯托（E. Rostow）在向时任美国总统尼克松提交的报告书中多次提到了"新媒体"一词及相关概念。从此，"新媒体"一词开始流行于美国并迅速扩展到世界各个角落。联合国教科文组织将"新媒体"定义为"以数字技术为基础，以网络为载体进行信息传播的媒介"。

新媒体是相对于报纸、广播及电视等传统媒体而言的新型媒体形态。它是依托数字技术、网络技术和移动通讯等技术，向用户提供信息服务，并能使传播者与受众实现双向互动的媒介的综合。它主要包括资讯类应用如网易、今日头条等，社交平台如 QQ、微博、微信等，分享类应用如抖音、快手等。

"新媒体"是一个相对的概念，任何"新"都是和"旧"相对的，"新媒体"也是和"旧媒体"相对的。相对于报纸、广播和电视等传统媒体，新媒体主要具有以下五个特点：

（一）数字化

传播技术的迅速发展使媒体得到了快速的发展，而数字技术的发展使新媒体得到了突飞猛进的发展。数字技术是伴随着计算机技术的快速发展而产生的，它使用的是数字语言。由此可知，数字技术的飞速发展促进了新媒体的发展。因此，我们可以说数字化是新媒体最显著的特征之一。新媒体的数字化不仅仅表现在传播方式和接收终端的多样性上，还表现在表达方式的多样性上，融合了多种表达方式，打破了媒介之间的阻碍，同一内容可以通过多种介质进行传播。

（二）交互性

不同于传统媒体，在新媒体时代，由于信息的传播方式发生了重大的变革，每个人都从过去单纯的信息接收者，变成既是信息的接收者，又是信息的收集者和发布者，人人手里都有了麦克风。信息的发布者和接收者之间的信息交流不再像传统媒体时代一样是定向单一的，而是成为一种双向互动的过程。在新媒体的传播秩序中，没有传统媒体那样的等级划分，没有把世界划分为传播者和受众，只有用户的概念。"用户"拥有自主权、控制权、互动性和创造性等特点。每个个体既是传播者又是受众，每个人都享有话语权、知情权和监督权，无论哪一阶级、哪一国家的人都可以通过新媒体表达自己的意志。这开创了前所未有的互动新局面，信息不再依赖于某一方发出，而是在双方的交流过程中形成，同等的话语权成为新媒体传播过程中一道独特的风景线。在各种新媒体中，互动性表现最突出的是网络媒体和手机媒体。在各类论坛、微博、社区、QQ、微信等平台上，每个人都拥有麦克风，可以在上面自由发言，表达自身的观点和看法，同其他人进行实时的互动。比如现在在大学生中很流行的网站哔哩哔哩（B站）所具有的弹幕功能，用户可以一边观看视频一边通过弹幕的形式来表达自己的所思所想，及时进行互动。

（三）个性化

在传统媒体时代，传播者在信息传播的过程中占据着主导的地位。他们决定着传播的内容和形式、信息的数量和质量、信息的流向和渠道，牢牢掌握话语主动权。而新媒体时代更加注重用户的体验，新媒体可以根据个人的兴趣爱好和需求为受众提供"私人订制"服务，人们对信息有了自主选择权，还可以改变信息传播的形式和内容。个性化的传播方式使得每个人手里都有了麦克风，任何人都可以在新媒体上自由地发表个人的意见，表达自己的观点，从而影响他人。但是新媒体又是一把"双刃剑"，它可能导致大量个人信息和隐私的泄露。由于任何人都可以成为信息的发布源，这便使得新媒体上的信息变得鱼龙混杂、良莠不齐。和传统媒体相比，由于新媒体会出现一些模糊边缘地带，使得对新媒体进行管理的难度成几何倍增长。同时，新媒体上大量的信息对受众的判断力产生了严重的影响，甚至会影响舆论的导向，从而导致网络舆情事件的发生。在西亚、北非、南美一些国家发生的政治变局中，网络新媒体成为加速社会动荡的一股重要力量，显示出其具有巨大的能量。

（四）即时性

受众可以随时随地把自己的所见所闻所思所想发布到 QQ、微信、微博等新媒体平台。突发事件的现场直播、新闻事件的追踪报道、个人意见的随时发布，受众可以通过各种新媒体终端在第一时间收到信息并迅速做出反馈或者和他人进行交流讨论，从而做出最佳应对措施。这极大地克服了传统媒体反应速度慢、应对时间长的缺陷。传统媒体点对点、点对面的单向传播方式已经过时，取而代之的是新媒体那种点对点、点对面、面对面的多重传播方式。信息的传播不再受时间的限制，更加快捷方便。

（五）共享性

传统媒体主要依靠地面传播系统，通常局限在一国的范围或地区，而新媒体则不受地理区域的限制。各种信息可以实现全球覆盖，信息实现海量存储，超链接技术的应用将网上的信息融合，整个世界形成了一个巨大的信息资源库。任何人在世界上的任何地方都可以共享信息，世界上任何地点、任何时间发生的任何一件事都可能在网络上被传播，人们可以无拘无束地获取信息、制造信息、传播信息。新媒体打破了传统媒体的障碍，人们越来越频繁和高效地通过新媒体获得信息。

二、新媒体与传统媒体的区别

新媒体是相对于传统媒体而言的，新媒体与传统媒体之间的区别主要体现在传播手段、传播内容、传播效果和传播管理四个方面。

（一）传播手段

传统媒体通常采用单向性的传播机制，受众很难回馈，因为不具有传播信息载体的资源，他们的话语权从某种意义上来讲是被剥夺的。例如在报纸这种传播媒介中，信息一旦传播出去，受众想要进行反馈，就需要将自己的话语也呈现在报纸上。同传统媒体相比，新媒体则具备更宽泛的传播机制，即一种全新的多维度传播机制，这使得传受双方的关系发生了明显的变化。以网络媒体为例，信息一旦传播出去，受众可以立即进行回馈，普通人同样拥有传播载体——网络，而且这种回馈不是一对一的"函数式"双向互通，而是一对多的"映射式"传播，是一种真正意义上的多维度传播机制。

（二）传播内容

传统媒体的传播具有滞后性，对某个信息的传播需要一个完整的时间链条，即从信息的发现、信息的正式发出、信息的传播再到信息的接收。这个时间链条显然有些漫长，而且其长度无法确定，其中任何一个链条发生意外，都有可能影响整个信息的传播进程，这样一来就使得其传播信息的实时性大打折扣。新媒体却具备实时性的传播特征。基于新媒体的传播机制是建立在数字化的平台上的，此时，人为主观控制因素和自然条件很难影响到数字化这种传播模式自身。典型的例子体现为在网络上发布一条消息远远要比在报纸或电视媒体上发布一条消息迅速快捷得多。

（三）传播效果

一方面，从互动程度来看，新媒体具有更强的互动性。传统媒体上的信息传播是媒体单方面进行的，基本上是媒体唱"独角戏"，很少与观众和听众进行有效的沟通。新媒体则打破了这种尴尬的局面。受众可以通过手机移动客户端，以及互联网与媒体之间实现及时的互动，畅谈自己的观点。在新媒体时代，人人都有麦克风，都可以在新媒体上畅所欲言。另一方面，从受众的参与程度来看，新媒体更有利于受众参与到信息的传播过程中来。受众是否参与到信息传播的过程中来，是体现媒体传播效果的一个重要的参数。传统媒体采用的通常是单向性的传播机制，但是新媒体则不同。它的参与平台是平等开放的，参与到新媒体信息传播过程中是十分方便的，不需要更多的客观物质条件限制，这就使得新媒体的受众参与程度要高于传统媒体。

（四）传播管理

传统媒体发展至今已经形成了一套清晰的管理体制和严格的监管规范。由于对信息的管理比较严格，传统媒体的信息更加规范和严谨，更加具有公信力。而新媒体由于管理机制模糊和平台所具有的开放性，使得新媒体上的信息鱼龙混杂，各种虚假信息横行，网络谣言和网络暴力横行，新媒体上的信息往往缺乏足够的权威性和公信力。

三、新媒体时代的内涵与特征

（一）新媒体时代的内涵

所谓"时代"，是一个和人密切联系的时空概念。它是能够对人的思想意识产生影响的客观环境的总和。本研究所指的"新媒体时代"是一个相对的概念，它是具有数字化、交互性、个性化、即时性、共享性等特点，指依托以数字技术、网络新媒体技术及4G、5G等移动通信技术为基础的新型媒介构筑成的一个信息时空。相较于以往的时代，新媒体时代的内涵主要体现在以下三个方面：首先，具有高度的媒体融合能力。相对于以往的旧媒体，新媒体具备了以往无法想象的融合能力。它既实现了不同媒体在技术和实体上的融合，也实现了内容和传播渠道的融合，甚至媒体的文化、市场、价值方面也实现了融合。在新媒体时代，媒体经历了一场深刻的转型和革命性的变革。其次，新媒体具备了惊人的能量。新媒体以其巨大的传播能力和覆盖范围，使世界各地的人们进入了新媒体时代。每个人无论愿意与否，都成为新媒体的受众，并且受到了新媒体的持久、深刻的影响。新媒体的能量之大，是以往媒体所无法想象的。再次，网络化的社会生活。作为一种信息技术，新媒体主要通过改变人们的社交方式对人们的生产和生活方式产生影响。网络化的社会生活一方面对人民的观念和行为产生了深远的影响，另一方面使人们进入了一种"虚拟结合""在线—离线"互动的新的社会生活环境，使人们的活动更加丰富多彩，也为社会变迁注入了新的活力。

（二）新媒体时代的特征

新媒体时代的特征概括起来主要包括以下几个方面：

第一，传播主体的平等性和自由性。传统媒体时代，信息的发布一般是由专门的新闻从业者提供，其传播内容除了受到新闻从业者价值观影响以外，还需要经过职能部门的审核。受众只能被动地接收信息，传播者和受众之间的关系是不对等的。而随着人类社会进入新媒体时代，新媒体传播者以个人为主体，摆脱了传统媒体组织的限制，人人都有了麦克风，人人都是媒体。同时，信息传递呈现出无处不在、无时不有、无所不包的特点，任何人都可以通过微博、微信、QQ等新媒体工具，自由地发表自己的意见，表达自己的主张。不同的个体发布信息、发表观点、表达意见不仅是平等的，而且是具有个性的。在新媒体时代，每个人既是信息的发布者，也是信息的接收者。以此类推，这也就意味着在新媒体时代，每个人既是施教者也是受教者。

第二，传播内容的丰富性和便捷性。新媒体时代，由于新媒体技术的迅猛发展，使得新媒体承载和传播的信息流量特别大。微信、微博、QQ等网络平台传播的信息，从以下三方面体现了新媒体信息的丰富性。首先，从表现的形式上看，既有相对静止的文字信息，也有动态的动画、视频等信息。其次，从信息来源上来看，新媒体上信息的来源五花八门，有政府的官方通知和公告、集体或个人的合法官网等类型的合法信息，也有虚假、色情、诈骗等各种违法信息。就信息的内容来说，有电影电视作品、学术研究专著、文学作品等。由此可见，新媒体上的内容可以说是无所不包、极其丰富的，这也是新媒体时代的一个显著特征。不仅如此，在新媒体时代进行信息检索也是十分便捷的。人们可以根据自身的需要，利用搜索软件检索到大量自己需要的信息，这为人类的学习和生活提供了极大的便利。人类再也不用为信息搜索不便而烦恼，这是新媒体时代与社会生活之间的特性关系。

第三，传播形式的多样性和交互性。新媒体时代，信息的形式有了更丰富的发展。社会的发展依托于科技的支撑，科技的快速发展使得各种电子设备更新换代速度大大提升，这也使得新媒体载体的功能得到不断的开发与拓展。目前，智能手机的快速发展打破了时空的限制，人们随时随地都可以通过手机进行交流。与此同时，人们也可以通过微信、微博、QQ等平台获取信息，发表自己的观点。在新媒体时代，以往的信息传递方式已经基本被各种新媒体所取代。新媒体可以对各种信息进行多种方式的传送，而且其传播的形式也越来越复杂多样，越来越能满足人们的现实需要，越来越适应当代社会的发展需要。

交互性是新媒体区别于传统媒体的最突出的特点。在传统媒体背景下，传播者和受众之间有着明显的分隔，传播是由上而下、由点及面地运行，交互性较差。而在新媒体时代，大众借助微博、微信、论坛、QQ等自媒体平台，既可以发布自己的所见所闻，也可以分享他见他闻。利用新媒体，每个人都可以同时进行并完成信息的传播和信息的接收。每个人既可能是传播者，也可能是接受者。在新媒体时代，信息传播双方可以实现双向互动，这便于及时理解和沟通。

第四，信息来源的隐蔽性和社群化。以互联网作为基础的微博、微信、QQ、知乎、博客等新媒体形式，作为信息传播的途径，它们更加开放。人们可以隐身或匿名来传播信息，这导致大量的私人化、平民化、普泛化、自主化的账号随意地传播内容广泛而良莠不齐的资料信息。由于人们对于新媒体这种新生事物缺乏足够的了解，同时监管部门的监管力度跟不上新媒体的发展，从而使得新媒体上许多信息的真假无法考证，一些虚假的信息对大众产生了不良的影响。新媒体时代信息来源的隐蔽性特点，给新媒体时代本身造成了负面的影响。除此以外，新媒体时代网民大多数是以"群居"的方式存在着。所谓"群"是指基于新媒体技术产生的，方便具有共同爱好的用户进行交流的新媒体应用，它具有封闭性、高度聚合性和跨越时间性等特点。

综上所述，新媒体时代是一个信息化的时代。做好新媒体时代的大学生思想政治教育工作，要求高校辅导员把握好新媒体时代的特征，科学认识网络传播规律，提高用网治网水平，使互联网这个最大变量变成事业发展的最大增量。实现大学生思想政治教育工作与新媒体时代的特征有机结合，使新媒体成为培育时代新人的坚强阵地。

第二节　新媒体时代对高校辅导员素质的影响分析

高校思想政治教育是一项极其复杂的社会传播活动。它是思想政治教育主体与思想政治教育客体之间就特定的信息、价值与感情的传播过程①。在这样的传播过程当中，思想政治教育的有效性是由信息传播的效果决定的。新媒体技术在高校思想政治教育活动中的运用既给高校辅导员做好思想政治教育工作带来了巨大的机遇，也带来了巨大的挑战。

一、新媒体时代高校辅导员面临的机遇

对当代大学生进行思想政治教育，就是用正确、丰富、生动的信息影响、熏陶当代大学生的思想观念、价值观念和精神世界，从而帮助大学生树立正确的世界观、人生观和价值观，使他们为实现中华民族伟大复兴的中国梦努力奋斗的过程。新媒体所具有的数字化、交互性、个性化、即时性、共享性等特点，可以让每个学生随时随地将包括文字、图片、视频、音频等信息传递给有终端设备的任何人。加上新媒体所具有的特点与当代大学生的成长特点和发展规律高度契合，使得新媒体为高校辅导员的工作开展创造了难得的机遇。

（一）新媒体促进了高校辅导员与学生的交流

师生之间的信任感一直是影响和制约大学生思想政治教育效果和质量的关键。由于人的思想具有隐蔽性，大学生在同辅导员面对面交流时一般不太愿意同辅导员讲真话、说实情，师生之间的交流难以达到"推心置腹"的水平。这种现象在当前高校普遍存在，成为大学生思想政治教育中情感教育的一个重要阻碍。新媒体技术的出现和发展则很好地解决了这个问题。新媒体为辅导员构建了一个异质的"人造世界"——虚拟现实。在这样的环境中，由于实现了师生在人格、权利和地位上的平等，使得学生消除了自身对辅导员的心理戒备和隔阂，拉近了和辅导员之间的距离，学生更愿意和辅导员敞开心扉，更多表达自己的想法。这有利于辅导员及时发现学生的问题并妥善处理。以 QQ 空间为例，不少大学生喜欢以说说的形式，通过文字、图片甚至短视频来表达自己的情感及对某些事件的看法。高校辅导员可以通过浏览学生的"说说"来把握学生的思想动态。对

---

① 曲一歌：《大数据时代高校思想政治教育信息传播挑战与应对之策》，《思想政治教育研究》，2019（4）：155–160。

于学生的思想问题，高校辅导员可以对症下药，利用习近平新时代中国特色社会主义思想教育引导当代大学生树立正确的理想信念、学会正确的思维方法。

（二）新媒体提高了高校辅导员工作的时效性

在以前，高校辅导员要想与学生交流，主要是通过面对面交流、打电话、发短信等方式进行。新媒体则为高校辅导员开辟了新的教育途径。在新媒体时代，高校辅导员可以和学生通过微信、微博、QQ等新媒体随时随地进行交流。对于高校辅导员来说，新媒体的出现大大提高了自身工作的时效性。首先，利用新媒体，高校辅导员可以实时发布一些如学术讲座、奖助贷发放、学科竞赛、英语四六级考试、计算机等级考试等与学生的学习生活密切相关的信息。其次，利用新媒体，高校辅导员与学生的互动交流也变得更加频繁。学生在学习、生活、心理等方面遇到任何困惑与挫折都可以和辅导员进行交流沟通，并得到及时的反馈。这克服了传统媒体反应时间慢、应对周期长的缺陷，使高校辅导员工作的时效性得到了极大的提高。

（三）新媒体丰富了高校辅导员工作的载体

在传统媒体时代，高校辅导员主要是通过打电话、召开班会年级会、座谈、讨论等单线传播方式对学生进行思想政治教育，工作的载体较为单一，而且受到时间和空间的限制比较大。而在新媒体时代，高校辅导员可以依靠新媒体中微信、QQ、微博、微视等平台，通过文字、图片、音频、视频、微电影等方式，快速地把那些时代性强、教育意义强的思想政治教育内容传递给学生。例如，高校辅导员可以通过开设微博、运营微信公众号等手段，在新媒体上主动发声。高校辅导员可以在微博、微信公众号等新媒体平台上深入宣传党的十九大精神，展示党的十八大以来党和国家在经济、政治、文化、社会、生态等领域取得的历史性变革和成就，引领当代大学生牢固树立"四个自信"，深刻领会"四个全面"战略布局、"五大发展理念"和"五位一体"总体布局等。这不仅打破了过去进行思想政治教育在时间、地点上的局限，而且由于新媒体技术的多样性，使得原本枯燥乏味的教育内容变得立体化、动态化、超时空化，也更加符合当代大学生的接受心理，从而使得思想政治教育更及时、更直接、更深入，更具有时代感、吸引力和感染力。

二、新媒体时代高校辅导员面临的挑战

新媒体在给高校辅导员工作带来前所未有的机遇的同时，也对高校辅导员的素质提出了严峻的挑战。其主要表现在以下四个方面：

第一，新媒体使高校辅导员的主导地位受到了挑战。在传统大众媒体时代，高校辅导员在对学生进行思想政治教育时是居于主导地位的。那时，高校辅导员决定着教育的内容和形式、信息的数量和质量，以及信息的流向和渠道，掌握着话语主动权。进入新媒体时代，信息的传递过程由以往的定向单一转变为现在的互动共享。信息的发送者也可以成为接收者，这大大改变了学生在传统大众媒体传播信息过程中受众被动的地位。在新媒体时代，作为伴随着互联网发展成长起来的当代大学生很快就适应了新媒体，而高校辅导员则由于受到自身新媒体素质、大量事务性工作及工作时间等的限制，不能很好地适应新媒体。面对新媒体上的海量信息，由于高校辅导员和大学生之间的信息接收内容和过程是平等的，往往可能出现大学生和高校辅导员同时获得信息，甚至大学生比高校辅导员更早获得信息的情况，从而出现高校辅导员所掌握的内容不及学生的现象。

第二，新媒体使部分高校辅导员理想信念淡化。新媒体因其内容丰富、方式灵活、时效性强、互动性高等特点而深受当代高校师生的喜爱。但是在新媒体上，各种信息狂轰滥炸，一些虚假、有毒、有害的信息充斥其中，这使得意识形态领域的斗争变得越来越激烈化、复杂化、多样化。当前，一些高校辅导员由于受到新媒体上"宪政民主""历史虚无主义""新自由主义""普世价值"等形形色色错误社会思潮的影响，出现了理想信念淡化的情况。他们在网上或者课堂上对于西方发达国家所宣传的思想观念盲目吹捧，对我国当前由于转型加速期利益关系调整及社会矛盾凸显所产生的一些现象和问题，发表了一些理性分析不足甚至有些偏激的言论。这对社会敏感度高但涉世未深、鉴别力还不高、自控能力较差的当代大学生会产生负面的影响，容易导致他们政治方向迷失、道德滑坡和理性缺失等。

第三，新媒体使一些高校辅导员业务能力下降。高校辅导员对新媒体技术的掌握、熟悉和运用及其创新能力的发挥，决定了他们在思想政治教育过程中对于新媒体的认识、使用和发展。目前，虽然大部分高校辅导员使用新媒体，但受限于自身的专业和经历，高校辅导员对于新媒体技术并不十分熟悉，不擅长使用新媒体新技术开展思想政治教育工作，经常处于"打酱油"的尴尬境地。部分高校辅导员仍然停留在传统教育模式那种循循善诱的表面现象之中，仍然对书墨有着情怀，不会使用新媒体开展工作。一些高校辅导员即使使用新媒体开展工作，主要还是对学生进行事务管理，很少主动在学生中开展针对性服务，也很少开展思想引领活动。

第四，新媒体使高校辅导员的整体素质弱化。网上有句名言："时代抛弃你时，连一声再见都不会说。"进入新媒体时代以后，如果高校辅导员再用"过去式"思维办事，自然不能跟上时代的步伐。在新媒体时代，高校辅导员队伍中普遍存在着综合素质弱化的现象，其主要表现在以下四个方面：

一是高校辅导员网络语言表达能力不强。"时代变了，对象变了，教育必须跟着变"。当前，高校辅导员在新媒体上开展思想政治教育时的话语表达方式与当代大学生的话语接受特点之间存在着不同程度的断裂和隔阂，使得高校辅导员的话语在当代大学生中使用不多、传播不广、认同度不高。这成为影响高校思想政治教育实效性的一个重要因素。

二是高校辅导员观察能力不强。目前相当一部分的高校辅导员由于思想政治敏锐性不够、信息收集识别能力不强、理论认识不透等原因，不善于通过新媒体及时把握学生的思想变化，不能根据学生成长成才的需求和期待针对性地开展思想政治教育工作。

三是高校辅导员组织协调能力不强。面对当前思想层次各异的大学生，不少高校辅导员还是习惯于沿用过去单打独斗的办法，不善于发动各方面力量真正做到全员育人、全程育人、全方位育人。

四是高校辅导员调控能力不强。有些高校辅导员对于新媒体上的舆情事件不能及时做出反应，不善于根据不同时期新媒体上的热点、痛点、关注点及时调整自己的知识结构，规划自身的工作方向。

第三节　新媒体时代高校辅导员素质建设现状分析

一、取得的成绩

《关于进一步加强和改进大学生思想政治教育的意见》（中发〔2004〕16号）实施以来，尤其是《普通高等学校辅导员队伍建设规定》《高等学校辅导员职业能力标准（暂行）》和《关于加强和改进新形势下高校思想政治工作的意见》等文件出台以后，我国高校辅导员素质建设取得了一定的成绩，为高校能够较好地完成立德树人的根本任务，从而培养出社会主义的合格建设者和可靠接班人打下了坚实的基础。这主要表现为：选聘标准更加严格；管理考核更加科学；培训更加专业化；理论研究更加深入。

（一）选聘标准更加严格

通过对2019年浙江大学、山东大学、华南农业大学、黑龙江大学、广东工业大学、重庆师范大学等 60 所高校招聘辅导员公告的分析可见，各大高校在招聘高校辅导员时，都能够按照教育部"政治强、业务精、纪律严、作风正"的要求严格选拔。在政治素质方面，各大高校要求应聘者是中共正式党员（或预备党员），政治立场坚定，思想政治素质高，能够坚持党的路线方针政策。如重庆师范大学要求应聘者为中共正式党员（或预备党员），具备高尚的道德情操、较高的思想政治素质和人格修养，勤奋务实、敏而好学、乐于奉献，有事业心、责任感。山东大学要求应聘者为中共党员（含预备党员），具有较高的政治素质和坚定的理想信念，坚决贯彻执行党的基本路线和各项方针政策，有较强的政治敏锐性和政治辨别力。黑龙江大学要求应聘者为中共党员，具有较高的政治素质和坚定的理想信念，能够自觉遵循"四个服务"，自觉坚定"四个意识"，自觉树立"四个自信"，坚决维护习近平总书记党中央的核心、全党的核心地位，坚决维护党中央权威和集中统一领导，坚决贯彻执行党的基本路线和各项方针政策，有较强的政治敏锐性和政治辨别力。在学历方面，具有硕士研究生学历已经是基本要求，有的高校甚至要求应聘者为博士研究生。如华南农业大学要求应聘者具有硕士及以上学历。广东工业大学要求应聘者具有硕士研究生以上学历及学位，所获得的本、硕、博学历均必须是国民教育系列全日制学历；港澳学习、国外留学归国人员本科阶段要求在国内高校就读，所获得国（境）外大学学历、学位须通过国家教育部认证。华东师范大学 2019 年在《华东师范大学校内外公开招聘 6 名专职辅导员启事》中要求应聘者具有硕士及以上学历。在综合素质方面，一是要求应聘者热爱辅导员工作，有强烈的责任心，具有吃苦耐劳的精神，善于做学生工作。二是要求应聘者具有较强的工作能力，具备较强的组织管理能力和语言、文字表达能力。三是要求应聘者学习成绩优异，获得过"三好学生""优秀学生干部"等校级（及以上）表彰。四是，要求应聘者在高等教育阶段担任过一定时期（一年及以上）的主要学生干部，或者专、兼职辅导员。五是在本科和研究生就读期间遵纪守法，未受过任何纪律处分。有的高校还对应聘者的外语水平、计算机水平和科研能力提出了具体的要求。通过上面的分析可以看出，如今高校招聘辅导员坚持了比较高的标准。

（二）管理考核更加科学

高校辅导员作为管理工作者，对于其进行管理和考核应该坚持高标准、严要求。目前，各大高校对辅导员的管理机制基本上都是采用学校和院（系）两级管理的模式。在学校层面，成立由学校党委书记、校长或分管学生工作的校领导担任组长，学校组织、人事、团委、学工、保卫等部门担任组员的高校辅导员队伍建设领导小组（或工作小组）。在院级层次，由各院系党委副书记对本学院的辅导员进行领导、指导和管理。这样的设置既统筹整合了辅导员队伍建设相关职能部门，能够在全校层面形成工作合力，又兼顾了各职能部门的工作主动性，便于工作的开展。

现在，各大高校按照辅导员的工作职责，制定辅导员工作条例和工作考核的具体方法，不断完善对辅导员的考核体系。各大高校对于辅导员的考核主要由学生工作部门牵头，多个部门参与考核。在对高校辅导员进行考核时，主要采取辅导员自我评价、学生满意度测评、工作测评、班主任考核、学院考核、学校考核等六种综合考核的方式进行。考核实行定性分析和定量分析的结合，更加注重用客观事实来评价辅导员。

例如，中国药科大学依据定性与定量、平时与年终、部门评价与学生测评、日常教育管理与学生工作研究相结合的原则，制定《中国药科大学辅导员考核及评优指标体系》，对全校专兼职辅导员进行全方位考核测评。湖南工学院出台《湖南工学院辅导员工作规定》，对辅导员晋升、待遇、考核与奖惩等进行具体规定。湖南工学院还创新考核方式，将辅导员月评和年终考评相结合，将工作业绩与学生评价相结合，注重校、院两级考核主体的协调。西安交通大学制定了辅导员的职业守则，强化了高校辅导员在思想教育和价值引领、党团和班级建设、学风建设、学生日常事务管理、心理健康教育与咨询、网络思想政治教育、校园突发事件应对、职业规划与就业创业指导、理论和实践研究等九项工作职责，充分发挥辅导员育人功能。西安交通大学严格辅导员年度和聘期考核，将辅导员的日常工作考核、工作业绩和创新点考核、学生满意度考核、述职答辩考核相结合，进行综合测评。它们每年还开展校级优秀辅导员评选和表彰，树立工作榜样，发挥先进典型示范引领作用。西南交通大学实行360度考核，由学生、同事、领导和学工部对辅导员进行全方位综合考核，引导辅导员聚焦思想政治教育主业工作。

（三）培训更加专业化

党和国家高度重视高校辅导员的培训工作。2006年，教育部印发《普通高等学校辅导员队伍建设规定》（教育部令第24号），2006年教育部思政司印发《2006—2010年普通高等学校辅导员培训计划》（教思政厅〔2006〕2号），2013年教育部思政司印发《普通高等学校辅导员培训规划（2013—2017年）》（教党〔2013〕9号）。这些文件的颁布，在全国范围内有力地推动了高校辅导员培训的专业化水平。特别是《普通高等学校辅导员培训规划（2013—2017年）》（教党〔2013〕9号），不仅明确了高校辅导员培训的指导思想、主要目标、主要任务、保障措施，还规定了思想政治教育、专业素养和职业能力三项主要培训内容。2014 年，教育部思政司印发了《高校辅导员职业能力标准（暂行）》（教思政〔2014〕2 号）。这些文件为高校辅导员培训体系提供了坚实的理论基础和政策支撑。

在全国层次上，我国构建了包括全国高校辅导员骨干培训班计划、辅导员在职攻读博士学位计划、辅导员访问学习计划的培训体系。

首先，推进高校辅导员骨干培训班计划。从 2006 年 4 月全国高校辅导员班主任骨干培训班第一期在国家教育行政学院开班以来，全国有上万名高校辅导员接受了高层次的专题培训和教育。根据教育部网站资料统计分析，到 2015 年 11 月，全国共举办了 132 期高校辅导员班主任骨干培训。其中，2013 年 7 月在山东威海举办第 51 期全国高校辅导员骨干培训班之后，同年，教育部思想政治工作司启动了全国高校辅导员示范培训项目招标，首批 18 项专题培训项目中标，并由此扩展了全国高校辅导员骨干培训班的培训范围与主题。自 2014 年 1 月首次以 23 个专题的形式全年开展培训后，2015 年培训专题扩展到 36 个。通过 2014 年、2015 年对培训班的拓展与改革，为扩大培训班的受众面，教育部思想政治工作司于 2016 年将"全国高校辅导员骨干培训班"改为"全国高校辅导员示范培训班"，并于 2016 年组织开展了 35 期、2017 年组织开展了 36 期全国高校辅导员示范培训班。

其次，推进高校辅导员在职攻读博士学位计划。2008 年教育部开始实施高校辅导员攻读博士学位计划，18 名高校辅导员有幸成为北京师范大学、东北师范大学、复旦大学、山东大学、武汉大学和陕西师范大学 6 所高校首批攻读思想政治教育专业博士学位的学生。教育部计划"五年内，分批选拔 5000 名优秀辅导员攻读思想政治教育专业硕士学位，分批选拔 500 名优秀辅导员定向攻读思想政治教育专业博士学位"。2009 年又增加了南开大学、浙江大学、中南大学和西南大学，总共 10 所高校共招生 30 名思想政治教育专业博士研究生。通过对教育部网站公布的关于高校辅导员在职攻读博士学位专项计划招生简章的统计，截至 2017 年，全国累计培养在职辅导员博士 1048 人，招生学校由最初的 6 所增至 33 所，招生名额从最初的 18 名增至 150 名，招生的专业由思想政治教育拓展为马克思主义理论、管理科学与工程、公共管理、发展与教育心理学和应用心理学 5 个一级学科。2018 年年初，教育部为进一步加强高校思想政治工作队伍建设，按照《关于进一步加强和改进新形势下高校思想政治工作的意见》（中发〔2016〕31号）、《普通高等学校辅导员队伍建设规定》（教育部令第43号）的要求，将"高校辅导员在职攻读博士学位专项计划"调整为"高校思想政治工作骨干在职攻读博士学位专项计划"，且明确规定"各招生单位招收一线专职辅导员的比例须占招生名额的70%以上"。2018年《高校思想政治工作骨干在职攻读博士学位专项计划》，招生名额达300人，招生学校增至62所，培养专业调整为马克思主义理论、党史党建、公共管理、管理科学与工程和心理学。

最后，积极推进高校辅导员导员访问学者计划。教育部思想政治工作司于2014年起开始实施"高校辅导员访问学者计划"，从各高校选派辅导员骨干作为国内访问学者赴教育部指定的高校或辅导员培训和研修基地进行访学研修。2014年至2017年，高校辅导员访问学者培养学校从10所增加到15所，先后累计选派了123名高校辅导员骨干进行3~6个月的访学研修。访学研修计划对高校辅导员素质的提升大有裨益。

面对全国10多万名高校辅导员，仅仅依靠教育部举办的全国高校辅导员示范培训显然不能满足广大辅导员素质能力提升的现实需要。在教育部的领导下，为规范和保障高校辅导员培训，形成了以研修基地举办的专题培训、高级研修为重点，以高校举办的岗前培训、日常培训等各类培训为基础，分层次、全覆盖的三级辅导员培训体系，并逐步健全完善。各地各高校积极学习借鉴教育部骨干培训班培养模式，创造性地开启了地方培训和校本培训，全面提升了高校辅导员的素质。例如江苏大学在做好辅导员岗前、日常和专题培训三种基础培训的基础上，还积极为辅导员搭建素质拓展的平台。学校专门设立了专项的培养基金，支持辅导员参加国家心理咨询师、就业职业指导师等培训和认证考试，培训和考试的费用全部由校方"买单"。这项措施大大激励了高校辅导员参加培训的热情，实现了高校辅导员培训从"要我学"到"我要学"的转变，使得高校辅导员的素质得到了不同程度的提高。哈尔滨工程大学创建了科学化的辅导员培训体系。首先，该校构建了职业能力培训体系，整合校内外培训资源，建立分层次、多渠道、重实效的岗前和日常培训机制，依托学工论坛和辅导员沙龙有针对性地开展专题研讨。其次，该校搭建了职业能力实践平台。拓展多岗位实践渠道，积极推进辅导员队伍内部和校内岗位的工作交流机制，选派骨干辅导员赴省教育厅等部门挂职锻炼，支持辅导员参与国内外交流研修活动。再次，该校举办辅导员职业能力大赛。依托主题班会、班情熟知、博客建设等比赛，加强工作考核，检验培训成效，并汇编比赛中涌现出的优秀工作案例结集出版。电子科技大学出台《电子科技大学辅导员队伍培训实施细则》，在培训规划、培训平台搭建、培训内容设计、培训课时要求等方面统一规划、科学设计，注重理论与实践相结合，为辅导员搭建交流学习平台。武汉大学不断完善辅导员多层次培训体系，逐步建立涵盖骨干培训、专题培训、海外见习、社会实践、调研交流、学生工作大讲坛等分层次、多形式、重实效的培训体系，不断提升辅导员的理论水平与工作素养。他们还举办"一案一析"辅导员工作坊，聚焦思想政治工作的重点难点，开展案例剖析、专家解读、现场模拟、实操培训等，不断提升辅导员职业素质与能力。

（四）理论研究更加深入

党的十六大以来，特别是 2004 年中共中央、国务院《关于进一步加强和改进大学生思想政治教育的意见》颁布以来，全国各地教育主管部门积极支持高校辅导员进行理论研究。这一时期，关于高校辅导员的理论研究无论在数量上还是在质量上都有了很大的突破。

首先，全国各地教育主管部门积极支持高校辅导员进行理论研究。以江苏省为例，江苏省教育厅在哲学社会科学基金项目中，每年列出专项资金支持辅导员开展大学生思想政治教育研究。同时要求高校积极支持、鼓励辅导员结合大学生思想政治教育的工作实践和思想政治教育学科的发展开展科学研究，承担大学生思想道德修养与法律基础、形势政策教育、心理健康教育、职业生涯规划、就业指导等相关课程的教学工作，并合理确定其工作量。江苏省高等教育学会辅导员工作研究会每年都会组织专项课题立项，鼓励高校辅导员进行理论研究。仅 2018 年，江苏省高等教育学会辅导员工作研究会就立项 120 项。其中重点课题 15 项、一般课题 30 项、指导课题 5 项。全国各大高校也积极支持辅导员进行科学理论研究。例如江苏大学每年从校人文社科基金中专门拿出 10 万元设立了大学生思想政治教育辅导员专项研究经费，资助辅导员研究新时期大学生思想政治教育工作的规律，探索改进大学生思想政治教育工作的新途径和新方法。西北农林科技大学每年预算 20 万元专项经费，支持辅导员的大学生思政教育研究项目和精品项目的实施。哈尔滨工程大学积极组织辅导员申报各级研究课题，注重学生工作研究成果总结凝练。近年来，哈尔滨工程大学辅导员多次承担教育部人文社会科学专项任务等课题，在学生工作研究方面取得了显著成效。华中农业大学设立大学生思政教育专项研究基金、学生工作专项研究基金，支持辅导员结合工作开展学术研究。近年来，华中农业大学辅导员先后发表论文多篇，公开出版了一批研究专著。合肥工业大学结合大学生思想政治教育的工作实践和思想政治教育学科的发展，每年设置不少于 20 项校级研究课题，支持辅导员开展理论与实践研究，还开设了 7 个辅导员工作室，通过理论研究、技能实训等形式，鼓励辅导员深入开展理论研究和实践探索，着力培养一批"专家型"名师团队。

其次，涌现了一大批关于高校辅导员工作的理论著作。其中比较有代表性的有清华大学张再兴教授所著的《高校辅导员队伍建设理论与实践》。该书主要介绍了新时期加强和改进高校辅导员队伍建设的目标和任务；高校辅导员队伍的性质、职能和工作价值；贯穿执行高校辅导员队伍建设的方针政策，落实领导体制、管理机制和建设措施。与此同时，该书还积极探索了高校辅导员队伍发展的新模式。长安大学杜向明教授和黎开谊副教授合著的《嬗变与开新：高校辅导员制度发展研究》对高校辅导员制度进行了系统地研究，对高校辅导员的素质建设具有重要的启迪作用。曲建武等主编的《高校辅导员队伍建设的理论与实践》从提高认识、组织管理、选拔配备、履行职责、培养培训、规范管理和职业发展等七个方面论述了如何做好高校辅导员队伍的建设，具有比较强的实践指导性和可操作性。山东大学原校党委书记朱正昌教授所著的《高校辅导员队伍建设研究》，首先介绍了我国高校辅导员队伍建设的历史和现状，其次介绍了西方国家和港澳台地区高校学生事务队伍建设的情况，再次介绍了我国高校辅导员队伍建设的方向和目标、工作的内容及业内发展机制，最后，朱教授从高校辅导员建设的支撑体系和评价体系两个方面对如何促进高校辅导员队伍专业化、职业化提出了自己的建议。丘进教授和卢黎歌教授等著的《机制·创新·长效——高校辅导员队伍建设研究》，首先介绍了我国高校辅导员队伍建设历史沿革和现状，接着介绍了我国高校辅导员队伍建设的目标和定位，最后从高校队伍选拔和评价机制、理念创新和政策机制、培养机制、职业化发展及考核评价机制五个方面提出了加强高校辅导员队伍建设的建议。孟东方教授等著的《高校辅导员学》从构建高校辅导员学的基础与依据、构建高校辅导员学基本框架、高校辅导员价值、高校辅导员工作对象、高校辅导员工作内容、高校辅导员素质和高校辅导员工作成效等八个方面对高校辅导员的工作进行了阐述，对于推进新时代高校辅导员研究的深入发展、提升高校辅导员的工作成效大有裨益。

除此以外，胡金波主编的《高校辅导员职业化发展研究》、贝静红著的《高校辅导员专业化发展实践研究》、许辉和与兴业合著的《自我视域下高校辅导员的发展研究》、张书明主编的《高校辅导员队伍建设》、李洪波主编的《高校辅导员职业能力协同开发研究》、张文强著的《高校政治辅导员职业化研究》、陈立民著的《高校辅导员理论与实务》、任少波等著的《辅导员：高校立德树人的关键力量》、唐家梁著的《高校辅导员队伍专业化建设与成长》、邵瑞著的《高校辅导员媒介素养》、柏杨著的《改革开放以来高校辅导员队伍建设研究》和李方著的《新时代高校辅导员工作理论与实践》等从不同的理论视角对高校辅导员素质建设进行了积极的、有益的探讨和研究，为本课题进一步研究新媒体时代高校辅导员素质建设奠定了良好的基础。

再次，关于高校辅导员的硕博士学术论文数量不少。通过对中国知网（CNKI）博硕士学位论文库以高校辅导员为题名的论文进行检索发现，截至 2020 年 12 月 31 日，与高校辅导员相关的博士和硕士学位论文共有1487 篇，其中硕士学位论文有 1412 篇，博士学位论文有 75 篇。由此可见，研究高校辅导员的相关硕士论文数量不少。从学科属性来看，大有繁荣之势。除了传统的从思想政治教育教学专业的角度进行研究外，还有从教育学、管理学、社会学、心理学、传播学、伦理学等诸多角度对高校辅导员进行研究的。在博士学位论文方面，比较有代表性的是西南大学博士生靳玉军撰写的《高校辅导员素质开发研究》和哈尔滨师范大学博士生苏亚杰撰写的《高校辅导员职业能力研究》。《高校辅导员素质开发研究》一文首先介绍了高校辅导员素质开发的内涵、特征及表现形式；其次，回顾了我国高校辅导员素质开发的历史，以及从中得到的启示；再次，作者设计了调查问卷对高校辅导员素质开发的现状进行了调查并对数据进行了分析；最后，根据调查结果，作者从完善高校辅导员素质开发的政策和制度、构建立体化的高校辅导员培训体系及优化高校辅导员管理体制这三个方面提出了自己对于高校辅导员素质开发的对策。《高校辅导员职业能力研究》一文，阐述马克思主义及马克思主义中国化理论中的人的全面发展理论、思想政治教育理论，研究借鉴了国外的职业发展理论及管理学、心理学中的激励理论，在马克思主义及马克思主义中国化理论尤其是在习近平教育思想的指导下，探讨高校辅导员职业能力的发展与提升问题。接着，依据国家相关法规文件和学界研究成就，分析探讨辅导员职业能力体系，包括辅导员职业能力的结构层次、能力之间的逻辑关联，以及职业核心能力、职业拓展能力和基础职业能力的主要内涵及其指向。然后介绍了高校辅导员职业能力发展的基本条件。从辅导员职业能力发展的思想基础、专业基础、知识基础和实践基础等角度阐述职业能力提升的教育背景因素和职业发展上的自我完善与追求；阐述了辅导员职业能力发展应具备的精神动力、知识底蕴、专业支撑和实践根基。接下来，以辅导员重要作用的发挥为基础，剖析辅导员能力发展的基本现状，成就与不足，职业能力发展的影响因素及其背后的动因；阐释了辅导员职业能力发展的时代挑战与机遇。最后，以树立辅导员职业能力提升的时代理念为前提，阐述了辅导员职业能力提升的基本策略、实践路径和辅导员职业能力建设的支撑体系。

在硕士论文方面，比较有代表性的有华东师范大学俞雪琴的《专业化进程中高校辅导员素质及其开发研究》、复旦大学余南飞的《新时期高校辅导员素质建设研究》、西南大学颜颜的《新时期高校辅导员素质培养研究》、东北师范大学冯博的《新媒体环境下高校辅导员信息素养研究》和西安理工大学董娇的《新媒体时代高校辅导员综合素质提升研究》等。

通过上面的数据可以看出，一些年轻的研究生在其导师的指导下，从理论和实践两方面为高校辅导员素质建设提出了很多真知灼见，为推动新媒体时代高校辅导员素质建设提供了大量的研究成果，推动了理论和实践的创新。

最后，学界发表了大量关于高校辅导员的学术论文。在学术论文方面，通过以高校辅导员为主题在中国知网（CNKI）学术期刊数据库进行检索。数据显示，从2002年1月到2020年12月，与高校辅导员相关的学术论文共有20499篇。其中，核心期刊1742篇，CSSCI来源期刊1040篇。

从以上数据可以看出，学者们从不同角度探索了如何加强高校辅导员素质建设，为研究新媒体时代高校辅导员素质建设打下了坚实的基础。

二、存在的问题

近年来，高校辅导员素质建设得到了党和国家，以及教育行政部门的高度重视。我国高校辅导员队伍建设日益成熟，各项管理制度不断完善，高校辅导员素质建设取得了显著的成就。但是，随着新媒体时代的到来和高等教育体制改革的不断深入，高校辅导员素质建设中存在的一些问题也逐渐显现出来，主要表现在：

（一）高校对于辅导员的定位不准确

高校辅导员是开展大学生思想政治教育的骨干力量，是高校学生日常思想政治教育和管理工作的组织者、实施者和指导者。如今，由于高校对于辅导员的定位不够明确，存在着不同程度的偏差，很多高校倾向于将辅导员定位为学生日常事务的管理者，并出于校园稳定、学生安全等各种考虑要求辅导员对学生做到"家长式"管理，这就使得高校辅导员往往承担着过于繁重的学生管理工作。同时，高校辅导员在校内受学工部门、校团委、教务处、就业中心等众多部门的领导和管理，负责教学、思政、就业、稳定等相关工作，大量的临时任务、党务工作、政治任务千头万绪。繁杂的角色和琐碎时间的冲突，使高校辅导员精力分散，难以全身心地对学生思想教育、学生工作规律性等问题进行研究、探索，这就使得高校辅导员自身的思想、职业素质难以得到提高。由于和自己的学生很少接触，对自己的学生也缺乏了解，不清楚大学生的思想特点，导致高校辅导员中存在着"辅而不导"的现象，削弱了高校辅导员思想政治教育职能的发挥。习近平总书记在2019年1月21日省部级主要领导干部坚持底线思维着力防范化解重大风险专题研讨班开班式的讲话中强调："要高度重视对青年一代的思想政治工作，完善思想政治工作体系，不断创新思想政治工作的内容和形式，教育引导广大青年形成正确的世界观、人生观、价值观，增强中国特色社会主义道路、理论、制度、文化自信，确保青年一代成为社会主义建设者和接班人。"这就要求学校要明确辅导员的分工和职责，使辅导员能够在日常的工作中做好学生的思想政治教育工作。只有这样，高校辅导员才能培养出合格的社会主义建设者和接班人，为实现中华民族伟大复兴的"中国梦"贡献自己的一分力量。

（二）高校辅导员的政治意识淡化

政治素质是高校辅导员从事大学生思想政治教育所必需的基本条件和基本品质，对于大学生的成长成才具有根本性、方向性的指导作用。高校在招聘辅导员时，对于政治素质方面有着严格的规定。所以提高高校辅导员的政治素质，重点不在于入口方面，而在于如何通过各种教育手段不断强化高校辅导员的政治意识。

目前，在对高校辅导员的培训上，很多高校存在问题。不少高校缺少有针对性的且能够补充新观念、新知识和新技能的培训，在培训教材、培训师资力量和培训课程体系上有较大的缺口。还有些高校让辅导员和新进的教师一起进行培训。培训内容主要是介绍学校概况、岗位职责介绍、政策法规解释、形势政策解读等，没有突出从事高校辅导员工作应该具备的政治素质、职业品质和职业能力。同时，由于各种原因，部分辅导员日常自觉或不自觉地放松了对于自身政治素质的要求，不积极学习时事政治，对于国家的大政方针缺乏了解，理论上无法做到与时俱进，政治素质难以得到提高，以至于对学生提出的一些政治思想问题不能给予很好的解答。为此，要加强对于高校辅导员的政治教育，建立高校辅导员专项"政治理论学习制度"；结合"不忘初心，牢记使命"主题教育活动，加强对辅导员的政治教育，从而不断提高其政治敏锐性，增强其政治鉴别性，使他们善于从政治上思考和处理学生教育管理工作中遇到的具体问题。与此同时，在大是大非面前，在面对善恶曲直、义利得失时，高校辅导员必须有自己正确的道德评价和正确的政治选择，要用自己的行动告诉学生自己的选择，用自己的立场引导学生做出正确的选择。只有这样，高校辅导员才能真正成为大学生政治上的领路人和生活上的知心朋友。

（三）高校辅导员的专业水平有待提高

近年来虽然不少高校辅导员的学历学位层次已经有了较大的提高，硕士研究生文凭已经成为高校辅导员的"标配"，但是从学生工作队伍的整体情况来看，高校辅导员的专业水平有待提高。

当前，高校辅导员队伍中普遍存在知识结构不合理、理论素养不高的现象。一方面，虽然目前各大高校在招聘辅导员时坚持了高标准，但是大多数高校对于应聘者所学专业没有具体的要求。这就使得不少高校辅导员缺少思想政治教育学、心理学、社会学、法学、伦理学、哲学等相关学科背景和知识储备，缺少必要的科学管理知识和思想政治教育技能。知识结构的欠缺使得他们在开展思想政治教育时，有时会出现力不从心的情况。另一方面，由于平时忙于各种事务性的工作，部分高校辅导员放松了自身对于学习的要求。这导致他们所掌握的知识无法跟上新媒体时代发展的步伐，使得他们无法更好地为学生答疑解惑。在知识经济迅猛发展的当下，知识正以几何级的速度迅速更新，面对学生提出的一些新问题，高校辅导员由于自身的学习不够，其在学生工作中的影响力和说服力随之下降，因而对学生进行思想政治教育达不到理想的效果。面对新媒体时代大学生思想政治教育的新要求和各种复杂情况，高校辅导员中普遍存在着不同程度的"知识恐慌"和"本领危机"。习近平总书记强调："如果我们不努力提高各方面的知识素养，不主动加快知识更新、优化知识结构、拓宽眼界和视野，那就难以增强本领，也就没有办法赢得主动、赢得优势、赢得未来。"面对新媒体时代信息总量呈现裂变式增长、新知识和新事物层出不穷的新情况，高校辅导员要树立终身学习的观念，积极学习新知识、新技能，注重研修，不断给自己注入"新水""活水"，用各种科学文化知识充实自己、武装自己，以避免自己落后于时代，真正使自己成为一名当之无愧、名副其实的人类灵魂的工程师。同时，高校要加强对辅导员的培训、学习和交流，以优化他们的知识结构，提高他们的职业素养，使他们能够把握新媒体时代的特点和当代大学生的变化规律，不断改进工作方式，从而增强他们在新媒体时代开展思想政治工作的能力，使新媒体时代高校思想政治工作变得更加新潮、更加多彩、更加有温度、更加接地气，不断提高思想政治工作的实效性。

（四）高校辅导员的阅历经验不足

根据柏杨 2017 年对全国 31 个省、直辖市、自治区的千余名高校辅导员的问卷调查，被调查者中 30 周岁及以下的辅导员占 50.92%；31~40 周岁的辅导员占 40.22%；41~50 周岁的辅导员占 7.13%；50 周岁以上的辅导员占 1.2%。根据上述数据可知，年轻化已经成为高校辅导员的一项重要特征。由于高校辅导员需要经常和青年学生接触，高校辅导员的年轻化使其与大学生更容易打成一片，能够更好地和大学生进行交流，了解大学生们的所思所想，从而可以更好地完成本职工作。但是，由于缺乏实际工作的经验，年轻的辅导员往往存在经验不足、相对浮躁等问题，这使得工作浮于表面、忙于应付，工作做不深、做不实的情况屡有发生。同时，辅导员队伍老中青比例的失调，不利于辅导员队伍工作开展上的传帮带，缺少经验上的积淀和传承。在这样的情况下开展工作，工作的效果必将大打折扣。

（五）高校辅导员队伍不稳

高校辅导员队伍是高校进行思想政治教育、学生事务管理和学生发展指导的基础力量。这支队伍的稳定与否，直接关系到能否培养出德智体美劳全面发展的社会主义事业的可靠建设者和接班人，关系到学校乃至社会的发展稳定，因此必须建设一支稳定的高校辅导员队伍。但是由于缺乏对高校辅导员发展阶梯的合理指导和系统设计，很多辅导员在业内看不到自己的职业高峰，看不到如何实现自身价值的路径。相当一部分高校辅导员认为自己的工作很难有"成就感"，对高校辅导员这份工作的发展前景缺乏信心。这就使得高校辅导员队伍稳定性比较差，人员流动过快。高校辅导员队伍不稳的原因主要包括以下几个方面：

一是认为高校辅导员职业声望低下，社会认可度还不高。如果自身群体的劣势不能被否认，成员就可能离开这个群体，并加入一个较高地位的群体。现如今，高校内部普遍存在着重学术和科研、轻学生管理工作的现象。在高校重视学术和科研的气氛下，辅导员很容易以自身学术成果为参照产生学术自卑感；在行政权力架构体系中，辅导员以自身待遇为参照产生行政自卑感。同时，如今社会上存在着一些对高校辅导员的错误认识，认为高校辅导员是戴着教师的帽子、干着学生"保姆"的工作，是学校职能部门的"勤务兵"，是一份层次不高、没有任何技术含量、人人都可以胜任的工作。高校辅导员的职业得不到社会的认可和理解，职业声望低下，荣誉感不强。这使得很多高校辅导员在介绍自己工作的时候更乐于承认自己是"大学老师"，而不太愿意表明自己是从事学生管理工作的辅导员。

二是认为高校辅导员的工作责任重、压力大、收入低。在新媒体时代，特别是学生的安全问题，使得高校辅导员时刻都处于紧张状态，手机24小时都要保证通讯畅通。与此同时，高校辅导员还面临着大量的临时任务、党务工作和政治任务，使得"辅导员工作是个筐，什么都能往里装"，很多辅导员"两眼一睁，忙到熄灯"。与繁重的工作量相比，高校辅导员的收入并没有明显的增加，付出和回报严重不成正比。繁重的工作和并不可观的收入在某种程度上给高校辅导员带来了巨大的压力，使其产生了严重的心理失衡，对辅导员工作热爱程度有限。绝大多数辅导员将辅导员工作当成一份无可奈何地谋生手段，从而导致高校辅导员队伍稳定性不强。

三是发展前景不明。虽然国家一直强调要重视高校辅导员队伍建设，一些高校也制定了辅导员队伍建设的相关政策，但是在现实中，一些高校对于辅导员工作的重要性认识还是不到位。这使得有些关于辅导员的政策难以真正落实到位。在一些高校中，同等条件下，高校辅导员相对于专任教师更难评定职称和获得晋升。高校辅导员的上升渠道不畅通，成为高校辅导员发展的"痛点"。这导致不少高校辅导员将自己当成一个暂时的工作角色，没有认识到自身工作所担负的神圣职责和特殊使命，不能安心把辅导员工作作为自己的事业追求。对高校辅导员缺乏职业认同感和归属感，工作热情不高，没有长期工作的思想准备，这些都严重影响了高校辅导员队伍的稳定性，造成高校辅导员"队伍不稳定"的问题。

四是受到整体社会氛围的影响。我国正处于社会转型、体制转轨的重要时期，人们的行为方式、生活方式及价值观念体系都受到了重大的冲击。一方面，学生的价值观念、思维方式、行为方式等发生了一定变化，不可避免地带上了过度关注经济利益、集体观念淡薄、信仰体系缺失等转型时期的特点；另一方面，许多学生工作人员也受到社会上价值取向多元化的影响，对新媒体时代思想政治工作的地位和作用的认同产生了动摇，甚至出现某些辅导员受物质利益的驱动不能安心从事本职工作而去谋求第二职业的现象。

通过对大学生的调查我们发现，新媒体时代大学生成长成才的愿望比过去任何时期都要更强烈。他们非常希望自己能够在大学阶段在德智体美劳各方面都获得发展，从而为自己未来的发展打下坚实的基础。强烈的求知欲和成才欲使大学生非常渴望得到切实的帮助。高校辅导员工作在思想政治教育的第一线，履行着教育管理的职责。高校辅导员与大学生朝夕相处，其一言一行都对大学生有着重要的影响，是大学生健康成长的指引者和引路者。然而，在新媒体时代大学生思想政治教育的实践中，普遍存在着高校辅导员的素质无法满足大学生现实需要的问题。为此，我们必须加强新媒体时代高校辅导的素质建设，不断提升高校辅导员的素质，优化高校辅导员的知识结构，从而培养出更多的社会主义事业合格建设者和接班人，为实现中华民族伟大复兴的中国梦贡献自己的一分力量。

第四章

新媒体时代高校辅导员素质建设的要求

第一节 国家政策文件对高校辅导员素质的要求

党中央、国务院和教育部先后发布了《普通高等学校辅导员规划（2013—2017）》（以下简称《规划》）、《高等学校辅导员职业能力标准（暂行）》（以下简称《标准》）、《关于进一步加强和改进新形势下高校宣传思想工作的意见》（以下简称《意见》）、《普通高等学校辅导员队伍建设规定》（以下简称《规定》），对高校辅导员的素质、高校辅导员的职业能力、如何在新形势下加强和改进高校宣传工作等做出了规定。因此，通过对国家政策文件进行分析，可以帮助我们从政策层面的高度把握高校辅导员应该具备的基本素质，从而有效地促进新时期高校辅导员素质的提升。国家政策文件对于高校辅导员素质的要求主要有以下几个方面内容：

一、高校辅导员应该具备较高的政治素质

《规划》要求高校辅导员日常要积极学习和贯彻党的十八大精神，充分掌握中国特色社会主义理论体系，加强对邓小平理论、"三个代表"重要思想、科学发展观的学习，加深对当代中国马克思主义的实践特色、理论特色、民族特色和时代特色的理解，准确把握建设中国特色社会主义的总依据、总布局和总任务，进一步坚定"三个自信"，为实现中国特色社会主义共同理想而奋斗。同时，《规划》提出，高校辅导员要对我国当前社会主义建设所面临的形势任务和当代大学生的使命职责有正确的认识。高校辅导员要加强对党和国家的重大方针政策、重大改革措施的认识，加强对当前国际形势、国际关系状况和我国对外政策的认识，加强对教育改革发展稳定的形势和任务的认识。《标准》要求高校辅导员做到政治强、业务精、纪律严、作风正。《意见》指出高校辅导员要加强对于中国特色社会主义理论的学习，加强对于党史、国史和形势任务的学习，进一步增

强对中国特色社会主义的理论认同、政治认同和情感认同，刻苦钻研、严谨笃学，不断充实、拓展、提高自己，不断增强自己的政治素质。《规定》要求高校辅导员具有较高的政治素质和坚定的理想信念，坚决贯彻执行党的基本路线和各项方针政策，有较强的政治敏锐性和政治辨别力。

二、高校辅导员应该具备较强的专业素养

《规划》从职业道德、科学文化素质和思想政治专业素质三个方面，对高校辅导员的专业素养提出了要求。在职业道德素质方面，要求高校辅导员必须树立正确的三观，忠于党的教育事业，具有坚定的政治信念、高尚的精神追求和良好的职业操守。在科学文化素质方面，要求高校辅导员要学习政治学、教育学、心理学、哲学、历史学、法学等多学科知识，不断提升自身的综合素质和能力。在思想政治专业素质方面，要求高校辅导员要学习思想政治教育基本原理方法、思想政治教育历史发展、比较思想政治教育、思想政治教育研究方法等专业素质，不断提高自身把握高等教育规律和思想政治教育规律的能力。

《标准》提出，高校辅导员应该具备广博的知识储备，了解马克思主义理论、哲学、政治学、教育学、社会学、心理学、管理学、伦理学、法学等学科的基本原理和基础知识。在专业知识方面，高校辅导员应该掌握思想政治教育专业的基本理论、基本知识、基本方法，马克思主义中国化相关理论及知识，以及大学生思想政治教育工作，如党的创新理论教育、大学生党团和班级建设、职业生涯规划与就业指导、网络思想政治教育、危机事件及突发事件应对与管控等方面的相关知识。与此同时，高校辅导员还应该掌握《中华人民共和国教育法》《中华人民共和国教师法》《中华人民共和国精神卫生法》《学生伤害事故处理办法》等与大学生思想政治教育相关的法律法规条文规定。

《规定》指出辅导员应该具有从事思想政治教育工作相关学科的宽口径知识储备，掌握思想政治教育工作相关学科的基本原理和基础知识，掌握思想政治教育专业基本理论、知识和方法，掌握马克思主义中国化的相关理论和知识，掌握大学生思想政治教育工作实务相关知识，掌握有关法律法规知识。

三、高校辅导员应该具备较强的职业能力

《规划》从六个方面对高校辅导员的职业能力提出了要求。一是，在思想政治教育基本能力方面，要求高校辅导员掌握主题教育、党团活动、社会

实践活动等思想政治教育的基本方法。二是，在大学生党建工作方面，要求高校辅导员具有把握党员发展质量和开展基层党支部活动的能力。三是，在学生事务管理方面，要求高校辅导员积极学习借鉴国内外高校在学生事务管理方面取得的成果与经验，不断提高自身在学生事务管理工作中的能力。四是，在心理健康培训方面，要求高校辅导员不断提高自身疏导心理困惑开展心理咨询的能力、辅导学生发展的能力、参与应对和处理心理危机的能力。五是，在运用网络能力方面，要求高校辅导员不断提高开展网上教育、管理、服务及网络引导能力。六是，在职业生涯规划方面，要求高校辅导员积极学习职业生涯规划的基础知识、基本理论和常用方法，提高自己指导学生进行职业生涯规划的能力，帮助学生树立正确的职业观、择业观、创业观、成才观，使他们能够尽快地适应社会、融入社会。

《标准》将高校辅导员分为初级、中级和高级三类。从思想政治教育、党团和班级建设、学业指导、日常事务管理、心理健康教育与咨询、网络思想政治教育、危机事件应对、职业规划与就业指导、理论和实践研究等九个方面，对不同级别的高校辅导员应该拥有的能力提出了具体的要求。

《意见》指出，要完善中华民族优秀文化传统教育，高度重视民族团结教育，积极开展马克思主义民族宗教观、党的民族宗教政策和相关法律法规的宣传，广泛开展各类社会实践和公益活动，加强高校心理健康教育与咨询示范中心建设，做好就业指导和经济困难学生资助工作。这就要求高校辅导员积极学习马克思主义宗教观、党的民族政策和相关法规，做好少数民族学生的工作；与此同时，要不断提高自身开展心理健康咨询、为学生做好就业指导和开展困难学生资助的能力，不断促进学生成长成才。《意见》特别强调高校辅导员要增强对学生进行网络思想教育的能力。"思政工作新时代，网络教育定乾坤。"新时期，网络思想政治教育对于培养中国特色社会主义事业的合格建设者和可靠接班人有着重要的作用。因此，高校辅导员要努力学习网络新技术、新知识，不断提高自己运用网络的能力。在工作中，要与思想政治理论课教师和其他辅导员加强合作，一起推动辅导员微博、思想政治理论课教师微博、校园微信公众号、学生主题教育网站等网络新媒体的建设。要以大学生喜闻乐见的方式，创新互联网时代的思想政治工作，努力使学生成长成才每个环节都能从网络获得资源，思想行为每个方面都可以从网络获得引导，生活学习每个时刻都可以从网络获得支持，网聚浩然正气，培养中华民族伟大复兴的栋梁之材。

《规定》指出高校辅导员要具备较强的组织管理能力和语言、文字表达能力，以及教育引导能力、调查研究能力，具备开展思想理论教育和价值引领工作的能力。

第二节　新媒体时代大学生的特点对高校辅导员素质提出的新要求

随着时代的变迁，我国大学生思想政治教育面临着许多新情况新问题，例如大学中的教育客体发生了重大的变化。现在，我国在校大学生以"95后""00后"为主。他们出生时，正是我国信息技术迅猛发展的时期，因此他们也被称为新媒体时代大学生。作为与互联网共同成长的网络原住民一代，他们对于信息技术的了解和使用的熟练程度超过了以往任何时期的大学生。由于计划生育政策和时代变化发展的影响，这时期的大学生基本上都是独生子女，而且他们在思想与理念方面有着和以往大学生不同的特点。按照我国少年 18 岁上大学计算，2013 年 9 月，第一批以"95后"为主群体的大学生踏入"象牙学府"，开始他们的大学生涯[①]。研究新媒体时代大学生的特点，并据此提升高校辅导员的素质，对于做好新媒体时代大学生思想政治教育工作有着非常重要的作用。

一、新媒体时代大学生的特点

第一，新媒体时代大学生具有独特的思想意识。正如习近平所指出的："现在高校学生大多是'95后'，新世纪出生的青少年也将走进高校校园。他们朝气蓬勃、好学上进、视野宽广、开放自信，是可爱、可信、可为的一代。"他们思维活跃、视野宽广，敢于尝试新鲜事物。他们表现出更强的表达能力，形式多样、形态各异的表情包在网络空间的"异军突起"就是一个力证。他们所表现出的独特的思想意识要求高校辅导员不能仅使用原有的方法对"95后"大学生进行思想政治教育，而是要沿用好办法、改进老办法、探索新办法。高校辅导员必须更加关注学生的思想动态，与时俱进地更新自己处理问题的观念，在日常的工作中要多和学生进行交流，了解学生的行为举止，做到见微知著、未雨绸缪，增强前瞻意识，提高对于各类突发事件的应急处理能力。

第二，新媒体时代大学生对于网络高度依赖。21 世纪是一个信息技术与新媒体快速发展的时代，网络对于新媒体时代大学生有着巨大的吸引

---

① 宋丽娜：《社会转型期 95 后大学生就业价值观的引导》，《江苏理工学院学报》，2016（10）：102-105。

力。根据中国互联网络信息中心（CNNIC）2017 年 1 月发布的第 39 次《中国互联网发展状况统计报告》显示，到 2016 年 12 月，中国网民规模达到了 7.31 亿，其中手机网民规模达到了 6.95 亿。而在庞大的网民群体中，30 周岁以下的网民人数达到了 3.93 亿，占网民总数的 53.7%。该中心在 2016 年 5 月发布的《2016 年中国青少年上网行为调查报告》中的"各互联网应用在青少年网民中的普及率"显示，新媒体时代大学生群体在"信息获取""交流沟通""网络娱乐"等方面的普及率远高于其他网民的总体普及率。由此可见，他们已经成为我国网络用户的主要群体。他们能够熟练使用网络工具，受互联网影响更大。网络是一把"双刃剑"，在给新媒体时代大学生带来极大便利和无穷乐趣的同时，也对"95 后"大学生造成了一定的负面影响。一些大学生由于涉世不深、甄别力不强、自控力较差，出现了政治迷失、道德滑坡和理性缺失，严重的甚至出现了违法犯罪行为。有的大学生沉迷于网络世界中不能自拔，一些人出现了人格障碍，导致自身的身心受到了严重的损害。针对这种情况，高校辅导员要对他们进行引导，鼓励他们正确使用网络，合理安排时间，拒绝网瘾。

第三，新媒体时代大学生在价值选择方面出现困惑。当前一些西方发达国家利用互联网等现代传播媒介对高校进行意识形态的渗透。某些账号在网上大肆宣扬西方的生活方式和价值观念等，使得一些大学生在进行价值选择和判断时面临诸多文化困惑，甚至价值观发生扭曲，导致国家意识模糊，民族认同减弱[①]。华东师范大学社会发展学院于 2016 年对 948 名"95 后"大学生网络精神文化生活的内容、方式、质量等进行了实证研究。调查结果表明，虽然大部分大学生对于主流意识形态表现出了认同，但是少部分大学生存在着政治观念薄弱、政治敏锐性和辨别力较弱的问题。有的大学生对马克思主义信仰、社会主义和共产主义的信念产生了怀疑和动摇；有的大学生在校园内外随意传播网络上的信息，不加分析地传播外来社会思潮等。

第四，新媒体时代大学生面临许多的心理健康问题。近年来，大学生心理健康问题引发社会高度关注，焦虑、失眠、抑郁已经成为新媒体时代大学生常见的心理疾病。成长于网络信息技术高度发达环境下的大学生们，对于手机有着极大的依赖性。《时代杂志》2016 年的一项调查表明，20% 的人群每十分钟就要查看一下手机，人们把这种行为称为"手机依赖

[①] 黄艳：《"95 后"大学生网络精神文化生活的群体特质与引导策略》，《思想理论教育》，2017（2）：78-83。

症"。大学生中"手机依赖症"广泛存在，不少大学生上课看手机、吃饭看手机、走路看手机、坐车看手机、睡觉之前还在看手机。长期使用手机，使他们产生更多的孤独感，从而产生了各种心理问题。如今风靡各大高校的"夸夸群"，就是新媒体时代大学生因为心理压力较大、通过网络"抱团取暖"的方式来缓解心理压力的一种方式。夸夸群使成员在社交群里无论发什么都会收到别人的夸奖和赞扬，心情不好的时候还能得到安慰。夸夸群让成员在焦虑、孤单、无助中感受了一些温暖，因而受到大学生的欢迎。面对这种情况，高校辅导员要努力成为学生快乐成长的"阳光天使"①，平时要加强对他们进行心理健康知识的教育，积极与学生进行交流沟通，多组织开展一些文体及社会实践等方面的活动，促进学生之间的交流，帮助大学生认知自我、找准定位、悦纳自己。

第五，新媒体时代大学生的学习与就业压力增大。进入 21 世纪以后，随着我国大学的扩招，大学生就业从"精英就业"向"大众就业"转变，以前"统包统分"的分配制度转化为现在的"双向选择，自主择业"。大学生就业的春天已经远去，他们所面临的就业形势将更加复杂、更加艰巨。根据教育部和人力资源和社会保障部的官方统计数据，2020 年全国高校毕业生总数达到了 874 万人，同比增加 40 万人，再创历史新高。加上前几年未就业的大学生，毕业生面临的就业形势之严峻可想而知。现实生活中，大学生在进行求职应聘时，由于缺乏相关的工作经验和自身就业准备得不充分，在严峻的就业形势、残酷的社会现实和众多的竞争对手等多重挑战面前败下阵来，不少应届毕业生面临"毕业即失业""毕业却找不到工作""无业可就"的窘境。在这种情况下，他们面临比以往大学生更大的学习压力、经济压力和就业压力。

职业生涯规划是个体对自己未来职业方向、未来发展道路的设计和实现职业目标的实施步骤，目的是实现个体价值的最大化②。行之有效的职业生涯规划可以引导大学生正确认识自己的个性特征、自身所具有的及潜在的资源优势，帮助大学生重新认识自身的价值并不断促使其自身价值不断成长，从而有效降低大学生临近毕业出现"两眼一蒙，无从下手"的风险，也可以有效降低因为"无知"导致大学生错失心仪岗位的概率。2019年 8 月，中青校媒面向全国各地高校的 700 余名大学生和毕业生发起关于

---

① 杨晓丹：《试论高校辅导员的角色定位与管理策略》，《学校党建与思想教育》，2014（5）：72-73。

② 李洪波，董秀娜，李宏刚：《高校辅导员职业能力协同开发研究》，镇江：江苏大学出版社，2016 年，第 12 页。

大学生制定职业规划情况的调查。调查结果显示，超过87%的被调查者认同一份清晰的职业规划利于大学生制定目标，有助于求职者为找工作提前做好准备。87.18%没有明确职业规划的大学生认为，规划不明确对找工作有影响，其中46.15%认为没有提前做准备导致简历单薄，61.54%找工作时才发现选择很迷茫，35.90%找工作时发现自己不具备工作所要求的能力。由此可见，在新媒体时代大学生面临学习与就业压力不断增大的情况，高校辅导员必须加强对于他们在专业学习和职业生涯规划方面的指导，帮助他们更好地回答"我是什么样的人""我未来想从事什么样的职业""我适合干什么工作""我打算成为哪个领域的人才"等问题。让他们真正做到知己知彼，调动大学生对于学习的热情，实现从"要我学"到"我要学"的转变，在不断地学习、实践中提高自身的综合素质，成功地实现从大学生到职业人甚至是社会人的转变，为新媒体时代大学生实现高质量就业打下坚实的基础。

二、对高校辅导员素质的要求

中华人民共和国教育部令第 43 号《普通高等学校辅导员队伍建设规定》（以下简称《规定》）第二条指出："辅导员是开展大学生思想政治教育的骨干力量，是高等学校学生日常思想政治教育和管理工作的组织者、实施者和指导者。辅导员应该努力成为学生成长成才的人生导师和健康生活的知心朋友。"[①] 要做好新媒体时代大学生的思想政治工作，高校辅导员就要做到因事而化、因时而进、因势而新。面对新媒体时代大学生的特点，高校辅导员可以从以下五个方面着手，不断提升自身的素质，为中华民族伟大复兴培养又红又专、德才兼备、全面发展的社会主义合格建设者和可靠接班人贡献自己的力量。

第一，高校辅导员要加强沟通能力。习近平总书记指出，思想政治工作从根本上说是做人的工作，必须围绕学生、关照学生、服务学生。新媒体时代大学生具有以往大学生所不具备的特点，要想做好他们的思想政治工作，仅仅使用原有的方式方法是不够的。高校辅导员需要加强和学生的交流沟通，真正成为他们的知心朋友。通过和他们的交流沟通，使学生明白辅导员是为他们着想的，希望他们能够成长成才；通过交流沟通，辅导员可以更好地掌握学生的思想动态，了解学生需要什么、喜欢什么、关心什么，从而使得思想政治教育工作更具有亲和力和针对性。

---

① 教育部：普通高等学校辅导员队伍建设规定（教育部令第 43 号），2017 年 8 月 31 日。

第二，高校辅导员要提高自身的信息技术能力。当前，互联网已经成为高校思想政治工作的主战场，"网络+教学""网络+科研""网络+生活"已经成为高校师生学习工作生活的常态，微博、微信、论坛等网络社交平台已成为高校思想政治舆情酝酿发酵的源头。传统教育引导方式面临网络新媒体的挑战，网络思想政治工作形势复杂而严峻①。"明者因时而变，知者随事而制。"面对现在新媒体时代大学生"无人不网、无日不网、无处不网"的新趋势，高校辅导员必须具备较强的信息技术能力，要熟练运用各种网络技术，努力使自己成为网络环境下信息交流的行家里手。只有这样，才能及时发现、解决网络上出现的思想问题，做好网络舆情的引导工作，增强网络思想政治教育的话语权和主动权。高校辅导员要积极推动思想政治工作传统优势同信息技术的高度融合，要善于使用他们喜闻乐见的语言和易于接受的方式，通过视频、动画、游戏甚至虚拟现实等技术手段对大学生进行网络思想政治教育，以帮助他们更好地成长成才。

第三，高校辅导员要加强自身的政治素养。面对复杂多变的国内外形势，以及以互联网为代表的现代传播媒介的迅猛发展，当今社会思想文化领域和意识形态领域的情况正变得日益复杂。马克思主义的指导思想正面临多样化思潮的挑战，社会主义核心价值观的培养和践行正面临市场经济追逐功利性的挑战，而传统的教育引导方式也正面临新媒体的挑战②。面对新形势下的众多挑战，高校辅导员必须加强自身的政治素养，只有这样高校辅导员才能做好新媒体时代的高校思想政治工作。习近平总书记强调，传道者自己首先要明道、信道。高校辅导员要坚定马克思主义、共产主义信仰，牢固确立中国特色社会主义共同理想。要用马克思主义中国化的最新理论成果武装自己的头脑，积极培育和践行社会主义核心价值观，以马克思主义的科学世界观和方法论指导自己的日常工作，不断增强道路自信、理论自信、制度自信、文化自信。只有这样，高校辅导员才能做好传播正能量、传递主旋律的"媒介"，做好大学生的"指路人"和"筑梦者"。

第四，高校辅导员要加强心理学相关知识的学习。高校辅导员的工作对象是心理活动丰富多样的新媒体时代大学生，职责要求高校辅导员要成为他们健康成长的引路人和知心朋友。新媒体时代大学生正处于迅速变革的社会背景之下，其自身又处于动荡的年龄阶段，从心理发展水平看，是

---

① 黄蓉生：《加强高校思想政治工作队伍建设》，《中国高校社会科学》，2017（2）：20-26、156。

② 《十谈》编写组：《加强和改进新形势下高校思想政治工作十谈》，北京：人民出版社，2017年，第43页。

从未完全成熟走向成熟的过渡时期。加之新媒体上各种信息的影响，使得他们各种心理活动异常活跃，同时也产生了很多矛盾和困惑，从而导致心理问题频发。面对在新媒体时代大学生中出现的越来越多的心理问题，高校辅导员要努力成为学生快乐成长的"阳光天使"①。为此，高校辅导员要认真学习心理学基本原理和基础知识，积极参加各种心理咨询和辅导培训，不断提高自身按照科学方法观察研究大学生的心理过程，客观分析学生性格、动机、能力等心理特质，准确把握学生间心理差异和形成原因等心理活动和心理现象的能力。结合学生阶段性心理的特征，因势利导地开展心理健康教育和心理咨询服务，帮助他们更加健康地成长成才。除此以外，高校辅导员还要定期对大学生的心理健康状况进行排查，及时发现学生的思想矛盾和心理问题，有效进行化解与疏导。对于出现比较严重的心理疾病的大学生，高校辅导员要引导其积极就医，同时配合心理咨询中心和医院做好治疗工作。

第五，高校辅导员要提高对学生进行职业生涯规划指导的能力。面对严峻的就业形势，加强高校辅导员对新媒体时代大学生进行职业生涯规划指导的能力，使高校辅导员能够更好地、更有针对性地、更有效地对他们进行职业生涯规划指导，对于提高新媒体时代大学生的就业能力、增强他们的职业竞争力、促进新媒体时代大学生的职业发展具有十分重要的意义。

职业生涯规划指导是一项具有很强专业性和实践性的工作，它需要高校辅导员掌握系统的理论知识，了解国家、省市和学校对于大学生就业的最新政策，了解人才市场的需求等。但是目前由于大多数高校辅导员并不具备丰富的社会工作经验，对职业生涯规划的理论没有系统地了解，因而他们职业生涯规划水平普遍不高。不少高校辅导员在对大学生进行职业生涯规划指导时还停留在向学生宣传"考取硕士研究生""就业时要提高诚信意识，不要随意违约""根据自身情况，放弃不切实际的要求，降低自身就业的期望值"等一些比较空洞的说教上，而不能指导学生根据自身实际情况进行科学、合理的职业生涯设计与规划，传授学生迫切需要的求职技巧，解决学生们在职业发展过程中的现实问题。

作为大学生职业生涯规划的"设计师"，高校辅导员要积极学习职业生涯规划和就业指导的相关理论，考取职业指导师、中国职业规划师、生涯规划师等职业资格证书，不断提高自身素质与能力。在日常工作中，高

---

① 杨晓丹：《试论高校辅导员的角色定位与管理策略》，《学校党建与思想教育》，2014（5）：72-73。

校辅导员要帮助新媒体时代大学生正确认识自我、正确认识职业环境，树立正确的人生观、价值观和择业观，帮助他们了解就业政策，提升他们的求职技巧，从而提升他们的就业能力。对于具有创业潜力且自身有意愿创业的大学生，高校辅导员要对他们给予帮助，积极联系相关就业部门，为他们提供工商、法律、税务、金融、知识产权保护等方面的咨询服务，使他们能够成功创业。

第三节　新媒体时代对高校辅导员素质的要求

当前，新媒体已经渗透到人们的生活之中，重塑着受众的信息获取方式、交往形态、交流方式和思维方式①。新媒体作为当代大学生交流和获取信息的重要渠道，对大学生的学习生活产生了深远的影响，当代大学生更加容易接受新媒体这种文、图、声、影一体化的信息传播方式。作为大学生思想政治教育的骨干力量、大学生健康成长的指导者和引路人的大学辅导员，必须不断提高自身的新媒体素质，使自己能够熟练运用新媒体开展思想政治教育工作，提高学生对于思想政治教育的认同感，从而更好地占领新媒体这个全新的思想政治教育阵地。新媒体时代要求高校辅导员具备新媒体应用素质、新媒体管理能力素质和把握舆论方向的能力。

一、高校辅导员需要具备新媒体应用素质

随着新媒体的快速发展，高校辅导员需要当好"研究员"，精准把握新媒体时代信息传播的特点，充分挖掘新媒体的优势，不断提高自身的新媒体应用素养，努力使自己成为应用新媒体的"行家里手"，不断提高思想政治教育工作的科学化、信息化水平。真正做到哪里有新媒体，哪里有学生，哪里就有思想政治教育工作。为此，高校辅导员必须具备以下三个方面的素质：

首先，新媒体综合认知能力。现在虽然大多数辅导员具备了通过新媒体开展思想政治教育工作的意识，但是对于新媒体新技术的掌握距离实际的要求还有很大的差距。主要表现为：不善使用新媒体，理念多思路少、设想多落地少，拿过去的习惯当现成的经验，带着理想化的模子去套，拿着刻板化的尺子去量，等等。这就要求高校辅导员必须熟练掌握一些常用

① 张琰：《辅导员新媒体素养提升思想政治教育效果的探究》，《江苏高教》，2020（6）：120-124。

的新媒体技术，还必须能够对新媒体技术是否适用于具体的工作情境进行判断①。其次，新媒体创新力。新媒体创新力是指高校辅导员使用新媒体进行内容创造创新和传播的能力。新媒体的虚拟平台某种程度上满足了大学生期望被关注、渴望受肯定、希望被赏识的心理预期，辅导员要善于把新媒体转换为与学生互动的平台②。这就要求高校辅导员要具备使用新媒体进行内容创新和传播的能力，真正创造出当代大学生喜闻乐见的内容，不断增强网络思想政治工作的亲和力和针对性，提升网络育人的工作质量。再次，新媒体影响力。新媒体影响力一方面是指高校辅导员能够通过新媒体对大学生的思想观念产生影响，帮助他们形成正确的世界观、人生观、价值观，积极引导他们成为德智体美劳全面发展的社会主义建设者和接班人。另一方面是指高校辅导员能够帮助当代大学生树立良好的新媒体素养。虽然当代大学生作为与互联网共同成长的网络原住民一代能够熟练使用新媒体，但是其新媒体素养还不够。从近年来屡次发生的大学生深陷网络诈骗、"裸贷"、校园贷的各种案例可以看出，当代大学生对于网上信息的鉴别能力和法律意识不够。这就要求高校辅导员具备开展大学生新媒体素质教育的能力，帮助大学生不断提高自身的安全意识、自律意识和网络伦理道德修养。

二、高校辅导员需要具备新媒体管理能力素质

当代大学生接触新媒体的时间较早，传统的思想政治教育大多是以思想政治理论课、高校辅导员与学生直面沟通为主要形式，且传统课堂教学方式单一、课堂气氛枯燥的弊端使得学生学习的主动性及积极性较差。相比之下，新媒体更加多元、开放、自主、自由，故新媒体活动使得高校辅导员思想政治教育的途径和方式随之发生变化。

在当前新媒体时代的背景下，高校辅导员要实现从"传者本位"向"受众本位"的转化。在"传者本位"的环境下，主流媒体属于较为正式的严肃性信息的传播者，且存在一定程度的渠道垄断③。在新媒体时代，网络上的话语权实现了从以传播者为中心的"传者本位"转移到以受众为

①　王媛媛：《家校合作视角下教师新媒体素养：内涵、结构与价值》，《教育发展研究》，2015（24）：79-84。

②　张琰：《辅导员新媒体素养提升思想政治教育效果的探究》，《江苏高教》，2020（6）：120-124。

③　李文姝：《新媒体环境下辅导员的媒介素养及其提升路径》，《北京教育（德育）》，2020（7）：128-130、134。

中心的"受众本位"。在这样的情况下，学生手中有了更多的自主权。因此，高校辅导员要转变传统媒体环境下的工作方式和理念，更快地熟悉和了解新媒体时代信息的传播方式，可以通过多种媒体渠道引导学生树立正确的世界观、价值观、人生观。高校辅导员应具备学习和了解大学生利用网络新媒体的操作行为和习惯，并通过各种形式，有针对性的帮助学生养成良好的上网习惯，对学生出现的问题进行有效的指导和解决，从而实现传播正能量、弘扬主旋律的目标。

三、高校辅导员需要具备新媒体舆论方向把握素质

利用新媒体，每个人都可以成为网络的发声者，人人都能完成信息的传播和发布，这就使得各式各样的现象、观点、思潮在网络上得到广泛的传播。一些网络主播、网络"大 V"打着文化多元和文化交流的幌子，花式输出西方价值观念[1]，错误的社会思潮如"新自由主义""历史虚无主义""宪政主义""普世价值观"等非社会主义、非马克思主义甚至反马克思主义的意识形态在网上大肆传播。这些思想对当代大学生的成长成才造成了极为不利的影响。与此同时，随着我国进入新时代，社会热点事件引发的争议不断出现，舆论环境变得越来越复杂，这就要求高校辅导员要积极占领新媒体阵地，利用网络平台对学生进行思想政治、专业学习、生活恋爱等方面的网络舆情引导。这对于高校辅导员的网络舆论监测和早期预警网络处理能力提出了较高的要求。

中国的互联网用户数量十分庞大，达到了惊人的八亿。这些用户的力量不容小觑，能对社会造成十分大的影响。高校辅导员在对学生网络舆论监测的基础上，要不断提高自身的信息观察能力、信息处理能力及研判网络舆情的能力，真正做到眼观六路、耳听八方，善于利用新媒体开展舆情防控。在 QQ、微信、微博等新媒体环境中，经常会有各种各样的信息出现在大学生的面前，由于其自身辨别能力不够强，因而很容易受到各方面信息的干扰。有一些大学生会转载和评论一些未经证实的信息，从而导致不准确的信息成为公众关注的焦点，引发社会不稳定性因素，甚至导致严重事故的产生，造成负面影响。在这种情况下，高校辅导员应通过正确的渠道和方法了解到学生思想，并实时监测其转发的信息，及时正确引导学生，建立网络应急响应系统。

---

① 陈国全：《新媒体时代高校辅导员网络意识形态工作能力提升的几点思考》，《河南教育（高教）》，2020（6）：9-12。

第五章

新媒体时代提升高校辅导员素质的对策

随着人类社会进入新媒体时代，高校思想政治教育工作面临的挑战越来越多。教育对象的多样化诉求、立德树人的办学根本任务和提高人才培养质量的要求，对高校辅导员素质的要求越来越高。在新媒体时代做好高校思想政治教育工作，要求高校辅导员要具有广博的社会科学知识和良好的人文素养，熟悉教育教学规律尤其是思想政治教育规律，善于综合运用包括哲学、管理学、思想政治教育学、社会学、心理学、行为学和美学等多种学科知识。同时，高校辅导员还要提高自身运用新媒体新技术的能力，推动思想政治工作传统优势同信息技术高度融合，增强思想政治工作的时代感和吸引力。

本章意在立足当前，有效解决新媒体时代高校辅导员素质提升面临的现实问题，又立足长远，深入探索新媒体时代高校辅导员素质提升的路径和保障高校辅导员素质提升的支撑体系，提出从完善高校辅导员素质建设的政策和制度、建立完善的高校辅导员培训体系、优化高校辅导员的激励机制和加强高校辅导员自身素质建设四个方面入手，建立新媒体时代高校辅导员素质不断提升的长效机制，从而增强新媒体时代大学生思想政治教育的实效性。

第一节 完善高校辅导员素质建设的政策和制度

一、确立高校辅导员的职业标准

"确立高校辅导员的职业标准对于加强高校辅导员素质的专业开发、课程设置、职业技能培训、鉴定考核等活动具有重要作用。"[1] 一个不断完善的、符合思想政治教育发展规律和新媒体时代要求的标准体系，对于促进高校辅导员队伍向着先进性、专业化、智慧化和国际化转型，提升高校辅导员专业化、职业化的发展水平具有十分重要的意义。

---

[1] 靳玉军：《高校辅导员素质开发研究》，重庆：西南大学博士论文，2008 年，第 101 页。

目前我国虽然对高校辅导员应该具备的基本素质做出了规定，但还是比较抽象，不够具体。为此，我国应该出台高校辅导员的职业标准，明确高校辅导员在思想政治、专业知识、职业伦理、实践能力、媒介素养等方面的具体要求，并将其上升到法律、法规的层面。这样既有利于希望从事或者已经从事高校辅导员的人员明确自身奋斗的方向，不断提高自身的素质，也有利于高校对辅导员开展有针对性的培训和提高。更重要的是，这也有利于国家和地方教育行政部门依据标准制定新媒体时代高校辅导员素质建设的长期规划和具体措施。

二、完善高校辅导员资格认定制度

目前我国对于申请高校教师资格的人员应当具备的条件有着十分明确的规定，而对于高校辅导员资格的认定则没有具体的要求。现在，我国各大高校在实际招聘辅导员的过程中常常出现以学历代替辅导员资格的现象。

高校辅导员担负着为党和国家培养高素质的社会主义合格建设者和可靠接班人的重任，其政治素质、道德素质和能力素质直接关系着育人成效的高低①。进入新媒体时代，大学生思想政治教育与管理工作的职责、内容不断扩展，教育对象日趋复杂多样，大学生自我意识和主体意识不断增强，新思想、新事物、新问题层出不穷，这些都对高校辅导员的素质提出了很高的要求。虽然高学历人才拥有丰富的理论知识，但是面对繁多而复杂的日常工作，相较于学历的高低，工作能力的高低起着更为重要的作用。片面地重视高学历而忽略工作能力，往往会将一些不适合辅导员工作的专业人才招进高校辅导员队伍中。因此，要不断完善高校辅导员的资格认定制度，严格按照德才兼备的选聘标准，从政治、学历、专业、能力、职业认同五个方面入手，综合考察应聘者是否具备从事高校辅导员工作的基本思想道德素质，是否具有从事高校学生事务管理和学生发展指导的专业知识，是否具有解决学生工作问题的实际能力，是否具备基本的媒介素养，是否对辅导员这个岗位有较高的职业认同度，从而吸引、选择一批思想政治素质过硬、专业理论基础扎实、拥有基本媒介素养、求真务实、敬业诚信、愿意从事学生工作、把辅导员工作当事业的有志青年吸收到辅导员队伍来②。要把好入口关，为不断提升新媒体时代高校辅导员的素质打

---

① 沈晔：《辅导员阶段性发展特点及支持策略》，《思想理论教育》，2017（9）：95-101。
② 刘明亮：《高校辅导员应具备的素质与提高路径》，《教育探索》，2012（8）：107-108。

下坚实的基础。为此，可以从以下几个方面着手：

第一，实行严格的高校辅导员从业资格认证制度。随着我国经济社会的快速发展，我国社会的分工也日趋细化，不少职业都建立了自己的职业准入机制，像律师、会计、医生等职业必须通过专门的考试才能获得相应的从业资格。由于全国各大高校尚未建立起科学统一的辅导员准入机制，使得各大高校的辅导员在素质和能力方面存在比较大的差距。一些应聘者和高校辅导员的职业匹配度不高，从入口处就影响了高校辅导员的整体素质和水平，不利于新媒体时代高校辅导员素质的提升。

为此，国家可以明确只有具备高校辅导员从业资格证书，才能成为高校的辅导员，否则不得成为高校的辅导员。实行严格的高校辅导员从业资格认证制度一方面可以调节高校辅导员的供应数量；另一方面也可以保证高校辅导员培养的质量，达到人尽其才、才尽其用的良好效果。高校辅导员从业资格认证考试可以由国家统一组织，考试的内容可以分为笔试和面试两个部分，笔试部分主要是对应试者是否掌握从事高校辅导员工作应该具备的基本的理论知识、相关的法律法规，以及党和国家的方针、政策进行考察，面试部分则主要是考察应试者处理实际问题的能力及与辅导员岗位的职业匹配度和职业认同度，这样有利于提高高校辅导员应对新媒体时代各种新挑战的能力。国家可以按照地区（如可以将我国分为东部地区、中部地区和西部地区）分别划定分数线，这样可以鼓励人才积极投身中西部的建设。对于合格者颁发高校辅导员从业资格证书，对于成绩优秀者则根据参加考试人员自身的意愿向高校进行推荐。

第二，必须保证高校辅导员资格制度的权威性。资格证书制度的重要性要求我们必须保证高校辅导员资格证书制度的权威，国家可以制定专门的法律法规对高校辅导员的从业资格进行认定，对于包括高校辅导员的专业课程、资格有效期、资格社会考试制度等方面做出明确规范和具体规定。同时，为了推动高校辅导员从业资格制度的有效实施，可以成立全国高校辅导员职业资格标准审查委员会，对高校辅导员应该具备的职业资格予以认定，从而不断强化高校辅导员从业资格证书的权威性。

第三，实现从业资格证书的多样化。为了适应新媒体时代高校辅导员素质建设的要求，应当设计一套完整的高校辅导员从业资格证书体系。根据时限来划分，可以将高校辅导员从业资格证书分为短期、中期和长期三种。短期资格证书可以发给刚刚从事辅导员工作的人员，有效期可以定为三年。三年之后，由专门的资格委员会对其进行考核。如果考核通过，就向其颁发中期资格证书。中期资格证书有效期为五年，五年之后还需要参与考核。为了使高校辅导员积极学习知识，不断提高自身技能，一般不颁发长期资格证书。但是对于那些长期从事高校辅导员工作并且成绩突出的辅导员，可以向其颁发长期资格证书，以表彰其所做出的贡献。从学科的角度而言，可以向高校辅导员颁发心理咨询、就业指导、创业指导、职业生涯规划等方面的专业资格证书，这样能够促进高校辅导员找准发展方向，努力成为学生事务管理某一方面的专家学者。设立多种多样的资格证书，有利于高校辅导员根据自身的兴趣爱好和专业特长不断提高自身的素质，也有利于学习型、研究型、能力型高校辅导员队伍的建设。

三、完善高校辅导员职称、待遇等政策

高校辅导员的待遇问题直接影响辅导员队伍的稳定性，而辅导员的待遇问题又和职称评定直接相关。不断完善高校辅导员的职称、待遇等政策，有利于增强高校辅导员的职业归属感和获得感，激发他们在新媒体时代不断提升自身素质的内驱力。

鉴于高校辅导员工作性质和工作内容的特殊性，如果完全照搬高校专业教师的标准来评价高校辅导员的工作，对于辅导员而言是不公平的，更是不科学的。为此，高校要通过不断完善高校辅导员的职称、待遇等政策，打通辅导员在职称、职务、职级等方面的发展路径，不断拓展辅导员队伍的职业发展空间。只有这样，才能从机制上、根本上保障高校辅导员的发展，从而解决高校辅导员的后顾之忧。这有利于提高高校辅导员的工作热情，缓解高校辅导员的职业倦怠感，使高校辅导员能够安心从事本职工作，在源头上解决当前高校辅导员队伍存在的稳定性差、人才流失严重的问题。

高校有关部门要认真贯彻落实党中央和国家关于辅导员队伍建设的有关规定，不断完善高校辅导员的职称评聘和晋身的管理体系，以体现高校辅导员的社会地位、工作价值、业务技能和学术水平，充分体现对高校辅导员的尊重和认可。首先，对高校辅导员实行专业职务聘任岗位单列、序列单列、评议单列，突出其从事思想政治教育工作的特点。设立专门的高校辅导员专业技术职务评聘评议委员会对高校辅导员进行职称评定。考虑到高校辅导员工作的实际情况和政策方面倾斜，高校辅导员职务评聘的工作年限可以规定为除助教工作一年后评定外，其余职称级别在辅导员每教完一届学生的时间段内进行评定。其次，对高校辅导员工作进行职称评定时，应注重考察高校辅导员在"德、能、勤、绩、廉"五个方面的表现。将学生对高校辅导员的评价和高校辅导员工作的实效纳入考评体系，科学赋值、合理化权重，量化考评。在对高校辅导员进行助教、讲师评定时，

更多关注高校辅导员在日常工作中的表现和特殊时期的表现，适当降低科研成果的要求。而在高校辅导员进行副教授、教授评定时，既注重高校辅导员的工作业绩，也适当考查他们的科研成果，从而使高校辅导员职称的评定更加符合实际。再次，各级政府可以制定相关的政策，在待遇、福利方面向高校辅导员倾斜，使高校辅导员享有与专业教师相等或略高的待遇，从而吸引更多优秀的人才加入高校辅导员队伍，留住优秀人才潜心从事大学生思想政治工作①，最终促进新媒体时代高校辅导员素质建设取得长足、稳定的发展。

第二节　建立完善的高校辅导员培训体系

辅导员是高等学校教师队伍和管理队伍的重要组成部分，是开展大学生思想政治教育的骨干力量。建立完善的高校辅导员培训体系，加强高校辅导员培训工作，是新媒体时代提升高校辅导员素质的重要保障，也是推进高校辅导员专业化职业化发展的重要渠道之一。高校学生工作有其特点和规律，高校辅导员的主要工作如思想政治教育、学生事务管理、学生成长发展指导、学生心理健康教育、网络思想政治教育等都有很强的技术性。过去那种凭借热情、凭借经验、凭借感觉进行学生工作的方法已经不能适应新媒体时代高校学生工作的需要了，为此国家需要建立一套完善的高校辅导员培训体系。

根据《国家中长期教育改革和发展规划纲要（2010—2020）》的规划，到2020年我国在校大学生的人数在3300万左右。按照教育部要求的1∶200的比例配备高校辅导员，我国高校需要配备的辅导员总人数将达到16.5万，这意味着我国高校还需要招聘大量的辅导员。如何使这些高校辅导员适应新媒体时代的新情况和新要求，很重要的一个因素就是形成一套长期化、常态化的适应我国社会和高等教育发展需求、符合高校辅导员职业发展规律、科学规范的培训机制，加强对高校辅导员的培训，不断提升他们的素质。因此，对于高校辅导员的培训要更新观念，做到与时俱进。为此，高校在政策上要给予支持，时间上要给予保证，经费上要做到和师资培训、干部培训一视同仁，从而提高高校辅导员参与培训的积极性，不断完善和发展高校辅导员培训体系。要坚持以能力提升为目标，以

---

① 费萍：《改革开放40年高校辅导员职业能力培养的历史回溯与现实启示》，《湖北社会科学》，2018（16）：174-179。

有效性为原则，理论联系实际，灵活采取多样、有效的培训方式，提升培训效果①，使得高校辅导员的素质适应新媒体时代的要求。可以从科学设置培训内容、构建现代的培训机制和方法体系、完善高校辅导员培训的考评体系和加强高校辅导员培训的师资力量建设这四个方面入手。

一、科学设置高校辅导员培训的内容

科学设置高校辅导员培训内容是增强高校辅导员培训效果，加强新媒体时代高校辅导员素质建设的关键所在。

第一，高校辅导员培训的基本内容。培训课程与内容是落实高校辅导员培训目标的载体，也是高校辅导员培训中心最为直接、最具稳定性的影响因素②。高校辅导员培训要以马克思主义、毛泽东思想、邓小平理论、"三个代表"重要思想、科学发展观、习近平新时代中国特色社会主义思想为指导，深入学习贯彻党的十九大和十九届三中、四中全会精神，紧紧围绕学校改革发展稳定大局和学生成长成才，密切联系高校辅导员工作实际。要根据高校辅导员在工作生活中面临的问题来设置培训的内容，坚持"缺什么补什么"的原则。为此，相关部门可以通过调研、座谈、走访等多种方式来分析高校辅导员不同需求的差异和共性，掌握高校辅导员的实际需要。对高校辅导员进行培训，主要是对以下内容进行培训：

一是，思想政治素质方面的内容。高校辅导员思想政治素质的培养主要包括三方面内容：一是政治素质的内容。主要包括政治理论和政治知识、政治观念和政治意识、政治理想和政治信念等。二是马克思主义理论修养。主要包括马克思理论及其在中国的发展、中国共产党党史与党建理论、世界观与人生观通论等。三是道德品质素质。主要包括职业道德、社会公德和群体道德等内容。

二是，能力素质方面的培养。这方面主要包括人际沟通、观察与分析、表达、组织领导、情绪管理、时间管理、危机处理等能力。在新媒体时代，要特别加强对于高校辅导员信息技术应用能力的培训，使高校辅导员熟练掌握新媒体的规律和特点。为此，要鼓励高校辅导员在日常的工作中勤于学习，反复演练各种新媒体传播工具，使其从一般了解到熟练掌握，化被动适应为主动出击，从而能够牢牢地占领新媒体网络思想政治教

---

① 何定龙：《高校辅导员队伍建设的时代意蕴》，《学校党建与思想教育》，2018（4）：63-65。

② 丘进，卢黎歌：《机制创新长效——高校辅导员队伍建设研究》，西安：西安交通大学出版社，2012年，第54页。

育的主阵地，牢牢把握新媒体网络思想政治教育的话语权①。高校辅导员只有具备并不断提高自己多方面的能力，同时不断创新工作思路，才能做好新媒体时代大学生思想政治工作并不断提高其水平。

三是，知识素质方面的培养。高校辅导员在知识素质的培养上，第一，要强化对于马克思主义理论知识的培养，使高校辅导员准确掌握马克思主义基本原理和马克思主义中国化的最新成果——习近平新时代中国特色社会主义思想，提高运用马克思主义基本立场、观点和方法分析、解决问题的能力。第二，要注意强化思想政治学的基本理论及与此紧密联系的教育学、法学、心理学、伦理学、社会学、管理学等专业方面的知识。第三，高校辅导员要积极扩充自己在英语、计算机、新媒体技术等应用性知识和其他知识。第四还要加强高校辅导员对于历史、地理、文学、艺术、体育等知识的了解和掌握，使他们从中吸取养料，增强思想政治教育工作的吸引力和感染力。

四是，业务技能方面的培养。高校辅导员的专业技能直接体现了高校辅导员的素质和工作水平。高校辅导员的专业技能主要包括开展大学生思想政治教育的技能、进行职业生涯规划的技能、心理疏导技能和学生事务管理技能等内容。与此同时，还要开展创新能力和实践动手能力的培训，引导辅导员以宽广的眼界来认识本职工作，掌握科学的工作方法，提高履行岗位职责的本领和运用新知识解决新问题的能力，使辅导员成为卓有成效做好本职工作的行家里手②。

五是，生理心理素质的培养。在生理素质方面，要增强高校辅导员的保健意识，使他们保持合理的生活规律，养成良好的生活习惯，以保证工作所必需的旺盛体力和精力。在心理素质方面，要强化训练高校辅导员以下素质：情绪稳定，意志坚强，有很强的自制力、自信心，兴趣爱好广泛，有旺盛的求知欲和进取精神，心胸开阔，等等。

六是，法律素质的培养。在全面依法治国的背景下，依法治校成为高校实现又好又快发展的必由之路。"思想政治教育者法律素质是指在先天生理的基础上，通过后天对法律知识的学习，逐渐内化为法律意识，进而转化为法律能力的综合体现。"③ 高校应当重视法律知识的普及和教育。

---

① 李冲：《新媒体环境下高校辅导员媒介素养提升路径探究》，《教育教学论坛》，2019 (6)：17-18。

② 朱正昌：《高校辅导员队伍建设研究》，北京：人民出版社，2010 年，第 232 页。

③ 钟万林：《论新时期高校思想政治教育者素质的培养》，《高校党建与思想政治教育》，2006（2）：6-8，17。

一方面，以《教育法》《高等教育法》《民法典》《行政法》《刑法》等基本法律规定为基础，培育辅导员相应的法律知识。另一方面，可以以主动、自觉和善于运用法治思维、法律手段处理解决学生管理问题的辅导员带动其他辅导员，邀请他们交流经验，分享案例，帮助更多的辅导员培养法治思维，提升解决实际问题的能力①。

通过系统地培训，力求提高高校辅导员的知识层次、能力结构，实现博中有专、专中有长②，使高校辅导员素质实现飞跃，以便更好地迎接新媒体时代的挑战。

第二，对高校辅导员培训的内容进行整合。对高校辅导员进行培训，不仅仅是单纯满足辅导员的需要，还要发挥对辅导员工作和辅导员自身发展和成长的导向作用。培训的内容是多种多样的，为了提高高校辅导员培训的科学性和针对性，必须根据高校辅导员成长发展规律对培训的内容进行有效整合。如果培训的内容不能满足当前辅导员的需要，则是无的放矢的培训。如果培训的内容缺失"专业性"，则容易导致培训沦为低层次的技艺培训，而不能塑造辅导员的学理涵养和职业理想③。

培训的内容要和培训的层次相适应。一方面根据培训的层次设置不同的培训内容。"在培训内容上，要重点突出，层次分明，确保培训'供给侧'和'需求侧'之间能够充分沟通，确保培训内容的深度与广度和培训人员的能力相匹配。另一方面要保证不同层次的培训内容前后衔接、相互关联，以确保培训内容的延续性和培训过程的完整性。"④ 比如，对新任高校辅导员进行岗前培训时，重点是入门教育。通过培训帮助他们尽快完成角色的转变，尽快适应高校辅导员这份工作，掌握工作所需的专业知识，扩充他们的专业知识，提高他们适应岗位的能力。为此，培训的重点应放在思想政治教育学基本理论、学生工作相关政策及学生工作的基本内容等基础知识的培训，向他们传授沟通、组织、表达协调等基本技能，使新进高校辅导员能够尽快融入角色，掌握岗位所需的基本职业技能。而对在岗高校辅导员培训则是为了帮助他们提高运用专业理论于实践的能力，引导他们准确把握国家政策走向和思想政治教育的规律，不断提升自身的

---

① 宫玲琳：《论高校辅导员法治思维的养成与实践》，《思想教育研究》，2016（1）：100-103。

② 朱正昌：《高校辅导员队伍建设研究》，北京：人民出版社，2010年，第233页。

③ 夏吉莉，刘秀伦：《增强高校辅导员培训实效性的三个关键点》，《黑龙江高教研究》，2017（12）：121-124。

④ 刑华平：《高校辅导员校本培训体系构建探略》，《群文天地》，2009（10）：101-102。

专业技能。那么，培训的重点就是党和国家的重要理论知识、形势政策分析、相关法律政策解读等理论政策类知识，社团指导、党团建设、心理咨询辅导等学生事务类知识，思想政治教育学、心理学、社会学、管理学等人文素养类，以及素质拓展类、潜能激发类、新媒体技术应用类、创新创业类等相关知识。通过培训，向高校辅导员传递相关领域的最新研究动态、最新的实践经验，以此拓展他们的工作思路，提升高校辅导员解决实际问题的能力。

第三，要不断更新培训的内容。古语有云："智者顺势而谋，愚者逆势而动。"在对高校辅导员培训的内容上要做到与时俱进。为此，要根据新媒体时代科学技术和高校学生工作的发展情况，不断更新培训的内容，使高校辅导员能够掌握辅导员培训相关学科的最新科学研究成果，为高校辅导员提供优质的工作理念和工作方法，从而促进新媒体时代高校辅导员素质的提高。

二、构建现代的培训机制和方法体系

在培训机制方面，高校要把对辅导员的培训纳入学校的干部培养和师资建设的规划当中，不断加强对于辅导员培训的机制建设。整合各种资源，逐步建立起包括岗前培训、岗位培训、业务进修和实践培训在内的高校辅导员培养模式，形成多元化、分类别、多渠道、多形式、重实效的培训格局，帮助高校辅导员更好地把握新媒体时代大学生的成长成才规律，明确自身的工作职责。

在构建现代方法体系方面要做好以下四方面工作：

第一，传统培训方式与现代培训技术相结合。除了运用理论讲授、分组讨论、案例分析等传统的培训方式以外，还可以采用模拟实习、团队拓展、观看国内外相关教学片、辅导员工作坊、辅导员沙龙交流、网络教学、慕课教学等方式，从而增强培训效果，不断提高辅导员的综合素质。

第二，坚持学校培训与社会化培训相结合。在办好学校培训的同时，也要积极拓展社会化培训的渠道。例如，可以选送优秀辅导员参加行业协会和党校的培训、参加国内外交流、到社会上挂职锻炼、利用新媒体进行远程培训等。

第三，坚持把脱产培训与在岗自学结合起来。由于参加脱产培训的高校辅导员的数量十分有限，学校可以通过建立高校辅导员工作网站，在学校的校园网上或者学校的微信公众号上专门开设"高校辅导员论坛""高校辅导员之家"等栏目将涵盖学生管理的理论指导、政策解读、实施方案、工作流程等公布在网上，并接受高校辅导员对于学生管理工作的投稿，从而为高校辅导员提供一个相互学习和交流的平台。同时，为了鼓励高校辅导员坚持自学，学校一方面要为辅导员提供各类学习平台和学习资源。如高校可以建立辅导员之家、辅导员年级工作组，围绕阶段性重点任务定期召开辅导员工作论坛，结合具体实际编写工作案例，打造交流心得、分享经验、交流研讨、增进情感的工作平台。另一方面，学校可以每年组织辅导员进行辅导员职业技能大赛，以赛代练，依托主题班会、学情熟知、博客建设、主题演讲、案例分析、教学基本功比赛、网络宣传思想作品评选等比赛，加强工作考核，检验培训成效，并对优胜者予以奖励，以此激励高校辅导员不断学习新知识，掌握新方法，不断提升自身的职业素养和综合素质。在条件允许的情况下，高校可以按照辅导员自身兴趣将辅导员分组，并为每个组配备一名职业发展导师，专门指导辅导员开展相关研究工作，在课题立项、撰写论文报告等方面给予积极指导[1]。

第四，坚持国内培训与海外研修相结合。为了适应学校发展国际化的要求，不仅要在国内对辅导员进行培训，还要积极开展辅导员海外研修计划。辅导员海外研修计划主要包括辅导员世界一流高校见习项目、国家留学基金委青年骨干教师出国研修项目、学生事务专题培训项目、相关专业博士生联合培养等内容。同时，各高校可以根据本校的实际情况，加强与国外高校的合作，在国外建立辅导员研修基地，定期派遣辅导员去进修学习。海外研修计划可以开拓高校辅导员的视野和提升他们的能力，培养和造就一批具备国际视野、创新能力强的高素质辅导员，进而促进高校辅导员素质的提升。

三、完善高校辅导员培训的考评体系

完善高校辅导员培训的考核评估体系，一方面有利于检测培训的效果和质量；另一方面有利于优化和改进培训的方法，可以为将来的培训计划、培训项目的制订和实施提供有益的帮助。

为了保证高校辅导员培训的效果，确保培训不是"走过场"，可以将高校辅导员培训与辅导员的年度考核和任用结合起来，调动高校辅导员参加培训的主动性和积极性，增强他们的荣誉感。为此，可以从以下三个方

---

[1] 任少波：《辅导员：高校立德树人的关键力量》，北京：高等教育出版社，2016 年，第85 页。

面着手：第一，强化对学校各个部门培训工作的考核力度。可以采取计划申报、脱产培训、双休日学习等多种措施对各部门的参训情况进行考核。第二，强化对高校辅导员参训情况的考核。高校辅导员是接受培训的主体，培训的核心目的是通过培训不断提高高校辅导员在新媒体时代开展大学生思想政治教育和管理的能力和水平。可以通过入学测试、培训考勤、训用结合等措施对高校辅导员的参训效果进行考核，并将考核结果与辅导员的评奖评优和晋升相挂钩。对于参加培训没有达到一定课时者，实行"一票否决"，以此建立高校辅导员教育培训激励和约束机制。第三，强化对于社会化培训机构的考核。培训机构的水平直接影响和制约高校辅导员培训的效果和质量。对社会化的培训机构进行考核，将考核的结果与是否与其继续合作及培训费用的给付挂钩，可以激发培训机构对于培训工作的主动性与积极性，从而不断提高培训工作的质量和水平。

四、加强高校辅导员培训的师资力量建设

建设一支高水平的培训师资队伍对保障高校辅导员培训质量和培训效果有着至关重要的作用。培训师资队伍的水平高低在很大程度上影响着培训的计划在多大程度上能够得到贯彻和执行，影响着有针对性地辅导员培训能在多大程度上得到落实。高校辅导员培训师资队伍建设要把"优选"和"精育"有机结合起来。一方面，要优选培训师资。在全国范围内聘任辅导员培训相关学科知名专家为辅导员培训特聘教授，发挥示范作用；在区域范围内聘任辅导员培训相关学科专家学者、党政高校辅导员和优秀辅导员为辅导员培训专家，发挥骨干作用；在学校范围内聘任辅导员培训相关学科教师、党政高校辅导员和优秀辅导员为培训兼职教师，发挥辅助作用。另一方面，要培育自己的师资队伍。学校可以实现辅导员培训师资队伍的建设与思想政治教育专家队伍建设的有机统一。通过制定倾斜政策、设立专项基金、建立"辅导员特色工作室"等方式，加强辅导员培训师资的培养，促进辅导员培训师资的发展，从而真正实现培训师资与受训辅导员一起发展，一起进步，共同成为新媒体时代大学生思想政治教育事业的骨干力量，积极构建新媒时代大学生思想政治教育的梯级队伍。

第三节　优化高校辅导员的激励机制

激励就是指激发和鼓励员工朝着组织所期望的目标表现出积极主动的

符合要求的工作行为①。根据美国哈佛大学教授詹姆士的研究，在没有任何激励的情况下，人一般只能够发挥自身两成到三成的能力，而在良好的激励条件下，则可以发挥个人八成到九成的能力，是前者的三到四倍。可见，激励在促进个人主观能动性的发挥上有着非常重要的作用。按照詹姆士的理论，人如果得到足够多的激励的话，其能力将会得到充分的发挥。对于高校辅导员的工作也是如此，所以应当注重调动和保护高校辅导员工作的积极性、主动性和创造性。而激励要真正发挥作用，必须做到与时俱进，不断优化现有的高校辅导员激励制度。建立科学有效的激励制度，可以强化高校辅导员的职业愿景，激发他们"成就学生就是成长自己"的价值认同，培育他们提高自身素质的内在动力；可以增强高校辅导员的职业认同感、职业归属感和从业使命感，使高校辅导员将辅导员工作当作一个可以奋斗终生的工作，从而帮助他们实现从"职业选择"向"事业追求"的价值升华，使他们成为推动高校辅导员队伍专业化、职业化、专家化建设的"自为之人"，这大大有利于推进新媒体时代高校辅导员素质建设。

一、高校辅导员激励机制的基本原则

一是物质激励与精神激励相结合的原则。马斯洛需求理论认为每个人都有生理需求、安全需求、社交需求、尊重需求和自我实现需求五种需要。其中，生理需求和安全需求是较低级的需要，而社交需求、尊重需求和自我实现需求则是较高级的需要。一般而言，只有在低层次的需求得到满足之后，人们才会进一步追求高层次的需求，而低层次的需求满足程度越高，对于高层次需求的渴望程度越强烈。根据马斯洛需求理论，物质激励主要是用来满足高校辅导员的低层次需要，精神激励则是满足高校辅导员的高层次需要。物质激励和精神激励是相辅相成、互为补充的，缺一不可。如果没有物质激励的支持，精神激励的作用就会减弱甚至落空。而高校辅导员如果失去了精神力量，就会失去前进的方向和动力。因此，在对高校辅导员进行激励时，要将物质激励和精神激励有机结合起来。一方面，优化高校辅导员的物质激励措施，使高校辅导员的工作投入和职业地位得到应有的物质保障。另一方面，加强对高校辅导员的人文关怀，尊重高校辅导员的职业工作、主体地位、工作权责和人格尊严。同时，创设展现辅导员工作业绩和职业素养发展的平台，充分肯定辅导员的工作业绩②，做到组织上

---

① 朱永新：《管理心理学》，北京：高等教育出版社，2006年，第123页。
② 苏亚杰：《高校辅导员职业能力研究》，哈尔滨：哈尔滨师范大学博士论文，2019年，第139页。

关心和生活上关爱的有机统一，激励和满足辅导员的精神生活，不断丰富辅导员的精神世界，从而激发辅导员提升自身素质的内在动力。

二是正强化与负强化相结合的原则。美国心理学家斯金纳提出，"人的行为是其所获刺激的函数。如果这种刺激对他有利，则这种行为就会重复出现；若对他不利，这种行为就会减弱直至消逝。根据强化的性质和目的，强化可以分为正强化和负强化。正强化是指奖励那些符合组织目标的行为，以使这些行为得到进一步加强，从而有利于组织目标的实现。负强化指的是惩罚那些不符合组织目标的行为，以使这些行为削弱甚至消失，从而保证组织的目标实现不受干扰"①。这启示我们对高校辅导员进行激励时要做到奖罚分明：对于那些成绩突出的高校辅导员，要通过表彰、提高待遇、晋升职称等方式不断给予正强化，而对那些不合格的高校辅导员则通过批评教育、降低待遇、调整工作岗位等方式给予负强化；对于犯有严重错误的高校辅导员，则将他们清除出辅导员队伍。通过这些方法，可以有效促进高校辅导员队伍的合理流动和动态平衡。

三是保健因素和激励因素相结合的原则。美国行为科学家弗雷德里克·赫茨伯格提出了双因素理论。该理论将引起人们工作动机的因素归结为两类，即保健因素和激励因素。保健因素是指那些能够防止人们产生不满意感的因素，但是这种因素并不能带来满意感。激励因素是指那些能够引起人们对于工作的满意感的因素，像个人取得成就、获得赏识及得到成长和发展的机会等。因此，要维持高校辅导员原有的工作积极性，就应该不断完善"保健因素"，而为了提高他们的工作积极性，就应该在"激励因素"方面多下功夫。只有做到双管齐下，将保健因素和激励因素有机相结合，才能取得更好地激励效果。因此，可以从以下两方面入手，基于双因素理论，建立合理的激励机制。一方面，要注意保健因素。高校要为辅导员创造一个愉快的工作环境。只有理解人、尊重人，才能充分发挥人的主动性和积极性②。高校要理解辅导员工作的不易，尊重高校辅导员的主体地位，尊重他们对于学生问题处置的主动权、参与权、建议权，不随意地"役使"辅导员去做本不属于辅导员主要职责范围内的其他事务性工作③。另一方面，高校要重视辅导员对于其自身发展的选择和期待，通过

① 周三多：《管理学》，北京：高等教育出版社，2005年，第248-249页。

② 霍宏：《双因素理论在高校学生思政教师激励中的运用初探》，《教育与职业》，2014（4下）：82-83。

③ 苏亚杰：《高校辅导员职业能力研究》，哈尔滨：哈尔滨师范大学博士论文，2019年，第139页。

帮助高校辅导员成长、促进高校辅导员取得成绩、获得晋升等方式，激发高校辅导员的工作热情，营造一种奋发向上的氛围，从而增强高校辅导员对于自身职业的向心力。

四是统一激励与个性激励相结合原则。美国心理学家弗鲁姆的期望理论认为，人们只有感到某一行为的结果对自己有吸引力，能满足自身某方面的需求时，才会采取行动。与此同时，弗鲁姆指出，员工在工作中的积极性或者努力程度（激励力）是效价和期望值的乘积。即人们对于某项工作的动机，取决于人们对完成该项工作的期望值和完成工作所能带来的回报。只有在人们认为如果他们努力了，就可以获得成功，同时这种成功对于他们而言是十分有意义的时候，他们的动机才是最强烈的。由于高校辅导员在工作的性质上基本相同，使得他们在认知水平上的差距不大，某些统一的激励措施对于大多数高校辅导员来说，其效果是基本相同的。但是，每个辅导员的个人需要是不一样的，对于同一目标而言，激励的效果也是各不相同的。因此，在高校辅导员管理中，要坚持统一激励和个性激励相结合的原则。在统一激励下，具体分析每个辅导员的个人需求和愿望，并据此采取多种内容和形式激励措施，以充分挖掘高校辅导员的潜力，提高高校辅导员工作的主动性、积极性和创造性，从而有效促进新媒体时代高校辅导员的素质建设。

对于优化高校辅导员的激励机制的基本措施，提出如下的构想：

一是完善激励的规则。完善高校辅导员激励的规则，可以从以下三个方面入手：首先，科学设计激励的规则。完善高校辅导员的激励机制，应该加强对高校辅导员激励规则的研究，提高激励规则设置的科学性。其次，注重激励规则的系统性。对高校辅导员进行激励是一个系统完整的过程，必须形成环环相扣、严丝合缝的制度体系，从而保证激励的效果。再次，确保激励规则的明确性。对于每项激励规则都应该制定明确具体的规定，在操作性规则中尽量避免规定"按其他细则"执行或者其他选择性的条款。为了在实际中便于操作，应当增加刚性和确定性的规则，减少任意性和委任性的规则。

二是规范激励运作。规范高校辅导员激励运作应当重点规范高校辅导员晋升和考核等激励。首先，规范高校辅导员晋升的运作。在继续实行委任制的基础上，增加竞争动力机制，扩大民主参与机制，对一些职位实行选聘。按照公开、公平、公正的原则，按照相关规定和程序，实行选聘。并且不断完善体制、机制，为高校辅导员提供一个开放、畅通的个人岗位上升通道。其次，规范高校辅导员考核运作。现在对高校辅导员进行考核主要是对"德、能、勤、绩"四个方面进行考核。由于定量的指标比较少，客观的考量也比较缺乏，考核的指标缺乏科学性，因而导致考评的结果不够公平，不能全面反映辅导员的工作情况，以致一些工作比较好的辅导员在考核中未能得到肯定，使他们的工作积极性受到一定打击①。为此，要建立新的科学的考核体系，将辅导员日常工作的考核、工作业绩和创新点的考核、学生满意度的考核、述职答辩的考核相结合，对辅导员进行全方位的考核，根据考核的结果，给予高校辅导员相应的奖励和处罚，以激发其工作的热情。

三是营造竞争氛围。在辅导员当中营造一种你追我赶的良好竞争氛围，可以使对辅导员的激励措施达到理想的效果。为此，可从以下几方面来进行：首先，需要不断强化高校辅导员的竞争观念。不断培育和强化高校辅导员的竞争观念，要积极营造竞争的氛围，使高校辅导员真正将竞争的意识内化于心、外化于行。其次，创造多种竞争激励的形式。多种多样的竞争激励形式，可以有效调动高校辅导员提高自身素质的积极性和主动性。比如可以采用竞争上岗的方式，规定任职的年限，到了规定年限后重新竞争。这样有利于高校辅导员竞争习惯的养成，从而可以激励高校辅导员不断提升自己的综合素质。

二、改革高校辅导员激励机制的方法

每一个高校辅导员的需求是不同的，即使是同一个人，在不同的人生阶段或者不同的场合，需求也是不断变化的。因此，对于高校辅导员的激励方法不能简单地一刀切，而是应该视具体情况而定。对于高校辅导员的激励方法有以下几种：

一是目标激励。通过设置高校辅导员素质建设的短期和中期目标，诱发高校辅导员的动机，调动他们的积极性，激励他们实现在工作和学习中不断向着设定的目标前进。目标设定之后，上级领导要积极帮助高校辅导员制定详细的实施步骤，在日后的工作中也要引导高校辅导员努力实现他们自己制定的目标。

二是政策激励。高校要把辅导员队伍建设作为教师队伍和管理队伍建设的重要内容，整体规划、统筹安排。应根据本校辅导员队伍建设的现状，出台《专兼职辅导员遴选细则》《辅导员工作职责》《辅导员管理办

---

① 王书会：《高校辅导员考评工作存在的问题及对策》，《西南交通大学学报（社会科学版）》，2010（10）：118—121。

法》《高校辅导员队伍考核细则》《加强辅导员队伍建设的实施意见》等关于加强辅导员队伍建设的文件，进一步明确辅导员工作的要求与职责、配备与选聘、发展与培训、管理与考核等，为新媒体时代高校辅导员素质建设提供制度支撑。高校在制定关于辅导员的政策时，要明确高校辅导员职称评定的规范，突出其从事思想政治教育工作的特点，不断增强辅导员的职业获得感。为此，首先高校可以按照专任教师职称结构比例设置辅导员队伍教师职称岗位，制定辅导员专业技术职务（职称）评聘办法，结合学生工作特点和发展需要制定评聘条件，设立大学生思想政治教育序列职称分委员会，辅导员专业技术职务评聘实现单列计划、单设标准、单独评聘，使辅导员能够安心从事本职工作。在新媒体时代，高校辅导员职称评定要做到与时俱进，可以将"三报一刊"文章、优秀网络文章纳入评审成果认定范围。其次，将高校辅导员的待遇和晋升与其自身素质建设的水平挂钩，给予优秀辅导员以特殊的待遇，使其能够在晋升和提高待遇方面享有优先权等。与此同时，高校还要打通辅导员在职称、职务、职级方面的晋升机制，拓展辅导员队伍职业发展空间。一方面，选拔一批德才兼备、业绩突出的优秀辅导员担任中层干部，为学校事业发展注入新的活力。另一方面，学习借鉴国内一些高校的成功经验，推广高校辅导员"职级制"。根据辅导员的任职时间、任职经验、工作成效和学生满意度来确定相应级别的职级，不断拓宽和畅通高校辅导员的发展渠道，解决辅导员的职位待遇难题，提升辅导员队伍的职业认同，从而激发高校辅导员加强自身素质建设的主动性和积极性。

三是经济激励。物质利益是人类生存和发展的物质条件，人们对物质利益的关心是客观存在的。马克思指出人们首先必须吃、喝、住、穿，然后才能从事政治、科学、艺术、宗教等活动。因此，获得吃、喝、住、穿的物质资料，是人的基本欲望。所以，高校应该落实高校辅导员的待遇保障，为辅导员工作、生活创造便利的条件。高校辅导员的工作非常复杂，凡是和学生学习、生活、管理和服务有关的事务都需要辅导员来具体承担。特别是在新生入学时和大四学生毕业期间，辅导员每天的工作更加繁重，这就需要辅导员投入大量的时间和精力。与此同时，高校辅导员还要引导学生树立正确的世界观、人生观和价值观，帮助大学生解答思想疑虑，解除思想包袱。繁重的学生工作使得高校辅导员只能承担很少的教学工作，但是在现实情况下，高校更加侧重教学和科研工作，对辅导员工作的重视程度不高。这就使得高校辅导员在绝对物质报酬方面比专业课教师少很多，出现了辅导员投入和回报不成正比的现象，从而使得高校辅导员队伍出现流动性大、职业忠诚度不高等一系列问题。所以，需要根据辅导员工作"一员多岗"的特点，建立一个合理的工资标准，并在岗位津贴、办公条件、通讯补贴等方面为辅导员提供必要的保障。与此同时，要定期开展辅导员生活情况动态调查，准确把握辅导员在生活中的实际困难，千方百计为他们排忧解难，协助他们解决好住房、医疗、保险等实际问题，加强辅导员对工作的归属感和职业幸福感，使他们将自己的职业作为终身从事并倍感荣誉的事业去奋斗。一些地方和高校的做法有借鉴的作用。如天津市在全市高校中全面设立思政课教师和辅导员岗位奖励绩效，按照每位思政课教师每月 2000 元、每位辅导员每月 1000 元标准发放；电子科技大学给予专职辅导员每月一定的岗位补贴和通讯补助，并为其提供开展工作必要的住宿条件；青海大学实行辅导员年度绩效考核奖励单列，辅导员年度目标绩效在全校平均水平上增加 10%；南昌大学积极落实辅导员岗位津贴，专职辅导员在享受校内同等待遇的同时，每月还可享受 660 元的岗位津贴。

四是职业生涯规划激励。不同专业背景、不同职业认知水平、不同职业发展阶段的辅导员具有不同的发展诉求①，因此，高校辅导员的管理部门要主动关心辅导员，了解他们在职业发展过程中遇到的各种问题。根据高校辅导员的个性特点、个人的兴趣、专长和职业目标，帮助高校辅导员制定好个人的职业生涯规划，强化辅导员对于岗位的职业认同感，积极推动辅导员实现从"职业选择"到"事业追求"的转变，减少高校辅导员队伍中存在的"曲线读博""曲线留高校任教""身在曹营心在汉"等现象。为此，学校可以从以下三方面着手。第一，邀请学校领导、部门负责人、校内外专家、全国优秀辅导员等围绕习近平新时代中国特色社会主义思想、时事政治、思想政治教育、辅导员队伍建设、日常事务、科研素养培养、公文写作等主题对辅导员进行专题培训，帮助辅导员明确自己的研究方向。第二，以三年为一个周期，对辅导员开展"一对一"的职业发展规划答辩、指导和评估，使辅导员明确自身的发展方向，设置相应的发展目标，使辅导员对自己具体的年度发展任务及中长期的发展规划有比较清晰的认识，并不断为之努力。第三，学校每年可以鼓励一定数量的辅导员在职攻读思政专业博士学位，以通过正规的学历学习来提高辅导员的专业水平和研究能力，从而拓宽其职业道路。这样可以使高校辅导员感受到学校对自己的关心，从而产生强烈的归属感，有利于激励辅导员做好自身的

---

① 沈晔：《辅导员阶段性发展特点及支持策略》，《思想理论教育》，2017（9）：95-101。

素质建设。

五是荣誉激励。作为社会中文化水平较高的群体，高校辅导员内心中对于精神层面的追求相较于其对于物质层面的追求更加强烈和外显化，相对于一般人而言，他们更加注重内在的需求和自我价值的实现。因此，应建立合适的荣誉激励制度，满足辅导员的内在需求并使其产生职业成就感和荣誉感，从而激发他们在工作实践中自觉提升自身素质的主动性、积极性和创造性。对于在工作中表现比较突出的高校辅导员，可以采取评比先进、颁发奖状、大会表扬等形式进行表彰。如学校可以设立"金牌辅导员""学生最喜爱的辅导员""十佳辅导员""优秀学生工作者""立德树人先进个人"等奖项，对高校辅导员进行表彰。与此同时，为了促进辅导员专业化建设，可以根据辅导员工作的领域，设立优秀职业规划师、优秀征兵工作者、优秀资助工作者、优秀科技创新工作者等奖项，积极宣传他们的先进典型事迹，激励其他辅导员在行动上"见贤思齐"，更好发挥榜样的作用。荣誉激励不用花费很多，但是却可以取得意想不到的激励效果。在进行荣誉激励的时候，为了保证荣誉的"含金量"，提高辅导员对于荣誉的期望值，确保激励取得良好的效果，要控制荣誉的数量，避免评奖中出现"平均主义"、人人有奖及论资排辈、搞照顾等状况。

在建立激励机制时，需要注意以下四个方面：首先，激励的频率要和激励目标的难度相当。如果在较短的时间内能够看到成果，可以采用高频率的激励。如果需要较长的时间才能看到成果的，则可以采取低频率的激励。其次，激励的频率要适度。激励的频率和激励的效果并不一定成正比。要适当把握激励的频率，把握好这个"度"，从而使得激励的效果更佳。比如有的高校辅导员工作的自觉性和积极性都很高，那么就不适合采用高频率的激励；而有的高校辅导员比较注重物质和名誉，则可以进行较高频率的激励。再次，激励机制要注重人文管理。高校辅导员进行的是思想政治教育的工作，其工作性质具有丰富的感情色彩和人文关怀[1]。因此，建立高校辅导员的激励机制不能简单地依靠规章制度和行政命令而要更多地注重人文管理。只有这样，才能调动高校辅导员工作的主动性、积极性和创造性。最后，激励机制应该具有开放性。凡益之道，与时偕行。高校辅导员激励机制应该随着时代和学校的发展而不断发展，不可故步自封，而要做到海纳百川、与时俱进、不断创新，积极借鉴国内外的有益成果，从而激发高校辅导员的潜力，使他们充分发挥自身的聪明才智，为新

---

[1]　朱正昌：《高校辅导员队伍建设研究》，北京：人民出版社，2010年，第251页。

媒体时代做好大学生思想政治工作贡献自己的一分力量。同时，应积极借鉴国内外的有益成果，努力使高校辅导员真正热爱自己的职业，能够全身心地投入这一职业，充分发挥自身的聪明才智，挖掘自身的潜力，从而不辜负党和人民的殷切期盼，带领广大青年大学生在实现中华民族伟大复兴"中国梦"的征途上书写出奋斗的华丽篇章①。

第四节　加强高校辅导员自身素质建设的途径

一、坚定理想信念　提高自身思想政治素质

青年兴则国家兴，青年强则国家强。青年一代有理想、有本领、有担当，国家就有前途，民族就有希望。当代大学生作为优秀青年的代表，正处在人生的"拔节孕穗期"，需要精心引导和栽培。面对复杂多变的国内外形势，以及以互联网为代表的现代传播媒介的迅猛发展，当今社会思想领域和意识形态领域的斗争日益激烈，拜金主义、享乐主义、极端个人主义、历史虚无主义等错误思想在新媒体上广泛传播。众多新形势下的挑战无疑加大了培养担当民族复兴大任的时代新人、培养德智体美劳全面发展的中国特色社会主义建设者和接班人的难度。

大学生具有很强的"向师性"，即具有模仿、接近、趋向于教师的自然倾向②。作为与大学生结识最早、接触最频繁、相处时间最长的人，高校辅导员的言行和政治取向对于大学生政治观念的形成具有十分重要的影响。"正人必先正己，育人必先育己。"高校辅导员只有不断提高自身的思想政治素质，牢固树立对马克思主义的信仰、对中国特色社会主义的信念、对中华民族伟大复兴中国梦的信心才能真正成为传播正能量和主旋律的媒介，才能更好地引导大学生将马克思主义的"行"、中国共产党的"能"、中国特色社会主义制度的"好"内化于心，外化于行。

首先，高校辅导员要坚定理想信念。习近平同志指出："坚定的理想信念，永远是激励我们奋勇向前、克难制胜不竭的力量源泉。"在新媒体时代，信息传播的速度越来越快，信息传播的渠道也越来越广，可能平时不自知的一件事情经过网络发酵就会成为网络舆情事件。因此，高校辅导员要以身作则，筑牢信仰之基、补足精神之钙、把稳思想之舵。身不修则

---

① 秦在东：《新时代高校思想政治工作者的特殊使命》，《学校党建与思想教育》，2017（12上）：16-19。

② 《十谈》编写组：《加强和改进新形势下高校思想政治工作十谈》，北京：人民出版社，2017年，第83页。

德不立。一个理想信念不坚定的高校辅导员，是不可能教育出理想信念坚定的学生的。高校辅导员要在日常的工作生活中自觉加强理想信念教育，不断提升自我的政治理论素养，进一步增强对中国特色社会主义的理论认同、政治认同和情感认同，坚定道路自信、理论自信、制度自信、文化自信，牢固树立政治意识、大局意识、核心意识、看齐意识。

其次，高校辅导员要不断提高自身的政治敏锐性和政治鉴别力。在新媒体时代，世界范围内的制度博弈和价值观较量通过新媒体向高校投射，各种噪音、杂音纷至沓来。在这种严峻的形势下，高校辅导员要提高自身明辨是非曲直的能力，善于及时发现和解决新媒体上宣传思想领域出现的各种问题。高校辅导员要敢于、勇于向一切错误的观点和思潮"亮剑"，同时通过言传身教，引导学生做出正确的选择，不断增强当代大学生的思想鉴别力、"病毒"免疫力、政治判断力[1]，使当代大学生始终保持清醒的头脑，始终坚定正确的政治方向。

再次，高校辅导员要不断加强自身的师德师风建设。习近平总书记指出，评价教师队伍素质的第一标准是师德师风。"其身不正，虽令不行；以身教者从，以言教者讼"，教育者如果自身不正，即使三令五申，别人也不会听从。而以自身的实际行动教育别人，大家则会心悦诚服。苏联教育家申比廖夫说过："没有教师对学生直接的人格影响，就不可能有真正的教育工作。"因此高校辅导员要不断加强自身师德师风建设，真正做到以德立身、以德立学、以德施教、以德育德，不断提高自身道德修养，提升人格品质，把正确的道德观传递给学生，更好地担当起立德树人的神圣使命。在日常的工作生活中，高校辅导员要以自身为"教具"，通过遵纪守法、尊老爱幼、爱岗敬业、见义勇为等行为，让社会主义社会公德、职业道德、家庭美德和个人品德具象化、亲切化，树榜样、立规矩，用心灵影响心灵、用灵魂碰撞灵魂、用行为带动行为[2]。亲其师，才能信其道。高校辅导员要有堂堂正正的人格，从而用自己高尚的人格感染学生、赢得学生，用真理的力量感召学生，以深厚的理论功底赢得学生，自觉做为学为人的表率[3]，真正成为学生喜欢的人、学生愿意亲近的人。

---

① 孙来斌：《用习近平新时代中国特色社会主义思想武装大学生头脑》，《中国高校社会科学》，2018（2）：23-26。

② 秦在东：《新时代高校思想政治工作者的特殊使命》，《学校党建与思想教育》，2017（12上）：16-19。

③ 本书编写组：《习近平总书记教育重要论述讲义》，北京：高等教育出版社，2020年。

二、加强科学文化素质提升　提高自身新媒体专业知识

在新媒体时代，高校辅导员要深刻认识新媒体对于做好大学生思想政治教育工作所带来的机遇和面临的挑战，要看到新媒体对于自身工作效率所产生的巨大影响。想要给学生一碗水，先要自己有一桶水；想要给学生一束光，先要把自己变成光的海洋。高校辅导员要增强学习的紧迫感，如饥似渴、孜孜不倦地学习，努力掌握科学文化知识，提高自身素质，使自己的思维视野、思想观念、认识水平能够跟上新媒体时代的发展。

作为一名高校辅导员，要正确培养和提高自身的新媒体应用素养，其方法主要有以下三点：第一，在利用网络新媒介进行相应的教学活动时，应该向学生传播先进、积极向上的信息，杜绝一切不良信息，同时应做到在尊重作者知识产权的基础上不随便抄袭网络上的内容，传播内容应尽量与社会主流信息相关，为学生输入正能量，坚决避免对学生造成负面影响的信息的出现。第二，辅导员可以通过多种途径学习和深入了解一些重要的网络新媒体技术，并能够得心应手地将其应用于实践当中，例如参加一些有关新媒体网络技术的培训、自己进行相关的学习或者与他人进行交流等。一方面，高校辅导员要通过各种途径掌握更多新媒体的技术，充分利用好当前新媒体多样化的资源优势，可以自学，也可以参加一些专业化的培训课程，以此不断积累新媒体的教育资源。另一方面，就要学以致用，切实发挥新媒体的作用，把新媒体技术应用到日常的管理工作中，这样既可以提升工作效率，也可以通过新媒体平台，抢占思想政治教育的阵地。高校辅导员之间还可以建立辅导员俱乐部、辅导员沙龙等组织，利用工作业余时间，交流探讨新媒体在各自工作中的应用成效及问题，大家集思广益，共同提高，共同解决问题，使其成为新媒体时代辅导员素质的"加油站"。第三，除此以外，高校辅导员还要强化学习意识，注重自我提高。"功崇惟志，业广惟勤。"作为大学生健康成长的指导者和引路人的高校辅导员要把学习作为一种责任、一种追求、一种爱好、一种健康的生活方式，做到自觉学习，主动学习，终身学习；要不断充实个人关于新媒体的专业知识，善于使用新媒体开展工作，自觉、自愿、积极、主动地成为新媒体的使用者；要实现理论学习与实践学习有机结合，促进高校辅导员工作实效性的提高。

正所谓"纸上得来终觉浅，绝知此事需躬行"。辅导员在不断积累专业知识理论知识的同时，也要积极投身到实践中，积累更多、更深刻的生活体验并在实践中不断总结实践经验。因此，高校辅导员更要加强研究和培训，大胆进行科研，不断提升高校辅导员的专业理论水平，创新其工作思路和方法，从而提高整体团队的素质。

结　语

当今社会，新媒体以网络作为载体创造了新的网络社会，它具有高效、开放、集群、虚拟、操控、民主与自治的特性，形成了比较完善的社会结构和功能，也形成了当下生机勃勃、复杂交错、充斥着机遇与挑战的全新领域，使得人们的沟通方式、思考方式、生活状态发生了实质性的变化。每个新领域的形成，必将带来物质生活的改动。新媒体时代下高等学校的思想政治教育与传统高校相比，面临着更多的挑战。

高校辅导员是高等学校思想政治教育传播的最终执行者，这一群体综合素质水平的优劣对于我国教育事业的水平有着重要的影响。本书分析了新媒体时代下高校辅导员队伍综合素质的定义、新的要求及研究的意义，对于新媒体社会、高校教导员和教学综合素质等重点进行了明确的定义，并总结了新媒体时代下高校教导员必备的综合素质。

总之，作为一种新形态，新媒体时代高校辅导员综合素质的研究具有重大理论意义和实践价值，也是一项螺旋式的系统工程。站在机遇与挑战并存的新媒体时代前沿，高校辅导员需要不断结合新情况新问题进行长期不懈的研究，并努力将研究成果运用到实践中去，才能对实践产生强有力的指导作用，才能在时代的浪潮中把握导向、践行使命，切实发挥出新媒体时代下高校辅导员的效能与作用。

附　录

《中共中央　国务院关于进一步加强和改进大学生思想政治教育的意见》

(中发〔2004〕16号文)

2004年10月15日

为深入贯彻党的十六大精神，适应新形势、新任务的要求，提高大学生的思想政治素质，促进大学生的全面发展，现就进一步加强和改进大学生思想政治教育提出以下意见。

一、加强和改进大学生思想政治教育是一项重大而紧迫的战略任务

1. 大学生是十分宝贵的人才资源，是民族的希望，是祖国的未来。目前，我国在校大学生包括本科生、专科生和研究生约有2000万。加强和改进大学生思想政治教育，提高他们的思想政治素质，把他们培养成中国特色社会主义事业的建设者和接班人，对于全面实施科教兴国和人才强国战略，确保我国在激烈的国际竞争中始终立于不败之地，确保实现全面建设小康社会、加快推进社会主义现代化的宏伟目标，确保中国特色社会主义事业兴旺发达、后继有人，具有重大而深远的战略意义。

2. 改革开放特别是党的十三届四中全会以来，党中央坚持"两手抓、两手都要硬"的方针，切实加强和改进对大学生思想政治教育工作的领导。各地区各部门和高等学校认真贯彻落实中央要求，加强和改进思想政治教育工作，在培养高素质人才，推动高等教育改革发展，维护学校和社会稳定等方面发挥了重要的作用。当代大学生思想政治状况的主流积极、健康、向上。他们热爱党，热爱祖国，热爱社会主义，坚决拥护党的路线方针政策，高度认同邓小平理论和"三个代表"重要思想，充分信赖以胡锦涛同志为总书记的党中央，对坚持走中国特色社会主义道路、实现全面建设小康社会的宏伟目标充满信心。

3. 国际国内形势的深刻变化，使大学生思想政治教育既面临有利条件，也面临严峻挑战。国际敌对势力与我争夺下一代的斗争更加尖锐复杂，大学生面临着大量西方文化思潮和价值观念的冲击，某些腐朽没落的

生活方式对大学生的影响不可低估。随着对外开放不断扩大、社会主义市场经济的深入发展，我国社会经济成分、组织形式、就业方式、利益关系和分配方式日益多样化，人们思想活动的独立性、选择性、多变性和差异性日益增强。这有利于大学生树立自强意识、创新意识、成才意识、创业意识，同时也带来一些不容忽视的负面影响。一些大学生不同程度地存在政治信仰迷茫、理想信念模糊、价值取向扭曲、诚信意识淡薄、社会责任感缺乏、艰苦奋斗精神淡化、团结协作观念较差、心理素质欠佳等问题。

4. 面对新形势、新情况，大学生思想政治教育工作还不够适应，存在不少薄弱环节。一些地方、部门和学校的领导对大学生思想政治教育工作重视不够，办法不多。全社会关心支持大学生思想政治教育的合力尚未形成。学校思想政治理论课实效性不强，哲学社会科学一些学科教材建设滞后，思想政治教育与大学生思想实际结合不紧，少数学校没有把大学生的思想政治教育摆在首位、贯穿于教育教学的全过程。学生管理工作与形势发展要求不相适应，思想政治教育工作队伍建设亟待加强，少数教师不能做到教书育人、为人师表。加强和改进大学生思想政治教育是一项极为紧迫的重要任务。

二、加强和改进大学生思想政治教育的指导思想和基本原则

5. 加强和改进大学生思想政治教育的指导思想是：坚持以马克思列宁主义、毛泽东思想、邓小平理论和"三个代表"重要思想为指导，深入贯彻党的十六大精神，全面落实党的教育方针，紧密结合全面建设小康社会的实际，以理想信念教育为核心，以爱国主义教育为重点，以思想道德建设为基础，以大学生全面发展为目标，解放思想、实事求是、与时俱进，坚持以人为本，贴近实际、贴近生活、贴近学生，努力提高思想政治教育的针对性、实效性和吸引力、感染力，培养德智体美全面发展的社会主义合格建设者和可靠接班人。

6. 加强和改进大学生思想政治教育的基本原则是：（1）坚持教书与育人相结合。学校教育要坚持育人为本、德育为先，把人才培养作为根本任务，把思想政治教育摆在首要位置。（2）坚持教育与自我教育相结合。既要充分发挥学校教师、党团组织的教育引导作用，又要充分调动大学生的积极性和主动性，引导他们自我教育、自我管理、自我服务。（3）坚持政治理论教育与社会实践相结合。既重视课堂教育，又注重引导大学生深入社会、了解社会、服务社会。（4）坚持解决思想问题与解决实际问题相结合。既讲道理又办实事，既以理服人又以情感人，增强思想政治教育的实际效果。（5）坚持教育与管理相结合。把思想政治教育融于学校管理之中，建立长效工作机制，使自律与他律、激励与约束有机地结合起来，有效地引导大学生的思想和行为。（6）坚持继承优良传统与改进创新相结合。在继承党的思想政治工作优良传统的基础上，积极探索新形势下大学生思想政治教育的新途径、新办法，努力体现时代性，把握规律性，富于创造性，增强实效性。

三、加强和改进大学生思想政治教育的主要任务

7. 以理想信念教育为核心，深入进行树立正确的世界观、人生观和价值观教育。要坚持不懈地用马克思列宁主义、毛泽东思想、邓小平理论和"三个代表"重要思想武装大学生，深入开展党的基本理论、基本路线、基本纲领和基本经验教育，开展中国革命、建设和改革开放的历史教育，开展基本国情和形势政策教育，开展科学发展观教育，使大学生正确认识社会发展规律，认识国家的前途命运，认识自己的社会责任，确立在中国共产党领导下走中国特色社会主义道路，实现中华民族伟大复兴的共同理想和坚定信念。同时，要积极引导大学生不断追求更高的目标，使他们中的先进分子树立共产主义的远大理想，确立马克思主义的坚定信念。

8. 以爱国主义教育为重点，深入进行弘扬和培育民族精神教育。深入开展中华民族优良传统和中国革命传统教育，开展各民族平等团结教育，培养团结统一、爱好和平、勤劳勇敢、自强不息的精神，树立民族自尊心、自信心和自豪感。要把民族精神教育与以改革创新为核心的时代精神教育结合起来，引导大学生在中国特色社会主义事业的伟大实践中，在时代和社会的发展进步中汲取营养，培养爱国情怀、改革精神和创新能力，始终保持艰苦奋斗的作风和昂扬向上的精神状态。

9. 以基本道德规范为基础，深入进行公民道德教育。要认真贯彻《公民道德建设实施纲要》，以为人民服务为核心、以集体主义为原则、以诚实守信为重点，广泛开展社会公德、职业道德和家庭美德教育，引导大学生自觉遵守爱国守法、明礼诚信、团结友善、勤俭自强、敬业奉献的基本道德规范。坚持知行统一，积极开展道德实践活动，把道德实践活动融入大学生学习生活之中。修订完善大学生行为准则，引导大学生从身边的事情做起，从具体的事情做起，着力培养良好的道德品质和文明行为。

10. 以大学生全面发展为目标，深入进行素质教育。加强民主法制教育，增强遵纪守法观念。加强人文素质和科学精神教育，加强集体主义和团结合作精神教育，促进大学生思想道德素质、科学文化素质和健康素质协调发展，引导大学生勤于学习、善于创造、甘于奉献，成为有理想、有道德、有文化、有纪律的社会主义新人。

四、充分发挥课堂教学在大学生思想政治教育中的主导作用

11. 高等学校思想政治理论课是大学生思想政治教育的主渠道。思想政治理论课是大学生的必修课，是帮助大学生树立正确的世界观、人生观、价值观的重要途径，体现了社会主义大学的本质要求。要按照充分体现当代马克思主义最新成果的要求，全面加强思想政治理论课的学科建设、课程建设、教材建设和教师队伍建设，进一步推动邓小平理论和"三个代表"重要思想进教材、进课堂、进大学生头脑工作。要联系改革开放和社会主义现代化建设的实际，联系大学生的思想实际，把传授知识与思想教育结合起来，把系统教学与专题教育结合起来，把理论武装与实践育人结合起来，切实改革教学内容，改进教学方法，改善教学手段。要加强对思想政治理论课的宏观指导，采取有力措施，力争在几年内使思想政治理论课教育教学情况有明显改善。

12. 形势政策教育是思想政治教育的重要内容和途径。要建立大学生形势政策报告会制度，定期编写形势政策教育宣讲提纲，建立形势政策教育资源库。国家机关和地方党政负责人要经常为大学生作形势报告。学校要紧密结合国际国内形势变化和学生关注的热点、难点问题，制定形势政策教育教学计划，认真组织实施。

13. 高等学校哲学社会科学课程负有思想政治教育的重要职责。哲学社会科学中的绝大部分学科都具有鲜明的意识形态属性，对于帮助大学生坚定正确的政治方向，正确认识和分析复杂的社会现象，提高思想道德修养和精神境界具有十分重要的作用。要坚持和巩固马克思主义在意识形态领域的指导地位，在哲学社会科学教学中充分体现马克思主义中国化的最新理论成果，用科学理论武装大学生，用优秀文化培育大学生。要发扬理论联系实际的优良学风，发挥哲学社会科学的优势，紧密围绕大学生普遍关心的、改革开放和现代化建设中的重大问题，做好释疑解惑和教育引导工作。要结合实施马克思主义理论研究和建设工程，精心组织编写全面反映毛泽东思想、邓小平理论和"三个代表"重要思想的哲学、政治经济学、科学社会主义、中共党史以及政治学、社会学、法学、史学、新闻学和文学等哲学社会科学重点学科的教材，努力形成以当代中国马克思主义为指导的具有中国特色、中国风格、中国气派的哲学社会科学学科体系和教材体系。

14. 高等学校各门课程都具有育人功能，所有教师都负有育人职责。广大教师要以高度负责的态度，率先垂范、言传身教，以良好的思想、道德、品质和人格给大学生以潜移默化的影响。要把思想政治教育融入大学生专业学习的各个环节，渗透到教学、科研和社会服务各个方面。要深入发掘各类课程的思想政治教育资源，在传授专业知识过程中加强思想政治教育，使学生在学习科学文化知识过程中，自觉加强思想道德修养，提高政治觉悟。要坚持学术研究无禁区、课堂讲授有纪律，严格教育教学纪律，切实加强教材管理，在讲台上和教材中不得散布违背宪法和党的路线方针政策的错误观点和言论。

五、努力拓展新形势下大学生思想政治教育的有效途径

15. 深入开展社会实践。社会实践是大学生思想政治教育的重要环节，对于促进大学生了解社会、了解国情，增长才干、奉献社会，锻炼毅力、培养品格，增强社会责任感具有不可替代的作用。要建立大学生社会实践保障体系，探索实践育人的长效机制，引导大学生走出校门，到基层去，到工农群众中去。高等学校要把社会实践纳入学校教育教学总体规划和教学大纲，规定学时和学分，提供必要经费。积极探索和建立社会实践与专业学习相结合、与服务社会相结合、与勤工助学相结合、与择业就业相结合、与创新创业相结合的管理体制，增强社会实践活动的效果，培养大学生的劳动观念和职业道德。要认真组织大学生参加军政训练。利用好寒暑假，开展形式多样的社会实践活动。积极组织大学生参加社会调查、生产劳动、志愿服务、公益活动、科技发明和勤工助学等社会实践活动。重视社会实践基地建设，不断丰富社会实践的内容和形式，提高社会实践的质量和效果，使大学生在社会实践活动中受教育、长才干、作贡献，增强社会责任感。

16. 大力建设校园文化。校园文化具有重要的育人功能，要建设体现社会主义特点、时代特征和学校特色的校园文化，形成优良的校风、教风和学风。大力加强大学生文化素质教育，开展丰富多彩、积极向上的学术、科技、体育、艺术和娱乐活动，把德育与智育、体育、美育有机结合起来，寓教育于文化活动之中。要善于结合传统节庆日、重大事件和开学典礼、毕业典礼等，开展特色鲜明、吸引力强的主题教育活动。重视校园人文环境和自然环境建设，完善校园文化活动设施，建设好大学生活动中心。加强校报、校刊、校内广播电视和学校出版社的建设，加强哲学社会科学研讨会、报告会、讲座的管理，绝不给错误观点和言论提供传播渠道。坚决抵制各种有害文化和腐朽生活方式对大学生的侵蚀和影响。禁止在学校传播宗教。

17. 主动占领网络思想政治教育新阵地。要全面加强校园网的建设，使网络成为弘扬主旋律、开展思想政治教育的重要手段。要利用校园网为大学生学习、生活提供服务，对大学生进行教育和引导，不断拓展大学生思想政治教育的渠道和空间。要建设好融思想性、知识性、趣味性、服务性于一体的主题教育网站和网页，积极开展生动活泼的网络思想政治教育活动，形成网上网下思想政治教育的合力。要密切关注网上动态，了解大学生思想状况，加强同大学生的沟通与交流，及时回答和解决大学生提出的问题。要运用技术、行政和法律手段，加强校园网的管理，严防各种有害信息在网上传播。加强网络思想政治教育队伍建设，形成网络思想政治教育工作体系，牢牢把握网络思想政治教育主动权。

18. 开展深入细致的思想政治工作和心理健康教育。要结合大学生实际，广泛深入开展谈心活动，有针对性地帮助大学生处理好学习成才、择业交友、健康生活等方面的具体问题，提高思想认识和精神境界。要重视心理健康教育，根据大学生的身心发展特点和教育规律，注重培养大学生良好的心理品质和自尊、自爱、自律、自强的优良品格，增强大学生克服困难、经受考验、承受挫折的能力。要制定大学生心理健康教育计划，确定相应的教育内容、教育方法。要建立健全心理健康教育和咨询的专门机构，配备足够数量的专兼职心理健康教育教师，积极开展大学生心理健康教育和心理咨询辅导，引导大学生健康成长。

19. 努力解决大学生的实际问题。思想政治教育既要教育人、引导人，又要关心人、帮助人。高等学校要从严治教，加强管理，改善办学条件，提高教育教学质量，为大学生成长成才创造条件。要加强对经济困难大学生的资助工作，以政府投入为主，多方筹措资金，不断完善资助政策和措施，形成以国家助学贷款为主体，包括助学奖学金、勤工助学基金、特殊困难补助和学费减免在内的助学体系，帮助经济困难大学生完成学业。要帮助大学生树立正确的就业观念，引导毕业生到基层、到西部、到祖国最需要的地方建功立业。要进一步建立健全大学生就业指导机构和就业信息服务系统，提供高效优质的就业创业服务。通过服务育人、管理育人，把党和政府对大学生的关怀落到实处。

六、充分发挥党团组织在大学生思想政治教育中的重要作用

20. 发挥党的政治优势和组织优势，做好大学生思想政治教育工作。高等学校党组织要高度重视学生党员发展工作，坚持标准，保证质量，把优秀大学生吸纳到党的队伍中来。对入党积极分子要注重早期培养，加强制度建设，严格发展程序，进行系统的党的知识教育和实践锻炼。对大学生党员要加强党员先进性教育，使他们严格要求自己，提高党性修养，充分发挥在大学生思想政治教育中的骨干带头作用和先锋模范作用。

要坚持把党支部建在班上，努力实现本科学生班级"低年级有党员、高年级有党支部"的目标。创新学生党支部活动方式，丰富活动内容，增强凝聚力和战斗力，使其成为开展思想政治教育的坚强堡垒。高度重视研究生党组织建设，切实加强研究生思想政治教育。

21. 发挥共青团和学生组织作用，推进大学生思想政治教育。共青团是党领导下的先进青年的群众组织，是党的助手和后备军，在大学生思想政治教育中具有重要作用。高等学校团组织要把加强大学生思想政治教育工作摆在突出位置，充分发挥在教育、团结和联系大学生方面的优势，竭诚为大学生的成长成才服务。要全面实施大学生素质拓展计划，组织开展丰富多彩的思想政治教育活动。要加强对优秀团员的培养，认真做好推荐优秀共青团员入党工作。要坚持党建带团建，把加强团的建设作为高等学校党建的重要任务。要切实加强团的组织建设，选拔优秀青年党员教师做团的工作，保证高校共青团组织机构设置和人员配备。要把团干部作为思想政治教育工作队伍的重要组成部分，做好培养、锻炼和输送工作。

高等学校学生会、研究生会是党领导下的大学生群众组织，是加强和改进大学生思想政治教育的重要依靠力量，也是大学生自我教育的组织者。学生会、研究生会要自觉接受党的领导，在共青团指导下，针对大学生特点，开展生动有效的思想政治教育活动，把广大学生紧密团结在党的周围，在大学生思想政治教育中更好地发挥桥梁和纽带作用。

22. 依托班级、社团等组织形式，开展大学生思想政治教育。班级是大学生的基本组织形式，是大学生自我教育、自我管理、自我服务的主要组织载体。要着力加强班级集体建设，组织开展丰富多彩的主题班会等活动，发挥团结学生、组织学生、教育学生的职能。要加强对大学生社团的领导和管理，帮助大学生社团选聘指导教师，支持和引导大学生社团自主开展活动。要高度重视大学生生活社区、学生公寓、网络虚拟群体等新型大学生组织的思想政治教育工作，选拔大学生骨干参与学生公寓、网络的教育管理，发挥大学生自身的积极性和主动性，增强教育效果。

七、大力加强大学生思想政治教育工作队伍建设

23. 思想政治教育工作队伍是加强和改进大学生思想政治教育的组织保证。大学生思想政治教育工作队伍主体是学校党政干部和共青团干部，思想政治理论课和哲学社会科学课教师，辅导员和班主任。学校党政干部和共青团干部负责学生思想政治教育的组织、协调、实施；思想政治理论和哲学社会科学课教师根据学科和课程的内容、特点，负责对学生进行思想理论教育、思想品德教育和人文素质教育；辅导员、班主任是大学生思想政治教育的骨干力量，辅导员按照党委的部署有针对性地开展思想政治教育活动，班主任负有在思想、学习和生活等方面指导学生的职责。要采取切实措施，培养一批坚持以马克思主义为指导，理论功底扎实，勇于开拓创新，善于联系实际，老中青相结合的哲学社会科学学科带头人和教学骨干队伍，使他们在大学生思想政治教育中发挥更大的作用。所有从事大学生思想政治教育的人员，都要坚持正确的政治方向，加强思想道德修养，增强社会责任感，成为大学生健康成长的指导者和引路人。在事关政治原则、政治立场和政治方向问题上不能与党中央保持一致的，不得从事大学生思想政治教育工作。

广大教职员工作都负有对大学生进行思想政治教育的重要责任。要制定完善有关规定和政策，明确职责任务和考核办法，形成教书育人、管理育人、服务育人的良好氛围和工作格局。教师要提高师德和业务水平，爱岗敬业，教书育人，为人师表，以良好的思想政治素质和道德风范影响和教育学生。学校管理工作要体现育人导向，把严格日常管理与引导大学生遵纪守法、养成良好行为习惯结合起来。后勤服务人员要努力搞好后勤保障，为大学生办实事办好事，使大学生在优质服务中受到感染和教育。

24. 完善大学生思想政治教育工作队伍的选拔、培养和管理机制。按照政治强、业务精、纪律严、作风正的要求，坚持专兼结合的原则，研究和制定加强高校思想政治教育工作队伍建设的具体意见，吸引更多的优秀教师从事学生思想政治教育工作。要加强思想政治教育学科建设，培养思想政治教育工作专门人才。实施大学生思想政治教育队伍人才培养工程，建立思想政治教育人才培养基地。选拔推荐一批从事政治教育思想的骨干进一步深造，攻读思想政治教育相关专业的硕士、博士学位，学成后专职从事思想政治教育工作。采取有效措施，组织参加社会实践、挂职锻炼、学习考察等活动，不断提高他们的工作能力和水平。要建立完善大学生思想政治教育专职队伍的激励和保障机制。完善思想政治教育队伍的专业职务系列，从思想政治教育专职队伍的实际出发，解决好他们的教师职务聘任问题，鼓励支持他们安心本职工作，成为思想政治教育方面的专家。建立专项评优奖励制度，定期评比表彰思想政治教育工作先进集体和个人，树立、宣传、推广一批先进典型。

要采取有力措施，着力建设一支高水平的辅导员、班主任队伍。院（系）的每个年级都要按适当比例配备一定数量的专职辅导员，每个班级都要配备一名兼职班主任，鼓励优秀教师兼任班主任工作。辅导员、班主任工作在大学生思想政治教育第一线，任务繁重，责任重大，学校要从政治上、工作上、生活上关心他们，在政策和待遇方面给予适当倾斜。

八、努力营造大学生思想政治教育工作的良好社会环境

25. 全社会都要关心大学生的健康成长，支持大学生思想政治教育工作。宣传、理论、新闻、文艺、出版等方面要坚持弘扬主旋律，为大学生思想政治教育营造良好的社会舆论氛围，为大学生提供丰富的精神食粮。要坚持团结稳定鼓劲、正面宣传为主，反映高等学校思想政治教育工作的先进典型和优秀大学生的先进事迹。各类网站要牢牢把握正确导向，主动承担社会责任，积极开发教育资源，开展形式多样的网络思想政治教育活动。重点新闻网站要不断改进创新，切实增强吸引力和感染力，在大学生思想政治教育活动中发挥导向作用。要大力发展文化事业和文化产业，为学生提供更多更好的文化产品和文化服务。文化部门和艺术团体要进一步推进高雅文化进校园活动，丰富校园文化生活，提高学生艺术修养。充分发挥爱国主义教育基地对大学生的教育作用，各类博物馆、纪念馆、展览馆、烈士陵园等爱国主义教育基地，对大学生集体参观一律实行免票。各级政府和企事业单位要鼓励和支持面向大学生的公益性文化活动。坚持不懈地开展"扫黄""打非"，依法加强对各类网站的管理，净化文化市场和网络环境。

26. 各级党委和政府要为高等学校创建良好的育人环境。要把优化校园周边环境作为推进社会主义精神文明建设的重要任务，结合城市改造和社区建设搞好规划，加强综合治理。要依法加强对学校周边的文化、娱乐、商业经营活动的管理，坚决取缔干扰学校正常教学、生活秩序的经营性娱乐活动场所，严厉打击各种刑事犯罪活动，及时处理侵害学生合法权益、身心健康的事件和影响学校、社会稳定的事端。要为大学生专业实习和社会实践创造条件，提供便利。要把高校毕业生就业作为就业工作的重要组成部分，常抓不懈，完善毕业生就业市场机制，健全毕业生就业服务体系，落实毕业生自主创业、灵活就业的各项扶持政策。要动员社会各方力量，完善资助困难大学生的机制，帮助大学生解决实际困难。党政机关、社会团体、企事业单位以及街道、社区、村镇等要主动配合做好大学生思想政治教育工作。学校要探索建立与大学生家庭联系沟通的机制，相互配合对学生进行思想政治教育。

九、切实加强对大学生思想政治教育工作的领导

27. 各级党委和政府要从战略全局的高度，充分认识加强和改进大学生思想政治教育的重大意义，把"培养什么人"、"如何培养人"这一重大课题始终摆在重要位置，切实加强领导。要弘扬求真务实精神，及时研

究解决涉及大学生健康成长和切身利益的实际问题。制定有关政策和法规，不仅要有利于经济和各项事业的发展，而且要有利于大学生的健康成长。要建立健全党委统一领导、党政群齐抓共管、有关部门各负其责、全社会大力支持的领导体制和工作机制，形成全党全社会共同关心支持大学生思想政治教育的强大合力。教育部要对全国高等学校大学生思想政治教育工作统一规划、组织协调、宏观指导和督促检查。各地负责高校思想政治工作的部门，要切实负起责任。各有关部门要主动配合，共同做好大学生思想政治教育工作。要重视和加强民办高等学校党的建设和大学生的思想政治教育。

28. 高等学校要充分发挥大学生思想政治教育主阵地、主课堂、主渠道作用。要把大学生思想政治教育摆在学校各项工作的首位，贯穿于教育教学的全过程。要建立和完善党委统一领导、党政齐抓共管、专兼职队伍相结合、全校紧密配合、学生自我教育的领导体制和工作机制。高等学校党委要统一领导大学生思想政治教育工作，经常分析大学生思想状况和思想政治教育工作状况，制订思想政治教育的总体规划，对大学生思想政治教育作出全面部署和安排。校长要对大学生德智体美全面发展负责，把思想政治教育与教学、科研、社会服务工作结合起来，同时部署，同时检查，同时评估。学校各部门要明确各自责任，密切协作，切实完成相应任务。学校基层党团组织要认真履行学生思想政治教育的职责，把加强和改进大学生思想政治教育的各项任务真正落到实处。

29. 不断完善大学生思想政治教育的保障机制。要建立健全与法律法规相协调、与高等教育全面发展相衔接、与大学生成长成才需要相适应的思想政治教育和管理的制度体系。要加大大学生思想政治教育工作的经费投入，教育行政部门和学校要合理确定思想政治教育工作方面的经费投入科目，列入预算，确保各项工作顺利开展。学校要为开展大学生思想政治教育工作提供必要的场所与设备，不断改善条件，优化手段。要把大学生思想政治教育工作作为对高等学校办学质量和水平评估考核的重要指标，纳入高等学校党的建设和教育教学评估体系。

30. 加强大学生思想政治教育科学研究工作。各级宣传和教育行政部门要组织专家学者积极开展科学研究，为加强和改进大学生思想政治教育提供理论支持和决策依据。各地哲学社会科学规划工作领导部门要把大学生思想政治教育重大问题研究列入规划。各级高等学校思想政治教育研究会等学术研究机构和团体要加强自身建设，发挥在大学生思想政治教育科学研究、决策咨询、工作指导等方面的重要作用。

教育部关于印发《高等学校辅导员职业能力
标准（暂行）》的通知

教思政〔2014〕2 号

各省、自治区、直辖市教育厅（教委），新疆生产建设兵团教育局，部属
各高等学校：

为贯彻落实教育规划纲要和《普通高等学校辅导员培训规划（2013—
2017 年）》（教党〔2013〕9 号）精神，构建高校辅导员队伍能力标准体
系，推动高校辅导员队伍专业化职业化建设，现将我部制定的《高等学校
辅导员职业能力标准（暂行）》（以下简称《能力标准》）印发给你们，
请结合实际认真贯彻执行。

各地教育部门、高等学校要把贯彻落实《能力标准》作为加强高校辅
导员队伍建设的重要任务和举措，精心组织实施。要采取多种形式组织开
展《能力标准》学习宣传活动，帮助广大高校辅导员深刻理解《能力标
准》的基本理念，准确把握《能力标准》的主要内容，全面落实《能力
标准》的各项要求，把《能力标准》作为提高自身专业发展水平的行为
准则。要紧密结合实际，抓紧制订贯彻落实《能力标准》的具体措施，及
时调整和完善高校辅导员培养培训方案、工作职能设置、考评考核指标
等，努力将高校辅导员队伍建设提升到新水平。

教育部

2014 年 3 月 25 日

高等学校辅导员职业能力标准（暂行）

为进一步加强高校辅导员队伍建设，推动高校辅导员队伍专业化、职
业化发展，提升大学生思想政治教育工作质量，特制定本标准。

高校辅导员是履行高等学校学生工作职责的专业人员，要经过系统的
培养与培训，具有良好的职业道德，掌握系统的专业知识和专业技能。本
标准是国家对合格高校辅导员专业素质的基本要求，是高校辅导员开展学
生工作的基本规范，是引领高校辅导员专业化职业化发展的基本准则，是
高校辅导员培养、准入、培训、考核等工作的基本依据。

制定和实施本标准，一是为了进一步增强辅导员职业的社会认同，建立辅导员职业相对独立的知识和理论体系，确立辅导员职业概念，提升辅导员职业地位和职业公信力，逐步增强广大师生和全社会对辅导员工作的职业认同；二是为了进一步强化辅导员队伍建设的政策导向，为各级部门推进辅导员队伍建设提供基本依据，推动各级部门进一步制定完善辅导员队伍准入、考核、培养、发展、退出机制；三是为了进一步充实丰富辅导员工作的专业内涵，引导辅导员系统学习职业相关理论知识、法律法规、政策制度等，为辅导员主动提升专业素养和职业能力指出路径和方向；四是为了进一步规范辅导员的工作范畴，逐步明晰辅导员的岗位职责和工作边界，增强辅导员的职业自信心和职业归属感。

1. 职业概况

1.1 职业名称

高等学校辅导员

1.2 职业定义

辅导员是高等学校教师队伍和管理队伍的重要组成部分，具有教师和干部的双重身份。辅导员是开展大学生思想政治教育的骨干力量，是高校学生日常思想政治教育和管理工作的组织者、实施者和指导者。辅导员应当努力成为学生的人生导师和健康成长的知心朋友。

1.3 职业等级

本职业共分为三个等级，分别为：初级、中级、高级。

1.4 职业能力特征

政治强、业务精、纪律严、作风正。具备思想政治教育工作相关学科的宽口径知识储备。具备较强的组织管理能力和语言、文字表达能力，及教育引导能力、调查研究能力等。

1.5 基本文化程度

大学本科以上学历

1.6 政治面貌要求

中国共产党党员

1.7 培训要求

1.7.1 培训期限

根据学校的专业培养目标和教学培训计划，定期参加思想政治教育培训。基本培训期限：入职培训不少于 40 标准学时（10 天）；中级不少于 48 标准学时（16 学时/年，3 年 12 天）；高级不少于 128 标准学时（16 学时/年，8 年 32 天）。

1.7.2　培训师资

培训高校辅导员的教师应具有相关专业副高级以上专业技术职务或副处级以上职级，并具有较高的思想政治教育及相关专业学术水平、理论修养和丰富的实践经验。

1.7.3　培训场地设备

满足教学需要的标准多媒体教室、报告厅和实践场所。

2. 基本要求

2.1　职业守则

（1）爱国守法。热爱祖国，热爱人民，拥护中国共产党的领导，拥护中国特色社会主义制度。遵守宪法和法律法规，贯彻党的教育方针，依法履行教育职责，维护校园和谐稳定。不得有损害党和国家利益以及不利于学生健康成长的言行。

（2）敬业爱生。热爱党的教育事业，树立崇高职业理想，以献身教育事业、引领学生思想和服务学生成长为己任。真心关爱学生，严格要求学生，公正对待学生。不得损害学生和学校的合法权益。在职责范围内，不得拒绝学生的合理要求。

（3）育人为本。把握思想政治教育规律和大学生成长规律，引导学生树立正确的世界观、人生观和价值观。增强学生社会责任感、创新精神和实践能力。尊重学生独立人格和个人隐私，保护学生自尊心、自信心和进取心，促进学生全面发展，努力培养社会主义合格建设者和可靠接班人。

（4）终身学习。坚持终身学习，勇于开拓创新，主动学习思想政治教育理论、方法及相关学科知识，积极开展理论研究和实践探索，参与社会实践和挂职锻炼，不断拓展工作视野，努力提高职业素养和职业能力。

（5）为人师表。学为人师，行为世范。模范遵守社会公德，引领社会风尚，以高尚品行和人格魅力教育感染学生。不得有损害职业声誉的行为。

2.2　职业知识

2.2.1　基础知识

具备宽广的知识储备，了解马克思主义理论、哲学、政治学、教育学、社会学、心理学、管理学、伦理学、法学等学科的基本原理和基础知识。

2.2.2　专业知识

思想政治教育专业基本理论、基本知识、基本方法

（1）思想政治道德观教育

（2）思想政治教育学原理

（3）思想政治教育史

（4）思想政治教育方法论

（5）思想政治教育心理学和心理健康教育相关知识与技能

（6）比较思想政治教育

马克思主义中国化相关理论及知识

（7）毛泽东思想相关理论

（8）中国特色社会主义理论体系

（9）社会主义核心价值体系

（10）中华人民共和国史

（11）中国共产党党史

大学生思想政治教育工作实务相关知识

（12）党的创新理论教育相关知识

（13）大学生党团、班级建设的相关知识

（14）职业生涯规划与就业指导相关知识

（15）困难资助、奖罚管理等学生日常事务管理内容、知识

（16）校园文化建设、社会实践等学生日常思想政治教育的知识

（17）网络思想政治教育相关知识

（18）危机事件、突发事件应对与管控的相关知识

2.2.3　法律法规知识

《中华人民共和国教育法》《中华人民共和国高等教育法》《中华人民共和国教师法》《中华人民共和国学位条例》《中华人民共和国学位条例暂行实施办法》《中华人民共和国精神卫生法》《中共中央国务院关于进一步加强和改进大学生思想政治教育的意见》《普通高等学校辅导员队伍建设规定》《普通高等学校学生管理规定》《国家教育考试违规处理办法》《学生伤害事故处理办法》等与大学生思想政治教育相关的法律法规条文规定。

3. 职业能力标准

本标准对初级、中级、高级辅导员要求依次递进，高级别包括低级别的要求。

3.1 初级

初级辅导员一般工作年限为 1-3 年，经过规定入职培训并取得相应证书。

职业功能	工作内容	能力要求	相关理论和知识要求
思想政治教育	（一）熟悉学生家庭情况、个人特长等基本信息，掌握学生思想特点、动态及思想政治状况	能通过日常观察、谈心谈话、问卷调查等方式，收集学生基本信息，了解学生思想动态；能针对学生关心的热点、焦点问题，及时进行教育和引导	思想政治教育的基本理论和方法
	（二）深入开展中国特色社会主义、中国梦宣传教育和社会主义核心价值观教育，帮助学生树立正确的世界观、人生观、价值观，确立在中国共产党领导下走中国特色社会主义道路、实现中华民族伟大复兴的共同理想和坚定信念	能掌握主题教育、个别谈心、党团活动、社会实践活动等思想政治教育的基本方法 能针对学生关注的思想理论热点问题做基本解释	思想政治教育的基本理论和方法 中国特色社会主义理论体系和社会主义核心价值体系基础知识
	（三）有针对性地帮助大学生处理好学习成才、择业交友、健康生活等方面的具体问题	能结合大学生实际，广泛深入开展谈心活动，引导学生养成良好的心理品质和自尊、自爱、自律、自强的优良品格	心理学基础知识 伦理学基础知识 社会学基础知识
党团和班级建设	（一）做好学生骨干的遴选、培养、激励工作	能考察学生思想政治素质、道德品质、工作能力、发展潜力等基本素质，能激励学生积极主动参与班团事务	人力资源管理相关理论和方法
	（二）做好学生入党积极分子培养教育工作	能教育引导学生坚定理想信念，增强党性修养，端正入党动机；能组织学生学习党的理论知识	党建基本理论和知识《中国共产党章程》

职业功能	工作内容	能力要求	相关理论和知识要求
党团和班级建设	（三）做好学生党员发展和教育管理服务工作	能从思想政治、能力素质、道德品行、现实表现等方面综合考察学生的先进性和纯洁性；熟悉党员发展的环节和程序；能利用各种教育载体激发党员的学习积极性和主动性	《中国共产党发展党员工作细则》《关于进一步加强高校学生党员发展和教育管理服务的若干意见》
	（四）指导学生党支部和班团组织建设	能选好配强党支部和班团组织负责人；能积极推动组织生活等工作创新 能发挥学生党员的先锋模范作用和党支部的战斗堡垒作用	
学业指导	（一）了解学生所学专业的基本情况，组织开展专业教育	能初步掌握学生所学专业的培养计划、专业前景等；能增强学生的专业认同和学习热情	教育学的基本理论和基础知识
	（二）培养学生学习兴趣，指导学生养成良好学习习惯，规范学生学习方式行为	能及时发现并纠正学生学习中的不良倾向	关于学生学位授予的相关规定 关于学生考试的相关规定
	（三）组织开展学风建设，营造浓厚学习氛围		
日常事务管理	（一）开展新生入学教育	能通过主题班会、参观实践、讲座报告、交流讨论等形式开展入学教育，帮助新生熟悉、接纳并适应大学生活	《普通高等学校学生管理规定》
	（二）做好毕业生离校教育、管理和服务工作	能通过主题演讲、主题征文、座谈会、毕业纪念册、毕业衫等形式做好毕业生的爱校荣校教育；能为毕业生办理好毕业派遣、户档转出、党组织关系转接等工作	

续表

职业功能	工作内容	能力要求	相关理论和知识要求
日常事务管理	（三）组织好学生军训工作	能通过宣讲和谈心等形式做好学生军训动员工作，指导学生积极参与军训	军事训练与国防教育的基础知识
	（四）有效开展助、贷、勤、减、补工作，落实好家庭经济困难学生的资助工作	能组织评审各类助学金，指导学生办理助学贷款，组织学生开展勤工俭学活动，为学生办理学费减免和临时困难补助工作	国家和学校对家庭经济困难学生的资助政策
	（五）做好学生奖励评优和奖学金评审工作	能组织学生开展素质综合测评，公开公平的做好奖励评优和奖学金评审工作	《普通本科高校、高等职业学校国家奖学金管理暂行办法》《研究生国家奖学金管理暂行办法》
	（六）为学生的日常事务提供基本咨询，进行生活指导	能根据学校相关政策规定及社会、生活常识为学生解答一些日常问题；能指导学生依法维护自身权益	学校相关政策规定 社会学基础知识 经济学基础知识 法学基础知识
	（七）指导学生开展宿舍文化建设，促进学生和谐相处，互帮互助	能通过召开宿舍长会议、组织宿舍文化符号比赛等形式活跃宿舍文化 能通过团体辅导、个别谈心等形式化解宿舍学生之间的矛盾	美学基础知识 教育学基础知识 心理咨询知识
心理健康教育与咨询	（一）协助学校心理健康教育机构开展心理筛查（二）对学生进行初步心理问题排查和疏导	能协助心理健康教育机构完成心理筛查的组织实施、能了解大学生的心理特点，熟悉大学生常见的发展性心理问题，掌握倾听、共情、尊重等沟通技能，能够与大学生建立积极有效的师生关系，帮助学生调适一般的心理困扰	心理咨询的方法、技巧 心理异常的判断标准、原则

职业功能	工作内容	能力要求	相关理论和知识要求
心理健康教育与咨询	（三）组织开展心理健康教育宣传活动	能组织开展形式多样的心理健康教育宣传活动，如举办讲座、设计宣传展板等；能组织学生参加陶冶情操、磨炼意志的课外文体活动，提高学生心理健康水平	
网络思想政治教育	（一）构建网络思想政治教育重要阵地，有效传播先进文化、弘扬主旋律 （二）拓展工作途径，加强与学生的网上互动交流，运用网络平台为学生提供学习、生活、就业心理咨询等服务	能及时把握学生对信息技术的应用趋势；能熟悉网络语言特点和规律；能熟练使用博客、微博及微信等新媒体技术	《关于进一步加强高等学校校园网络管理工作的意见》 《关于进一步加强高等学校网络建设和管理工作的意见》 网络技术基础知识 传播学基础知识
	（三）及时了解网络舆情信息，密切关注学生的网络动态，敏锐把握一些苗头性、倾向性、群体性问题	能及时研判网络舆情	
危机事件应对	（一）对危机事件作初步处理，努力稳定并控制局面	能第一时间赶赴现场；能尽快确认相关人员基本情况；能执行危机事件处理预案，及时稳定相关人员情绪	《学生伤害事故处理办法》相关规定 危机事件、突发事件应对与管控的相关知识
	（二）了解事件相关信息并及时逐级上报	能通过学生骨干、密切接触人员等渠道快速了解事件相关信息；能对事件性质做出初步判断；能将相关情况及时向上级领导汇报	危机事件应对预案相关内容 公共危机管理基础知识 社会学基础知识
	（三）组织基本安全教育并建立基层应急队伍	掌握基本安全教育方法，能组织开展学生安全教育活动；能培训指导各级学生骨干具备初步应急常识	

续表

职业功能	工作内容	能力要求	相关理论和知识要求
职业规划与就业指导	（一）为学生提供高效优质的就业指导和信息服务	能及时全面发布就业信息；能开展通用求职技巧指导、就业政策及流程解读等基本就业指导服务工作	国家毕业生就业相关政策 现代化技术发布信息的方法
	（二）帮助学生树立正确的就业观念，引导毕业生到基层、到西部、到祖国最需要的地方建功立业	具备基本的职业生涯规划能力，能开展就业观、择业观教育	职业类型基础知识 职业咨询基础知识
理论和实践研究	（一）攻读并获得思想政治教育、教育学、管理学等相关专业学位；参加校内相关学科领域学术交流活动	能掌握思想政治教育的基本理论观点；能融入学术团队，运用理论分析、调查研究等方法，归纳分析相关问题	科学研究基本方法
	（二）参与校内外思想政治教育课题或项目研究		

3.2 中级

中级辅导员一般工作年限为 4~8 年，具备一定工作经验，培养了较强研究能力，积累了一定理论和实践成果。中级辅导员职业标准除涵盖初级辅导员的职业标准内容要求外，在各项职业功能上有更高要求。

职业功能	工作内容	能力要求	相关理论和知识要求
思想政治教育	（一）组织、协调班主任、思想政治理论课教师和组织员等共同做好经常性的思想政治教育工作	能与班主任、思想政治理论课教师和组织员等工作骨干做好沟通交流，充分发挥所有从事大学生思想政治教育人员的育人作用	心理学
	（二）参与思想道德修养、形势与政策教育等课程教学	能深入了解国情、民情、社情；能根据教学的需要和学生的特点，采取灵活多样的教学方式开展形势与政策教育	政治学基础知识 课堂教学基本方法与理论

续表

职业功能	工作内容	能力要求	相关理论和知识要求
思想政治教育	（三）为学生在理想、信念等方面遇到的深层次思想问题提供有针对性的教育咨询	能就学生深层次的思想问题进行沟通、挖掘、分析与辅导	伦理学相关知识 社会学相关知识
党团和班级建设	（一）开展党员教育管理服务工作	具备丰富的党建团建工作经验与扎实的理论功底；能指导党支部书记开展党员教育培训，拓展教育途径；能指导党支部书记开展组织生活和组织关系管理；能指导党支部书记关爱帮助学生党员，保障党员民主权利	中华人民共和国史 中国共产党史 党的建设理论 大型活动组织管理和大型活动组织的方法与原则 课堂教学方法
	（二）指导学生党支部和班团组织开展主题党、团日等活动	能抓住重大节庆日、重要活动、重要节点，指导党团组织开展主题活动 能指导学生组织开展丰富多彩的校园文化、艺术、体育等活动	
	（三）参与学生业余党校、团校建设，讲授党课、团课	能组织开展学院级党校、团校的相关工作；能讲授具有一定理论水平、深受学生欢迎的党课、团课	
学业指导	（一）帮助学习困难学生适应大学学习生活，激发学习兴趣，掌握科学的学习方法	能通过侧面了解、谈心谈话、组织相关人员集体讨论等方式分析学生遇到的困难和应对措施，指导学生有效调整学习习惯和学习方法	教育学相关知识 心理学相关知识
	（二）研究分析学生学习状态和学习成绩变化，并针对性地开展分类指导	能通过召开宣讲会、谈心谈话等方式鼓励学生主动参与课外学术实践活动	

续表

职业功能	工作内容	能力要求	相关理论和知识要求
学业指导	（三）指导学生开展课外科技学术实践活动		
	（四）指导学生考研、出国留学等学习事务		
日常事务管理	（一）违法违纪学生的教育处理	能准确把握国家有关法律法规和学校规章制度，对学生违法违纪行为进行严肃处理；能采用案例分析、宣传警示等形式对学生进行日常法律意识教育	《中华人民共和国刑法》《中华人民共和国治安管理处罚法》《国家教育考试违规处理办法》学校相关规章制度
	（二）能熟练把握学生情感、人际交往、财经、法律等方面事务科学咨询指导的政策、方法和技巧	能运用法律知识、社会学知识和心理学知识指导学生对日常遇到的各种复杂问题进行全面深入的分析，探究解决问题的办法	经济学相关知识法学相关知识社会学相关知识
心理健康教育与咨询	（一）心理问题严重程度的识别与严重个案的转介	具备三级心理咨询师资质或具有心理健康教育相关专业硕士学位能对一般心理问题、心理障碍和精神疾病进行初步识别，了解转介到心理咨询中心或精神卫生医院的适用条件和相关程序	心理问题、神经症、精神病识别知识
	（二）心理测验的实施	能根据工作需要，正确实施各种心理测验量表、问卷，并能在专业人士指导下对结果进行正确解读和反馈	各类测验的功能与使用范围，施测手段
	（三）有效开展学生心理疏导工作	能与求助学生建立良好的信任关系，有效开展心理疏导工作，帮助学生调节情绪	教育心理学基础知识

职业功能	工作内容	能力要求	相关理论和知识要求
心理健康教育与咨询	（四）初步开展心理危机的识别与干预	能识别大学生心理危机的症状并进行初步评估，能协助专家开展相关的危机干预工作	
	（五）相对系统地组织开展心理健康教育活动	能通过培养心理委员、宿舍长、班干部等方法，培养学生自我管理、自我救助和朋辈互助的能力；能有效设计相对系统的院系心理健康教育整体方案，并能指导学生社团开展形式多样的心理健康教育活动	
网络思想政治教育	（一）综合利用传统、网络媒体，统筹协调网上、网下工作	能准备把握网络传播规律，有效配置整合网络资源	社会学的基础知识文化学的基础知识教育学的基础知识
	（二）引导学生在网上自我教育、自我管理和自我服务，教育学生在网上自我约束、自我保护	能对学生的网络行为进行教育引导	
	（三）围绕学生关注的重点、热点和难点问题，进行有效舆论引导；丰富网上宣传内容，把握网络舆论的话语权和主导权	能通过博客、微博、校园交互社区、网络群组等网络平台主动发布相关内容，吸引学生浏览、点击和评论，引导网络舆情	网络舆情引导方法
危机事件应对	（一）指导初级辅导员对危机事件作初步处理，稳定并控制局面	能做好第一时间现场统筹指挥工作；能把握重点人员和关键节点，有效控制事态的发展	《学生伤害事故处理办法》相关规定危机事件、突发事件应对与管控的相关知识

续表

职业功能	工作内容	能力要求	相关理论和知识要求
危机事件应对	（二）对事件相关信息做好全面汇总和准确分析并及时与有关部门沟通	能协调事件涉及相关部门迅速反应，筛选有效信息；能通过沟通和分析把握事件脉络并提出初步处理方案	公共危机管理相关知识 心理学相关知识 教育教学方法相关知识
	（三）对事件发展及其影响进行持续关注与跟踪	能密切联系相关人员，跟踪事件的处理效果；通过网络、个别谈话等渠道掌握事件产生的影响；能进行事后集体和个体的心理疏导	
	（四）组织安全教育课程学习	能讲授校园安全教育公共选修课	
职业规划与就业指导	（一）帮助学生正确分析自己的职业倾向	能开展职业能力倾向测试并对结果进行分析、评估	职业生涯规划基本理论
	（二）开展职业生涯规划活动，帮助学生树立正确的职业观、择业观、创业观、成才观，尽快适应社会、融入社会	能帮助学生认识自身的性格特点和能力，明确职业发展目标，澄清职业取向；能为毕业生提供个性化咨询指导	人力资源管理基本理论
理论和实践研究	（一）攻读获得思想政治教育、教育学、管理学等相关专业博士学位；参加国内学术交流活动	能开展深入的科学研究；能领导管理科研项目团队；以第一作者身份在相关领域期刊发表3篇学术论文	教育研究方法 社会学研究方法 管理学相关知识
	（二）主持或参与校级及以上思想政治教育课题或项目研究，形成具有针对性和实效性的研究成果		

3.3 高级

高级辅导员一般工作8年以上，具有丰富的实践经验，较高的理论水平和学术修养，高级辅导员职业标准除涵盖中级辅导员的职业标准内容要求外，在思想政治教育工作某一领域有深入的研究并具备有影响力的成果，成为该领域的专家。

职业功能	工作内容	能力要求	相关理论和知识要求
思想政治教育	（一）主动思考研究，掌握思想政治教育的重点和一般规律，提高学生思想政治教育针对性和实效性	能根据党的教育方针和高等教育发展要求，结合学生的阶段特征，按照学校育人工作的总体要求，有计划、有目的地系统实施学生思想政治教育	思想政治教育学理论思想政治教育方法论
思想政治教育	（二）开展工作调查研究，调整工作思路和方法	能开展思想政治教育工作理论与方法的调查和研究，分析工作对象和条件的变化，及时调整工作思路和方法	开展科学调查研究的方法
	（三）研究把握思想政治教育规律性、前沿性问题，成为思想政治教育专家＊	对马克思主义理论和思想政治教育有深入的研究，具有相关专业的学位或具有长期的丰富工作经验能运用现代科学技术，并借鉴其他交叉学科的优势，实施思想政治教育工作在具有影响力的学术期刊以第一作者身份发表5篇以上思想政治教育学术论文能够熟练利用理论指导辅导员工作的开展能讲授思想政治教育公共选修课	马克思主义理论中国特色社会主义理论体系内涵及宣传教育的方法社会主义核心价值体系内涵及宣传教育方法思想政治道德观相关理论思想政治教育学史比较思想政治教育现代科学技术在思想政治教育中的应用方法

注：标＊项为专家职能，高级辅导员需至少符合一项标＊项

续表

职业功能	工作内容	能力要求	相关理论和知识要求
党团建设	深入研究高校党建的规律性前沿性问题，成为党建专家 *	对马克思主义理论、中华人民共和国史、中国共产党史、中国特色社会主义理论、党建创新理论有深入的研究 在具有影响力的学术期刊以第一作者身份发表5篇以上党建工作学术论文 能够熟练利用理论指导初级、中级辅导员开展党建工作	马克思主义理论 中华人民共和国史 中国共产党史 中国特色社会主义理论体系内涵及宣传教育的方法 社会主义核心价值体系内涵及宣传教育方法 党建学相关理论 政治学相关理论
学业指导	（一）组织学生参与专业课教师的实验或研究项目，培养学生学术爱好和研究能力	能深入了解学生所在专业知识，为学生提供有针对性的专业学习建议	心理学相关知识 教育学相关知识 学生所在专业相关知识
学业指导	（二）深入研究学生学习能力、创新能力形成规律，培养学生创新思维和创造性人格	能应用心理学、教育学相关原理和知识指导学生学习研究	
学业指导	（三）研究完善学生综合评价体系，研究健全创新人才培养机制	能因材施教，培养研究型、创新型人才 能够指导和组织初级、中级辅导员开展学业指导工作	
日常事务管理	积极创新学生事务管理的理念和方法，总结凝练工作经验，深入研究把握学生事务管理的规律，成为学生事务管理专家 *	具有长期丰富的事务管理工作经验 能合理运用教育学、管理学、法学相关知识，对学生事务管理工作进行服务育人体系化设计 能够熟练利用理论指导辅导员开展学生事务管理工作 在具有影响力的学术期刊以第一作者身份发表5篇以上学生事务管理学术论文	教育学相关知识 管理学相关知识 法学相关知识 学生事务管理相关规定和程序

职业功能	工作内容	能力要求	相关理论和知识要求
心理健康教育与咨询	总结凝练实践工作经验，深入研究把握心理健康教育的规律，成为心理健康教育专家 *	具备二级心理咨询师资质 能进行危机评估、实施干预、妥善预后及跟踪回访 能够为学生提供心理咨询服务 在具有影响力的学术期刊以第一作者身份发表5篇以上心理健康教育相关领域学术论文 能够熟练利用理论和实际经验指导辅导员开展心理健康教育工作 能够为高校辅导员提供有效的心理健康教育培训 能讲授心理健康教育公共选修课	心理学相关理论 应用心理学相关理论 思想政治教育心理学相关理论
网络思想政治教育	熟练应用现代信息技术，结合丰富的网络思想政治教育工作经验，深入研究把握网络传播的规律、研判网上学生思想动态，成为网络思想政治教育专家 *	能结合工作经验、运用科学的研究方法对网络思想政治教育开展深入的研究 能在具有影响力的学术期刊以第一作者身份发表5篇以上网络思想政治教育学术论文 能够熟练运用理论指导辅导员开展网络思想政治教育工作	马克思主义理论 中国特色社会主义理论体系内涵及宣传教育的方法 社会主义核心价值体系内涵及宣传教育方法 网络思想政治教育原理与方法 现代科学技术在思想政治教育中的应用方法
危机事件应对	（一）对危机事件进行分类分级，并做出预判 （二）协调相关部门妥善处理危机事件，稳定工作局面	能根据掌握的信息对危机事件进行分类分级；能准确分析事态起因，牢牢把握发展趋势 能摸清事态的症结，协调校内外相关部门制定对策并迅速妥善处理，恢复正常	危机事件应对与管控的相关知识 公共危机管理相关理论 管理学相关理论 社会学相关理论 心理学相关理论 伦理学相关理论

续表

职业功能	工作内容	能力要求	相关理论和知识要求
危机事件应对	（三）总结经验，对工作进行改进，完善预警和应对机制	能掌握整个事件的过程，深层次研究事件原因，改进工作，提出对策	
	（四）总结凝练实践工作经验，深入研究把握危机事件应对的规律，成为校园公共危机管理专家＊	在具有影响力的学术期刊以第一作者身份发表5篇以上公共危机处理相关领域学术论文；能熟练利用相关理论指导辅导员进行公共危机处理	
职业规划与就业指导	总结凝练实际工作经验，深入研究把握职业生涯规划与就业指导工作的规律，能为学生开展基本的创业指导，成为职业规划与就业指导专家＊	具备职业指导师资质 能为大学生开展团体职业咨询 能撰写职业指导典型案例，开展职业指导应用性研究，并将研究结果应用到实际工作中 能进行较为客观全面的创业环境、政策、行业前景分析 能建立健全大学生就业指导机构和就业信息服务系统，提供更高效优质的就业创业服务 在具有影响力的学术期刊以第一作者身份发表5篇以上职业规划与就业指导相关领域学术论文 能够熟练利用理论指导辅导员开展职业规划与就业指导工作 能讲授职业规划与就业指导公共选修课	职业生涯规划相关理论 人力资源管理相关理论 职业咨询相关理论 职业素质测评相关理论 国家鼓励创业基本政策

职业功能	工作内容	能力要求	相关理论和知识要求
理论与实践研究	（一）参加国际交流、考察和进修深造	能深入把握国内外学生事务工作前沿进展	教育研究方法 社会学研究方法 管理学相关知识
	（二）主持省部级以上思想政治教育课题或项目研究；形成具有影响力和推广价值的研究成果	以第一作者身份在相关领域核心期刊发表10篇以上学术论文；能推动研究成果的转化应用；对中级辅导员的研究进行指导	

普通高等学校辅导员队伍建设规定

中华人民共和国教育部令第43号

《普通高等学校辅导员队伍建设规定》已于2017年8月31日经教育部2017年第32次部长办公会议修订通过。现将修订后的《普通高等学校辅导员队伍建设规定》公布，自2017年10月1日起施行。

教育部部长　陈宝生

2017年9月21日

普通高等学校辅导员队伍建设规定

第一章　总　则

第一条　为深入贯彻落实全国高校思想政治工作会议精神和《中共中央 国务院关于加强和改进新形势下高校思想政治工作的意见》，切实加强高等学校辅导员队伍专业化职业化建设，依据《高等教育法》等有关法律法规，制定本规定。

第二条　辅导员是开展大学生思想政治教育的骨干力量，是高等学校学生日常思想政治教育和管理工作的组织者、实施者、指导者。辅导员应当努力成为学生成长成才的人生导师和健康生活的知心朋友。

第三条　高等学校要坚持把立德树人作为中心环节，把辅导员队伍建设作为教师队伍和管理队伍建设的重要内容，整体规划、统筹安排，不断提高队伍的专业水平和职业能力，保证辅导员工作有条件、干事有平台、待遇有保障、发展有空间。

第二章　要求与职责

第四条　辅导员工作的要求是：恪守爱国守法、敬业爱生、育人为本、终身学习、为人师表的职业守则；围绕学生、关照学生、服务学生，把握学生成长规律，不断提高学生思想水平、政治觉悟、道德品质、文化素养；引导学生正确认识世界和中国发展大势、正确认识中国特色和国际比较、正确认识时代责任和历史使命、正确认识远大抱负和脚踏实地，成为又红又专、德才兼备、全面发展的中国特色社会主义合格建设者和可靠接班人。

第五条　辅导员的主要工作职责是：

（一）思想理论教育和价值引领。引导学生深入学习习近平总书记系列重要讲话精神和治国理政新理念新思想新战略，深入开展中国特色社会主义、中国梦宣传教育和社会主义核心价值观教育，帮助学生不断坚定中国特色社会主义道路自信、理论自信、制度自信、文化自信，牢固树立正确的世界观、人生观、价值观。掌握学生思想行为特点及思想政治状况，有针对性地帮助学生处理好思想认识、价值取向、学习生活、择业交友等方面的具体问题。

（二）党团和班级建设。开展学生骨干的遴选、培养、激励工作，开展学生入党积极分子培养教育工作，开展学生党员发展和教育管理服务工作，指导学生党支部和班团组织建设。

（三）学风建设。熟悉了解学生所学专业的基本情况，激发学生学习兴趣，引导学生养成良好的学习习惯，掌握正确的学习方法。指导学生开展课外科技学术实践活动，营造浓厚学习氛围。

（四）学生日常事务管理。开展入学教育、毕业生教育及相关管理和服务工作。组织开展学生军事训练。组织评选各类奖学金、助学金。指导学生办理助学贷款。组织学生开展勤工俭学活动，做好学生困难帮扶。为学生提供生活指导，促进学生和谐相处、互帮互助。

（五）心理健康教育与咨询工作。协助学校心理健康教育机构开展心理健康教育，对学生心理问题进行初步排查和疏导，组织开展心理健康知识普及宣传活动，培育学生理性平和、乐观向上的健康心态。

（六）网络思想政治教育。运用新媒体新技术，推动思想政治工作传统优势与信息技术高度融合。构建网络思想政治教育重要阵地，积极传播先进文化。加强学生网络素养教育，积极培养校园好网民，引导学生创作网络文化作品，弘扬主旋律，传播正能量。创新工作路径，加强与学生的网上互动交流，运用网络新媒体对学生开展思想引领、学习指导、生活辅导、心理咨询等。

（七）校园危机事件应对。组织开展基本安全教育。参与学校、院（系）危机事件工作预案制定和执行。对校园危机事件进行初步处理，稳定局面控制事态发展，及时掌握危机事件信息并按程序上报。参与危机事件后期应对及总结研究分析。

（八）职业规划与就业创业指导。为学生提供科学的职业生涯规划和就业指导以及相关服务，帮助学生树立正确的就业观念，引导学生到基层、到西部、到祖国最需要的地方建功立业。

（九）理论和实践研究。努力学习思想政治教育的基本理论和相关学科知识，参加相关学科领域学术交流活动，参与校内外思想政治教育课题或项目研究。

第三章　配备与选聘

第六条　高等学校应当按总体上师生比不低于 1：200 的比例设置专职辅导员岗位，按照专兼结合、以专为主的原则，足额配备到位。

专职辅导员是指在院（系）专职从事大学生日常思想政治教育工作的人员，包括院（系）党委（党总支）副书记、学工组长、团委（团总支）书记等专职工作人员，具有教师和管理人员双重身份。高等学校应参照专任教师聘任的待遇和保障，与专职辅导员建立人事聘用关系。

高等学校可以从优秀专任教师、管理人员、研究生中选聘一定数量兼职辅导员。兼职辅导员工作量按专职辅导员工作量的三分之一核定。

第七条　辅导员应当符合以下基本条件：

（一）具有较高的政治素质和坚定的理想信念，坚决贯彻执行党的基本路线和各项方针政策，有较强的政治敏感性和政治辨别力；

（二）具备本科以上学历，热爱大学生思想政治教育事业，甘于奉献，潜心育人，具有强烈的事业心和责任感；

（三）具有从事思想政治教育工作相关学科的宽口径知识储备，掌握思想政治教育工作相关学科的基本原理和基础知识，掌握思想政治教育专业基本理论、知识和方法，掌握马克思主义中国化相关理论和知识，掌握大学生思想政治教育工作实务相关知识，掌握有关法律法规知识；

（四）具备较强的组织管理能力和语言、文字表达能力，及教育引导能力、调查研究能力，具备开展思想理论教育和价值引领工作的能力；

（五）具有较强的纪律观念和规矩意识，遵纪守法，为人正直，作风正派，廉洁自律。

第八条　辅导员选聘工作要在高等学校党委统一领导下进行，由学生工作部门、组织、人事、纪检等相关部门共同组织开展。根据辅导员基本条件要求和实际岗位需要，确定具体选拔条件，通过组织推荐和公开招聘相结合的方式，经过笔试、面试、公示等相关程序进行选拔。

第九条　青年教师晋升高一级专业技术职务（职称），须有至少一年担任辅导员或班主任工作经历并考核合格。高等学校要鼓励新入职教师以多种形式参与辅导员或班主任工作。

第四章　发展与培训

第十条　高等学校应当制定专门办法和激励保障机制，落实专职辅导员职务职级"双线"晋升要求，推动辅导员队伍专业化职业化建设。

第十一条　高等学校应当结合实际，按专任教师职务岗位结构比例合理设置专职辅导员的相应教师职务岗位，专职辅导员可按教师职务（职称）要求评聘思想政治教育学科或其他相关学科的专业技术职务（职称）。

专职辅导员专业技术职务（职称）评聘应更加注重考察工作业绩和育人实效，单列计划、单设标准、单独评审。将优秀网络文化成果纳入专职辅导员的科研成果统计、职务（职称）评聘范围。

第十二条　高等学校可以成立专职辅导员专业技术职务（职称）聘任委员会，具体负责本校专职辅导员专业技术职务（职称）聘任工作。聘任委员会一般应由学校党委有关负责人、学生工作、组织人事、教学科研部门负责人、相关学科专家等人员组成。

第十三条　高等学校应当制定辅导员管理岗位聘任办法，根据辅导员的任职年限及实际工作表现，确定相应级别的管理岗位等级。

第十四条　辅导员培训应当纳入高等学校师资队伍和干部队伍培训整体规划。

建立国家、省级和高等学校三级辅导员培训体系。教育部设立高等学校辅导员培训和研修基地，开展国家级示范培训。省级教育部门应当根据区域内现有高等学校辅导员规模数量设立辅导员培训专项经费，建立辅导员培训和研修基地，承担所在区域内高等学校辅导员的岗前培训、日常培训和骨干培训。高等学校负责对本校辅导员的系统培训，确保每名专职辅导员每年参加不少于 16 个学时的校级培训，每 5 年参加 1 次国家级或省级培训。

第十五条　省级教育部门、高等学校要积极选拔优秀辅导员参加国内国际交流学习和研修深造，创造条件支持辅导员到地方党政机关、企业、基层等挂职锻炼，支持辅导员结合大学生思想政治教育的工作实践和思想政治教育学科的发展开展研究。高等学校要鼓励辅导员在做好工作的基础上攻读相关专业学位，承担思想政治理论课等相关课程的教学工作，为辅导员提升专业水平和科研能力提供条件保障。

第十六条　高等学校要积极为辅导员的工作和生活创造便利条件，应根据辅导员的工作特点，在岗位津贴、办公条件、通讯经费等方面制定相关政策，为辅导员的工作和生活提供必要保障。

第五章　管理与考核

第十七条　高等学校辅导员实行学校和院（系）双重管理。

学生工作部门牵头负责辅导员的培养、培训和考核等工作，同时要与院（系）党委（党总支）共同做好辅导员日常管理工作。院（系）党委（党总支）负责对辅导员进行直接领导和管理。

第十八条　高等学校要根据辅导员职业能力标准，制定辅导员工作考核的具体办法，健全辅导员队伍的考核评价体系。对辅导员的考核评价应由学生工作部门牵头，组织人事部门、院（系）党委（党总支）和学生共同参与。考核结果与辅导员的职务聘任、奖惩、晋级等挂钩。

第十九条　教育部在全国教育系统先进集体和先进个人表彰中对高校优秀辅导员进行表彰。各地教育部门和高等学校要结合实际情况建立辅导员单独表彰体系并将优秀辅导员表彰奖励纳入各级教师、教育工作者表彰奖励体系中。

第六章　附　则

第二十条　本规定适用于普通高等学校辅导员队伍建设。其他类型高等学校的辅导员队伍建设或思想政治工作其他队伍建设可以参照本规定执行。

第二十一条　高等学校要根据本规定，结合实际制定相关实施细则，并报主管教育部门备案。

第二十二条　本规定自 2017 年 10 月 1 日起施行。原《普通高等学校辅导员队伍建设规定》同时废止。

参考文献

一、著作类

［1］马克思恩格斯全集：第23卷［M］．北京：人民出版社，1972.

［2］马克思恩格斯选集：第1、4卷［M］．北京：人民出版社，1995.

［3］马克思恩格斯全集：第42、46卷［M］．北京：人民出版社，1979.

［4］马克思恩格斯选集：第1卷［M］．北京：人民出版社，2012.

［5］马克思恩格斯全集：第3卷［M］．北京：人民出版社，1960.

［6］马克思恩格斯文集：第2、3、8卷［M］．北京：人民出版社，2009.

［7］资本论：第1卷［M］．北京：人民出版社，2004.

［8］毛泽东选集：第4卷［M］．北京：人民出版社，1991.

［9］列宁．哲学笔记［M］．北京：人民出版社，1974.

［10］陈秉公．思想政治教育学［M］．长春：吉林大学出版社，1992.

［11］毛泽东选集：第1-4卷［M］．北京：人民出版社，1991.

［12］邓小平文选：第1-2卷［M］．北京：人民出版社，1994.

［13］江泽民．论有中国特色社会主义［M］．北京：中央文献出版社，2002.

［14］胡锦涛．高举中国特色社会主义伟大旗帜为夺取全面建设小康社会新胜利而奋斗［M］．北京：人民出版社，2007.

［15］习近平．决胜全面建成小康社会　夺取新时代中国特色社会主义伟大胜利——在中国共产党第十九次全国代表大会上的报告［M］．北京：人民出版社，2017.

［16］习近平谈治国理政：第1卷，［M］．北京：外文出版社，2014.

［17］习近平谈治国理政：第2卷，［M］．北京：外文出版社，2017.

［18］习近平谈治国理政：第3卷，［M］．北京：外文出版社，2020.

［19］陈万柏，张耀灿．思想政治教育学原理（第三版）［M］．北京：高等教育出版社，2015.

［20］张耀灿．思想政治教育学前沿［M］．北京：人民教育出版

社，2006.

［21］冯刚. 辅导员队伍专业化建设理论与实务［M］. 北京：中国人民大学出版社，2009.

［22］胡培，赵冬梅. 管理科学基本原理与方法（第二版）［M］. 重庆：西南交通大学出版社，2007.

［23］雅克·菲茨-恩兹. 人力资本的投资回报率［M］. 尤以丁，译. 北京：中信出版社，2000.

［24］杜勇，杜军. 人力资源管理理论、方法与案例［M］. 重庆：西南师范大学出版社，2011.

［25］马新建，孙虹，李春生. 人力资源管理理论与方法［M］. 上海：格致出版社，2011.

［26］斯蒂芬·P. 罗宾斯，玛丽·库尔特. 管理学（第7版）［M］. 孙健敏，黄卫伟，王凤彬，等译. 北京：中国人民大学出版社，2004.

［27］劳伦斯·霍普. 管理团队［M］. 林涛，译. 北京：企业管理出版社，2001.

［28］罗伯特·K. 威索基. 创建有效的项目团队［M］. 曹维武，译. 北京：电子工业出版社，2003.

［29］企业员工管理方法研究组. 企业团队建设方法［M］. 北京：中国经济出版社，2002.

［30］陈一星. 团队建设研究　以大学生为例［M］. 北京：中央编译出版社，2007.

［31］彼得·圣吉. 第五项修炼——学习型组织的艺术与实务［M］. 郭进隆，译. 上海：上海三联书店，1998.

［32］查尔斯·狄更斯. 双城记［M］. 郭赛君，译. 北京：燕山出版社，1995.

［33］约翰·布里顿，杰弗里·高德. 人力资源管理：理论与实践（第三版）［M］. 徐芬丽，吴晓卿，孙涛，等译. 北京：经济管理出版社，2005.

［34］陈华洲. 思想政治教育资源论［M］. 北京：中国社会科学出版社，2007.

［35］恩旺克沃. 教育管理的理论与实践［M］. 史景文，张耀源，译. 北京：教育科学出版社，1987.

［36］白维国. 现代汉语句典［M］. 北京：中国大百科全书出版社，2001.

［37］张再兴. 高校辅导员队伍建设理论与实践［M］. 北京：人民教育出版社，2010.

［38］顾明远. 教育大辞典（增订合编本）［M］. 上海：上海教育出版社，1998.

［39］清华大学双肩挑编写组. 双肩挑［M］. 北京：清华大学出版社，1993.

［40］中央教育科学研究所. 中华人民共和国教育大事记（1949—1982）［M］. 北京：北京教育科学出版社，1984.

［41］张书明. 高校辅导员队伍建设［M］. 济南：泰山出版社，2008.

［42］教育部思想政治工作司. 加强和改进大学生思想政治教育重要文献选编（1978—2008）［C］. 北京：中国人民大学出版社，2008.

［43］程社明. 你的船你的海：职业生涯规划［M］. 北京：新华出版社，2007.

［44］李莉. 大学生职业生涯规划实训教程［M］. 北京：理工大学出版社，2015.

［45］陈振明. 政策科学［M］. 北京：中国人民大学出版社，1998.

［46］教育部. 关于在高等学校有重点地试行政治工作制度的指示［S］，1952.

［47］周远清主编，刘志鹏，别敦荣，张笛梅分册主编. 20 世纪的中国高等教育：教学卷［M］. 北京：高等教育出版社，2006.

［48］陈虹. 高校辅导员工作理论与实务［M］. 天津：天津科学技术出版社，2011.

［49］教育部思想政治工作司组编. 加强和改进大学生思想政治教育重要文献选编（1978—2014）［M］. 北京：知识产权出版社，2015.

［50］中国教育年鉴编辑部编. 中国教育年鉴（1989）［M］. 北京：人民教育出版社，1990.

［51］赵海丰. 高校辅导员制度的演进与发展趋势研究［M］. 沈阳：辽宁大学出版社，2014.

［52］贝静红. 高校辅导员队伍专业化发展研究［M］. 武汉：武汉大学出版社，2016.

［53］李洪波，董秀娜，李宏刚. 高校辅导员职业能力协同开发研究［M］. 镇江：江苏大学出版社，2016.

［54］十谈编写组. 加强和改进新形势下高校思想政治工作十谈［M］. 北京：人民出版社，2017.

［55］丘进，卢黎歌．机制创新长效——高校辅导员队伍建设研究［M］．西安：西安交通大学出版社，2012.

［56］朱正昌．高校辅导员队伍建设研究［M］．北京：人民出版社，2010.

［57］任少波．辅导员：高校立德树人的关键力量［M］．北京：高等教育出版社，2016.

［58］朱永新．管理心理学［M］．北京：高等教育出版社，2006.

［59］周三多．管理学［M］．北京：高等教育出版社，2005.

［60］季海菊．新媒体时代高校思想政治教育的解构与重塑［M］．南京：东南大学出版社，2014.

［61］柏杨．改革开放以来高校辅导员队伍建设研究［M］．成都：西南交通大学出版社，2018.

［62］刘一凡．中国当代高等教育史略［M］．华中理工大学出版社，1991.

［63］Bloomfield M. Youth. *School and Vocation*［M］. Boston，MA：Houghton Miffin Company，1915.

［64］刘晓敏，蒋廷阁，郑潇雨主编．思想政治教育与辅导员工作［M］．北京：经济日报出版社，2018.

［65］袁贵仁．人的素质论［M］．北京：中国青年出版社，1993.

［66］孟东方．高校辅导员学［M］．北京：人民出版社，2019.

［67］本书编写组．习近平总书记教育重要论述讲义［M］．北京：高等教育出版社，2020.

［68］陈万柏，张耀灿．思想政治教育学原理（第三版）［M］．北京：高等教育出版社，2015.

二、期刊类

［1］孙鸿飞，王美春，李斌．高校辅导员素质与能力建设问题研究［J］．北京教育（高教版），2009（02）.

［2］曲建武，吴云志．高校辅导员素质与能力建设问题研究综述［J］．高校理论战线，2006（04）.

［3］王金凤．高校辅导员职业化素质建设探索［J］．学校党建与思想教育，2011（26）.

［4］吴健，丁德智．基于能力素质模型的高校辅导员职业能力建设规律研究［J］．学校党建与思想教育，2016（15）.

［5］连选，李玲芝．素质能力大赛视野下高校辅导员队伍建设［J］.

高校辅导员学刊，2018（03）．

　　［6］宋伟．马克思主义关于人的全面发展理论再探讨［J］．教育评论，2014（07）．

　　［7］程颖，陈影．马克思主义全面发展理论对高校思政教育的启示［J］．西部素质教育，2019（08）．

　　［8］郑永廷，石书臣．马克思主义人的全面发展理论的丰富与发展［J］．马克思主义研究，2002（01）．

　　［9］龙钰．马克思主义人的全面发展理论对思想政治教育的启示［J］．学校党建与思想教育，2013（03）．

　　［10］朱进进．马克思主义人的全面发展理论及其当代价值［J］．重庆理工大学学报（社会科学），2019（02）．

　　［11］宋伟．马克思主义人的全面发展理论视域下的大学生思想政治教育［J］．教育与职业，2014（35）．

　　［12］何思红．人的全面发展是人自身的不懈追求——论马克思主义人的全面发展理论的时代意义［J］．求实，2012（S1）．

　　［13］杨亚庚，杨影．让思想政治教育者无处不在［J］．人民论坛，2018（16）．

　　［14］孔春梅，杜建伟．国外职业生涯发展理论综述［J］．内蒙古财经学院学报（综合版），2011（03）．

　　［15］朱志梅，顾欣荣．基于角色理论的高校辅导员职业生涯发展研究［J］．江苏高教，2016（06）．

　　［16］王本贤．西方职业生涯理论的发展脉络［J］．中国职业技术教育，2006（27）．

　　［17］冯培．高校辅导员新时代角色定位的再认知［J］．思想教育研，2019（05）．

　　［18］莫媛．高校立体式辅导员团队建设模式的构建与思考［J］．高教学刊，2018（01）．

　　［19］恩斯特·姆·瓦尔纳，罗民炎．结构功能理论、行为理论社会学、行动理论——当代社会学主要流派介绍［J］．现代外国哲学社会科学文摘，1982（06）．

　　［20］姜金林．恩格斯合力论思想及其当代价值［J］．理论月刊，2009（08）．

　　［21］冯晓玲．马克思主义合力思想内涵的哲学分析［J］．教育观察（上半月），2016（06）．

［22］刘森林. 群体合作困境的马克思主义审视：重评恩格斯的合力论［J］. 中国海洋大学学报（社会科学版），2003（01）.

［23］刘社欣，郑永廷. 思想政治教育合力理论与实践研究［J］. 思想理论教育导刊，2009（04）.

［24］吴云志，曲建武. 高校辅导员素质与能力建设对策研究［J］. 高校理论战线，2008（01）.

［25］林泰，彭庆红. 清华大学政治辅导员制度的特色及其发展［J］. 清华大学学报（哲学社会科学版），2003（06）.

［26］杨丹，杜相. 基于人力资源管理理论的高校辅导员队伍建设研究［J］. 决策咨询，2015（02）.

［27］郭泉. 人力资源管理理论对高校学生管理工作的启示［J］. 改革与开放，2011（02）.

［28］李昀. 结构功能理论及其在高等教育研究中运用的综述［J］. 技术经济与管理研究，2015（02）.

［29］苏幸，张江峰，陈凌. 人力资源管理理论在高校年级辅导员管理工作中的实践［J］. 东华理工大学学报（社会科学版），2009（03）.

［30］刘尧. 21世纪中国教育需要求解的10道难题［J］. 江苏大学学报（高教研究版），2002（02）.

［31］冯刚. 高校辅导员队伍专业化、职业化建设的发展路径——《普通高等学校辅导员队伍建设规定》颁布十年的回顾与展望［J］. 思想理论教育，2016（11）.

［32］李友富. 新时代提升高校辅导员核心素养论析［J］. 学校党建与思想教育，2019（3上）.

［33］孟建. 媒介融合：粘聚并造就新型的媒介化社会［J］. 国际新闻界，2006（07）.

［34］耿益群，黄偲. 联合国教科文组织有关媒介素养政策之演变分析［J］. 现代传播，2018（07）.

［35］贾玉. 欧美媒介素养教育的内涵、范式与借鉴［J］. 传媒，2018（12下）.

［36］孙婧，周金梦. 英国媒介研究课的特点及启示——基于英国最新GCSE媒介研究课程标准与评估框架的分析［J］. 比较教育研究，2020（02）.

［37］朱立达，常江. 中美青少年媒介素养教育体系的比较分析［J］. 传媒，2018（12下）.

［38］梁家峰. 牢牢把握话语权和主动权［J］. 高校理论战线，2009（07）.

［39］陈晓宁. 试论新媒体［J］. 广播电视信息，1999（09）.

［40］蒋亚平. 中国新媒体形势分析［J］. 中国记者，2000（10）.

［41］程曼丽. 从历史角度看新媒体对传统社会的解构［J］. 现代传播（中国传媒大学学报），2007（06）.

［42］肖学斌，朱莉. 新媒体对大学生思想政治教育的影响及应对［J］. 思想教育研究，2009（07）.

［43］赵逸妍. 新媒体令高校思政活起来［J］. 人民论坛，2018（24）.

［44］毛赟美. 高校运用新媒体开展思想政治工作的思考［J］. 中国青年社会科学，2019（05）.

［45］胡沐辉. 关于新时期高校辅导员素质的思考［J］. 学校党建与思想教育，2005（11）.

［46］彭庆红. 高校辅导员素质模型的构建［J］. 清华大学教育研究，2006（03）.

［47］谢志芳，朱丽花. 实现高校辅导员职业化的途径思考［J］. 高校教育管理，2010（07）.

［48］李志强，王宏翔. 论高校辅导员的素质建设［J］. 学校党建与思想教育，2011（03）.

［49］胡全裕. 基于角色的高等院校辅导员能力和素质探究［J］. 学校党建与思想教育，2015（10）.

［50］兰海涛，魏星. 高校辅导员素质与能力结构、培养途径［J］. 中国高等教育，2017（05）.

［51］林斯丰. 加强政治辅导员队伍素质培养的思考［J］. 集美大学学报，2004（02）.

［52］刘明亮. 高校辅导员应具备的素质与提高路径［J］. 教育探索，2012（08）.

［53］陈岩松. 高校辅导员的角色定位与知识结构发展［J］. 江苏高教，2009（04）.

［54］孙艳淮. 试论高校辅导员的职业素质与工作方法［J］. 中国青年研究，2007（12）.

［55］卢景昆. 新时期高校辅导员的素质结构探究［J］. 职业与教育，2010（30）.

［56］陈华，江鸿波. 基于"知识—能力—素质"三要素的辅导员职业准入标准研究［J］. 统计教育研究，2012（01）.

［57］刘琦，吴长锦. 高校辅导员职业素质结构优化探析［J］. 湖北社会科学，2015（05）.

［58］孔祥慧. 试论高校辅导员素质提升面临的挑战与基本对策［J］. 思想教育研究，2016（10）.

［59］黄靖强. 当前形势下做好辅导员工作应具备的素质和技能［J］. 思想政治教育研究，2002（01）.

［60］周莹莹，邵霞琳，谢春英. 新时期辅导员工作角色及能力素质研究［J］. 教育与职业，2008（29）.

［61］李志强，王宏翔. 论高校辅导员的素质建设［J］. 学校党建与思想教育，2011（03）.

［62］周静. 高校辅导员素质新论［J］. 现代教育管理，2011（07）.

［63］李琳. 高校辅导员职业能力提升的思考与建议［J］. 高校辅导员，2015（05）.

［64］吴健，丁德智. 基于能力素质模型的高校辅导员职业能力建设规律研究［J］. 学校党建与思想教育，2016（15）.

［65］高娟. 高校辅导员媒介素养问题探析［J］. 湘潮（下半月），2010（12）.

［66］曾海艳. 高校学生辅导员媒介素养及其提升策略［J］. 学术论坛，2012（05）.

［67］张羽程. 社交网络环境下高校辅导员媒介素养的提升方略［J］. 教育理论与实践，2014（24）.

［68］王静. 新媒体时代高校辅导员媒介素养的内涵与提升［J］. 重庆工商大学学报（社会科学版），2018（05）.

［69］索秋平. 辅导员新媒体素养及提升途径［J］. 学校党建与思想教育，2012（13）.

［70］李根. 新媒体背景下高校辅导员素质结构与培养概论［J］. 新闻研究导刊，2019（07）.

［71］韩冰. 新媒体时代如何提升高校辅导员的综合素质［J］. 文教资料，2019（16）.

［72］姜金林. 恩格斯合力论思想及其当代价值［J］. 理论月刊，2009（08）.

［73］李昀. 结构功能理论及其在高等教育研究中运用的综述［J］.

技术经济与管理研究，2015（02）.

［74］廖泉文.职业生涯发展的三、三、三理论［J］.中国人力资源开发，2004（09）.

［75］江丽媚，揭育通.高校辅导员角色定位的历史过程［J］.安康学院学报，2009（02）.

［76］黄艳."95后"大学生网络精神文化生活的群体特质与引导策略［J］.思想理论教育，2017（02）.

［77］宋丽娜.社会转型期95后大学生就业价值观的引导［J］.江苏理工学院学报，2016（10）.

［78］黄蓉生.加强高校思想政治工作队伍建设［J］.中国高校社会科学，2017（02）.

［79］杨晓丹.试论高校辅导员的角色定位与管理策略［J］.学校党建与思想教育，2014（05）.

［80］张琰.辅导员新媒体素养提升思想政治教育效果的探究［J］.江苏高教，2020（06）.

［81］王媛媛.家校合作视角下教师新媒体素养：内涵、结构与价值［J］.教育发展研究，2015（24）.

［82］李文姝.新媒体环境下辅导员的媒介素养及其提升路径［J］.北京教育（德育），2020（07）.

［83］陈国全.新媒体时代高校辅导员网络意识形态工作能力提升的几点思考［J］.河南教育（高教），2020（06）.

［84］沈晔.辅导员阶段性发展特点及支持策略［J］.思想理论教育，2017（09）.

［85］刘明亮.高校辅导员应具备的素质与提高路径［J］.教育探索，2012（08）.

［86］费萍.改革开放40年高校辅导员职业能力培养的历史回溯与现实启示［J］.湖北社会科学，2018（16）.

［87］何定龙.高校辅导员队伍建设的时代意蕴［J］.学校党建与思想教育，2018（04）.

［88］李冲.新媒体环境下高校辅导员媒介素养提升路径探究［J］.教育教学论坛，2019（06）.

［89］刑华平.高校辅导员校本培训体系构建探略［J］.群文天地，2009（10）.

［90］霍宏.双因素理论在高校学生思政教师激励中的运用初探［J］.

教育与职业，2014（4 下）.

［91］王书会. 高校辅导员考评工作存在的问题及对策［J］. 西南交通大学学报（社会科学版），2010（10）.

［92］沈晔. 辅导员阶段性发展特点及支持策略［J］. 思想理论教育，2017（09）.

［93］孙来斌. 用习近平新时代中国特色社会主义思想武装大学生头脑［J］. 中国高校社会科学，2018（02）.

［94］秦在东. 新时代高校思想政治工作者的特殊使命［J］. 学校党建与思想教育，2017（12 上）.

［95］张琪. 北京高校辅导员运用新媒体开展思想政治工作的调查研究及提升路径［J］. 思想政治工作研究，2018（10）.

［96］魏鹏. 基于"95 后"大学生特点的高校辅导员素质提升研究［J］. 改革与开放，2018（01）.

［97］谢志芳，魏鹏. 从招聘条件看高校辅导员队伍职业化建设［J］. 高教论坛，2014（08）.

［98］魏鹏，黄淑婧. 新媒体时代高校辅导员综合素质提升研究［J］. 知识经济，2019（12）.

［99］张丹，邓卓明. 新时代高校辅导员新媒体素养提升探究［J］. 学校党建与思想教育，2020（18）.

［100］杨俊. 马克思主义人的全面发展理论及其对新时代素质教育的启示研究［D］. 重庆：重庆师范大学，2019.

［101］陈佳伟. 高校辅导员职业生涯发展特点研究［D］. 上海：上海师范大学，2018.

［102］曹威威. 高校辅导员职业生涯发展研究［D］. 长春：东北师范大学，2017.

［103］江沈红. 高校辅导员教师身份及实现路径研究［D］. 武汉：武汉大学，2013.

［104］徐莉莉. 高校辅导员能力建设［D］. 上海：复旦大学，2012.

［105］何登溢. 高校辅导员职业发展研究［D］. 南京：南京师范大学，2016.

［106］王昊. 高校辅导员职业素养研究［D］. 武汉：华中师范大学，2012.

［107］赵海丰. 高校辅导员制度的演进与发展趋势研究［D］. 沈阳：辽宁大学，2014.

［108］丁丹. 和谐视阈下的高校辅导员队伍素质建设研究［D］. 长沙：湖南师范大学，2009.

［109］林美译. 论高校辅导员综合素质的提升［D］. 长春：吉林财经大学，2017.

［110］唐文红. 我国高校辅导员队伍建设政策研究［D］. 桂林：广西师范大学，2016.

［111］陈正芬. 我国高校辅导员制度研究［D］. 重庆：西南大学，2013.

［112］董娇. 新媒体时代高校辅导员综合素质提升研究［D］. 西安：西安理工大学，2017.

［113］杨扬. 改革开放以来高校辅导员制度的历史考察及当代启示［D］. 长春：东北师范大学，2019.

［114］镇方松. 人力资源管理理论视角下的高校辅导员队伍建设问题研究［D］. 武汉：中南民族大学，2013.

［115］张靖妩. 新时代高校辅导员马克思主义哲学素养培育研究［D］. 西安：西安理工大学，2019.

［116］曾建萍. 新时代高校辅导员职业能力结构和提升研究［D］. 漳州：闽南师范大学，2019.

［117］苏亚杰. 高校辅导员职业能力研究［D］. 哈尔滨：哈尔滨师范大学，2019.

［118］杜婷婷. "80后"高校辅导员思想政治素质现状分析与对策研究［D］. 济南：山东大学，2011.

［119］王妙志. 高校辅导员思想道德素质建设研究［D］. 重庆：重庆师范大学，2016.

［120］郝金莹. 论高校辅导员思想政治素质的塑造［D］. 延吉：延边大学，2010.

［121］董娇. 新媒体时代高校辅导员综合素质提升研究［D］. 西安：西安理工大学，2017.

［122］靳玉军. 高校辅导员素质开发研究［D］. 重庆：西南大学，2008.

三、报纸、网络类

［1］思想政治工作司. 中共中央、国务院发出《关于进一步加强和改进大学生思想政治教育的意见》［EB/OL］.（2004-08-26）［2004-10-14］. http://www.moe.gov.cn/s78/A12/szs_lef/moe_1407/moe_1408/tnull_20566.

html.

［2］教育部. 教育部《关于加强高等学校辅导员、班主任队伍建设的意见》（教社政〔2005〕2 号）［EB/OL］.（2005－01－13）［2015－07－20］. http：//uzone.univs.cn/blog/blog_5605553_2a3h2hbl90862pl5bl91.html.

［3］教育部办公厅. 教育部办公厅关于印发《2006—2010 年普通高等学校辅导员培训计划》（教社政〔2006〕2 号）［EB/OL］.（2006－07－30）［2016－07－02］.http：//www.docin.com/p-1663656472.html.

［4］教育部. 教育部办公厅关于印发《2006—2010 年普通高等学校辅导员培训计划》（教社政〔2006〕2 号）［EB/OL］.（2006－07－23）［2016－09－01］.http：//www.gov.cn/gongbao/content/2007/content_705523.htm.

［5］中共教育部党组. 教育部党组印发《普通高等学校辅导员培训规划(2013—2017 年)》（教党〔2013〕9 号）［EB/OL］.（2013－05－03）［2013－05－16］. https：//gaokao. chsi. com. cn/gkxx/zc/moe/201305/20130516/423895947. html.

［6］人民日报. 习近平在全国高校思想政治工作会议上强调：把思想政治工作贯穿教育教学全过程　开创我国高等教育事业发展新局面［EB/OL］.（2016－12－09）［2016－12－10］.http：//dangjian.people.com.cn/n1/2016/1209/c117092-28936962.html.

［7］教育部.《普通高等学校辅导员队伍建设规定》（教育部令第 43 号）［EB/OL］.（2017－09－21）［2017－10－11］.https：//xgc.nju.edu.cn/5b/cf/c1519a220111/page.htm.

［8］搜狐网. 重磅！全国教育大会召开，习近平发表重要讲话（通稿全文）［EB/OL］.（2017－09－21）［2018－09－10］.https：//www.sohu.com/a/253090054_99902078.

［9］教育部. 坚定使命与责任　提升辅导员队伍建设水平　全国高校辅导员优秀骨干培训班开班［EB/OL］.（2019－09－23）［2019－09－24］. http：//www.moe.gov.cn/jyb_xwfb/gzdt_gzdt/moe_1485/201909/t20190924_400619.html.

［10］教育部高校辅导员培训和研修基地. 中国教育报头版头条报道北师大辅导员队伍建设经验［EB/OL］.（2018－01－12）［2018－03－02］. https：//www.bnu.edu.cn/ttgz/86311.htm.

［11］白靖利. 辅导员：高校里最尴尬的"老师"？［EB/OL］.（2018－10－07）［2018－10－07］.https：//www.sohu.com/a/257983862_100191005.

［12］教育部. 教育部关于加强高等学校辅导员班主任队伍建设的意

见［EB/OL］.（2005-01-13）.http：//old.moe.gov.cn/publicfiles/business/html-files/moe/s3017/201001/xxgk_76797.html.

［13］教育部.普通高等学校辅导员队伍建设规定［EB/OL］.（2006-07-23）.http：//www.moe.gov.cn/srcsite/A02/s5911/moe_621/200607/t20060723_81843.html.

［14］网友：什么是高校辅导员？［EB/OL］.（2007-05-28）.http：//old.moe.gov.cn/publicfiles/business/htmlfiles/moe/moe_1359/200705/22770.html.

［15］教育部网站.中共中央关于进一步加强和改进学校德育工作的若干意见［EB/OL］.（1994-08-31）.http：//www.moe.gov.cn/jyb_sjzl/moe_177/tnull_2479.html.

［16］中共教育部党组关于印发《关于进一步加强高等学校学生思想政治工作队伍建设的若干意见》的通知（教党〔2000〕21号）［EB/OL］.（2000-07-03）.http：//www.moe.gov.cn/s78/A12/szs_lef/moe_1407/moe_1409/s3016/s3018/201001/t20100117_76863.html.

［17］教育部网站.教育部关于印发《学习贯彻落实中发〔2004〕16号文件和全国加强和改进大学生思想政治教育工作会议精神的宣讲提纲》的通知.http：//old.moe.gov.cn/publicfiles/business/htmlfiles/moe/moe_1073/200509/11924.html.

［18］教育部网站.教育部关于印发《学习贯彻落实中发〔2004〕16号文件和全国加强和改进大学生思想政治教育工作会议精神的宣讲提纲》的通知.http：//old.moe.gov.cn/publicfiles/business/htmlfiles/moe/moe_1073/200509/11924.html.

［19］中央政府门户网站.中华人民共和国教育部令第24号《普通高等学校辅导员队伍建设规定》［EB/OL］.（2006-07-31）.http：//www.gov.cn/flfg/2006-07/31/content_350701.html.

［20］教育部办公厅.教育部办公厅关于开展普通高等学校辅导员队伍建设情况自查工作的通知（教思政厅函〔2008〕37号）附件3《关于界定专职辅导员、一线专职辅导员、兼职辅导员、班主任范围的说明》.（2008-10-09）.http：//www.moe.gov.cn/srcsite/A12/moe_1407/s3017/200810/t20081009_76788.html.

［21］教育部办公厅.教育部办公厅关于对贯彻落实中发〔2004〕16号文件精神情况进行自查的通知（教思政厅函〔2009〕30号）.（2009-10-10）.http：//www.moe.gov.cn/srcsite/A12/s7060/200910/t20091010_179029.html.

［22］中华人民共和国教育部.《教育部关于进一步加强和改进研究生

思想政治教育的若干意见》教思政〔2010〕11 号.（2010-11-17）.http：//www.moe.gov.cn/srcsite/A12/moe_1407/s6875/201011/t20101117_142974.html.

［23］教育部办公厅.《教育部办公厅关于开展普通高等学校辅导员队伍建设情况自查工作的通知》教思政厅函〔2011〕4 号.（2011-03-03）.http：//www. moe. gov. cn/srcsite/A12/moe _ 1407/s3017/201103/t20110303 _ 116150.html.

［24］中国共产党中央委员会宣传部　中华人民共和国教育部.中共中央宣传部　教育部关于印发《全国大学生思想政治教育工作测评体系（试行）》的通知.（2012-02-15）.http：//www. moe. gov. cn/srcsite/A12/s7060/201202/t20120215_179002.html.

［25］中国新闻网.教育部就高校辅导员誓词公开征意见：做好良师益友.http：//www.chinanews.com/edu/2012/09-03/4153182.html.

［26］教育部办公厅.教育部办公厅关于加强高校辅导员基层实践锻炼的通知（教思政厅函〔2013〕38 号）.（2013-12-17）.http：//www.moe. gov.cn/srcsite/A12/moe_1407/s3017/201312/t20131217_161007.html.

［27］中华人民共和国教育部.教育部关于印发《高等学校辅导员职业能力标准（暂行）》的通知（教思政〔2014〕2 号）.（2014-03-27）.http：//www.moe.gov.cn/srcsite/A12/s7060/201403/t20140327_167113.html.

［28］教育部思政司.教育部思想政治工作司关于"辅导员访问学者计划"的通知（教思政函〔2014〕42 号）.http：//uzone.univs.cn/content.action？itemId=3098502_8txa15a4702oabfqa471.html.

［29］中共中央宣传部　中共教育部党组.《中共中央宣传部　中共教育部党组关于加强和改进高校宣传思想工作队伍建设的意见》（教党〔2015〕31 号）.（2015-09-30）.http：//www. moe. gov. cn/srcsite/A12/moe_1416/s255/201510/t20151013_212978.html.

［30］习近平在全国高校思想政治工作会议上强调把思想政治工作贯穿教育教学全过程开创我国高等教育事业发展新局面.（2016-12-08）.http：//www. moe. gov. cn/jyb_xwfb/s6052/moe_838/201612/t20161208_291306.html

［31］中共中央、国务院印发了《关于加强和改进新形势下高校思想政治工作的意见》.（2017-02-27）.http：//www.gov.cn/xinwen/2017-02-27/content_5182502.htm.

［32］中共教育部党组.中共教育部党组关于印发《高校思想政治工作质量提升工程实施纲要》的通知（教党〔2017〕62 号）.（2017-12-05）.http：//www.moe.gov.cn/srcsite/A12/s7060/201712/t20171206_320698.html.

［33］中共中央　国务院印发《关于加强和改进新形势下高校思想政治工作的意见》（中发〔2016〕31 号）［EB/OL］.（2017-02-27）.http：//www.gov.cn/xinwen/2017-02/27/content_5182502.html.

［34］丰捷，王庆环，李玉兰，邓晖.高校辅导员群体：辅导员的一天［EB/OL］.（2012-03-16）.http：//www.jyb.cn/high/gdjyxw/201203/t20120316_483331.html.

［35］中共中央关于进一步加强和改进学校德育工作的若干意见.https：//baike.so.com/doc/7798937-8073032.html.

［36］教育部思想政治工作司.教育部思政司关于印发《辅导员在职攻读硕士学位工作协调会会议纪要》的通知（教思政司函〔2006〕33号）.（2006-11-07）.http：//www.moe.gov.cn/srcsite/A12/moe_1407/s3017/200611/t20061107_76802.html.

［37］教育部办公厅.教育部办公厅关于公布第一批教育部高校辅导员培训和研修基地名单的通知（教思政厅函〔2007〕38 号）.（2007-07-25）.http：//www.moe.gov.cn/srcsite/A12/moe_1407/s3017/200707/t20070725_76793.html.

［38］教育部　卫生部　共青团中央.教育部　卫生部　共青团中央关于进一步加强和改进大学生心理健康教育的意见（教社政〔2005〕1号）.（2010-01-13）.http：//www.moe.gov.cn/srcsite/A12/s7060/201001/t20100113_179047.html.

［39］中共教育部党组.中共教育部党组关于印发《普通高等学校辅导员培训规划（2013—2017 年）》的通知（教党〔2013〕9 号）.（2013-05-06）.http：//www.moe.gov.cn/srcsite/A12/moe_1407/s3017/201305/t20130506_151815.html.

［40］中共教育部党组.中共教育部党组关于印发《高校思想政治工作质量提升工程实施纲要》的通知.（2017-12-05）.http：//www.moe.gov.cn/srcsite/A12/s7060/201712/t20171206_320698.html.

［41］中华人民共和国教育部.普通高等学校辅导员队伍建设规定.http：//www.moe.gov.cn/srcsite/A02/s5911/moe_621/201709/t20170929_315781.html.

［42］教育部等八部门.教育部等八部门关于加快构建高校思想政治工作体系的意见（教思政〔2020〕1 号）.（2020-04-28）.http：//www.moe.gov.cn/srcsite/A12/moe_1407/s253/202005/t20200511_452697.html.

后　记

大学时，受益于辅导员，从心底感谢他们；工作后，更加认识到辅导员在大学生的成长成才过程中发挥的重要作用。

每到新学期，看着校园里拿着手机的大一新生们，心里想着无论他们来自哪里，但肯定都怀揣着美好的梦想和父母们的殷殷期盼来到大学校园。每个毕业季，看着依然拿着手机、背着行囊的毕业生们，心想无论他们去往何处，但内心一定充满惆怅和感怀。21世纪是一个新媒体迅猛发展的时代，当前，新媒体无处不在，扎根于当代大学生的学习、生活中，对他们的生活起居、学习方式、思维模式、身心发展、价值观形成等方方面面产生了深远的影响，同时也直接改变了当代大学生之间的沟通方式与信息传播方式。这对高校辅导员做好新媒体时代的高校思想政治工作提出了新的要求。

2016年，习近平总书记在全国高校思想政治工作会议上强调："做好高校思想政治工作，要运用新媒体新技术使工作活起来，推动思想政治工作传统优势同信息技术高度融合。"如何运用新媒体新技术加强和创新高校思想政治工作；如何牢牢占领新媒体这片新的思想政治教育阵地，使得思想政治工作更有时代感、更有吸引力，已成为新媒体时代加强和改进高校思想政治工作的一项重要的课题。

作为大学生认识最早、接触最频繁、交流最多的老师和朋友，高校辅导员的一言一行、一举一动、一点一滴，对于学生的世界观、人生观、价值观及他们的成长成才都有着深刻而长远的影响。面对新媒体时代的严峻挑战和重大机遇，高校辅导员只有做到因事而化、因时而进、因势而新，不断提升自身的综合素质，才能更好地实现立德树人这一根本任务，把当代大学生培养成为德智体美劳全面发展的社会主义建设者和接班人。

　　本书是两年多研究和探索的成果，从新媒体时代对高校辅导员素质的要求入手，结合新媒体时代辅导员队伍素质建设方面存在的问题，以及国家和当代大学生对高校辅导员素质的要求，积极借鉴管理学的相关理论，提出新媒体时代提高高校辅导员素质的一些建议，希望能对新媒体时代高校辅导员素质的提升有所裨益。

　　本书在写作的过程中，引述和参阅了一些作者的研究成果，在此向他们表示感谢。所列注释、参考文献如有疏漏，恳请相关作者谅解。限于时间仓促和研究团队的现有水平，书中难免存在不妥之处，恳请专家、学者和读者批评指正。